宜宾学院2017—2018年度高层次人才专项资助课题“幼儿自主性发展研究”，项目编号2018RC02

教师形塑下的幼儿自主发展研究

张国平　著

吉林大学出版社
·长春·

图书在版编目（CIP）数据

教师形塑下的幼儿自主发展研究 / 张国平著.—长春 : 吉林大学出版社， 2021.3
ISBN 978-7-5692-8103-3

Ⅰ. ①教… Ⅱ. ①张… Ⅲ. ①学前教育—教学研究 Ⅳ. ① G612

中国版本图书馆 CIP 数据核字 (2021) 第 050781 号

书　　名：教师形塑下的幼儿自主发展研究
　　　　　JIAOSHI XINGSU XIA DE YOU'ER ZIZHU FAZHAN YANJIU

作　　者：张国平　著
策划编辑：邵宇彤
责任编辑：李伟华
责任校对：宋睿文
装帧设计：优盛文化
出版发行：吉林大学出版社
社　　址：长春市人民大街4059号
邮政编码：130021
发行电话：0431-89580028/29/21
网　　址：http://www.jlup.com.cn
电子邮箱：jdcbs@jlu.edu.cn
印　　刷：定州启航印刷有限公司
成品尺寸：170mm×240mm　16开
印　　张：12.25
字　　数：223千字
版　　次：2021年3月第1版
印　　次：2021年3月第1次
书　　号：ISBN 978-7-5692-8103-3
定　　价：62.00元

目　录

前　言

人们经常提及恼人的两岁期（terrible twos）。2 岁左右的幼儿之所以“恼人”，是因为家长期待并要求他们控制自己的行为，可他们的主体性正在增强，开始对家长说“不”，不服从家长、坚持己见的情形逐渐增多。有些学者认为，反抗成人权威是幼儿自主驱力的典型写照，① 这代表自主性已在幼儿身上萌芽，意味着幼儿从被动的社会规范接受者开始变成自己做决定的积极主动者。② 自主是人的一项基本权利，它是“一种底线伦理”③，是个人生存和追求美好生活的基本保障。在许多情况下，只有本人才能确定什么样的生活是适宜自己的生活。

一、问题提出的背景

（一）何为自主

在日常生活与学术研究中，人们对自主（autonomy）的运用构成了一个庞杂的概念体系。“自主”一词出现在许多领域，如政治、哲学、心理、教育、法律、宗教、医疗、人工智能、工程技术、数学等。许多时候，自主确实是抽象的哲学概念、法律原则或政治理想。但最初，古希腊人用“αὐτονομία”④（autonomia）来表示自己的城邦不受异邦统治，拥有独立自治权。之后，对自主的研究主要集中于心理学（如发展心理学、社会心理学）与哲学领域（如教育哲学、道德哲学）。哲学领域中，康德（Kant）的学说最具影响力。他将

① PAPALIA D E, OLDS S W , FELDMAN R D. Human Development[M]. Madison WI: The McGraw-Hill Companies, 2001: 313.

② WENAR C. On Negativism[J]. Human Development, 1982(25): 1-23.

③ 刘科 . 基于德性伦理与规范伦理融合的人权观念探析 [J]. 道德与文明 , 2015(1): 27-32.

④ “αὐτονομία”（*autonomia*）源于“αὐτόνομος”（autonomos），“αὐτο”（auto）是“self”（“自我”之意）；“νόμος”（nomos）是“law”或“rule”（“法规”之意），它是指习俗中的规矩，而习俗必定是一个共同体在历史实践中形成的，绝不是由个体“自作主张”来确立的。“αὐτονομία”的词源学意义部分揭示了它是一个具有内在张力的概念。

“自主”的理念运用到了个人层面（personal autonomy）。萨托利（Sartori）说，康德首创了“自主”这个概念，也是他把此概念提升到了显著地位。[①]康德指出，人是为了一种高尚的、有意义的“存在”而活着。要达到这个目标，就要保持人的自主性——自己做主的生活方式，并构建这一生活方式的道德意识和道德能力。[②]康德倡导的自主是一个人自我立法，并将普适的道德法则施加给自己。[③]他的自主观特别强调道德考量，也暗含着个人自主的必要条件——极为明智的、超强的理性能力。这是一种实质主义自主观。继康德之后，法兰克福（Frankfurt）开启了“个人自主”理解的后康德主义之门，把“自主”推向了个人主义一端。他认为的“自主”是道德无涉的，行动者的理性也无足轻重。他在意的是个体的本真自我（authentic self）[④]，只要行动是自我决定与自我操控的，那么此行动者即自主的。这属于程序主义自主观。

本书所指的“自主”，是处于一定社会关系中的个人在行动[⑤]中体现出来的、根据自己的合理动机和推理去掌控自己生活且不受他者有意干扰的意愿与能力。“自主首先具有心智状态和事件属性，如欲望、爱好、信仰、选择、决定、行为等”[⑥]，而且“个人自主”涉及行动者、他人干预（如剥夺、压制或提供机会与资源、给予引导）和真正目的三元素间的关系。自主始终是而且必然是摆脱过多的、不合理的外在限制，其核心思想是“按自己的意愿行事”和“过自己想要的生活”，而不受拥有自由意志的他者控制[⑦]，即自我主张，与之相对立的是盲目从众与绝对服从。自我主张强调个人能够自己做主，尽可能地不受别人支配，达到自我实现（self-realization）。个体受欲望与经验的影响，有其对生活的独特理解，希望从行动中展现个人的旨趣。密尔（JohnStuart Mill）认为人应该被允许发展其信仰和追求，而不受他人的干涉。[⑧]使个体失

① [美]萨托利.民主新论[M].冯克利，阎克文，译.上海：上海人民出版社，2008: 346–347.

② [德]康德.实践理性批判[M].韩水法，译.北京：商务印书馆，2000: 83–102.

③ [德]康德.道德形而上学原理[M].苗力田，译.上海：上海人民出版社，1986: 144–145.

④ ERLANGUNG Z. Self-directedness and resoluteness：the two dimensions of autonomy[D]. Berlin: Humboldt-Universität zu Berlin, 2013.

⑤ 自主是由情、知、行构成的系统，它既内隐于心，又外显于行。它常以情意或认知的形式存在于行动者观念之中，这是意向性自主。如果它不显现于行为，那只是心理活动而已，就缺乏实践或现实意义。

⑥ CUYPERS S E. Autonomy in R. S. Peters' educational theory[J]. Journal of Philosophy of Education, 2009, 43(s1): 189–207.

⑦ 王晓梅，丛杭青.自主概念的规范性构建[J].哲学动态，2015(2): 78–84.

⑧ [英]密尔.论自由[M].许宝骙，译.北京：商务印书馆，2010: 104.

去自主机会的更多是其他人或组织的蓄意干涉、剥夺权利或过度限制，而不是个体的本性、财力、体力与能力（如我们不能长翅飞天，我没钱去高档餐厅吃饭，我没体力跑完马拉松，我们看不懂黑格尔的著作），也不是恶劣的自然环境与不可抗拒的自然灾害。个体愿意选择进入某种情境，不受强制、胁迫，不被外在的、过度膨胀的制度所侵扰；为了自己的信念去抵制外在的束缚。这才是自主的要旨。虽然自主并不能保证个体一定能达到某种特定的理想状态，但允许个体自己决定如何处理或运用所处于其间的各种情势，这构成了选择和行动的前提。单从此维度来讲，自主是中立的，它将构想并追求什么样的最佳生活的任务留给了个体。

需要进一步指出的是，自主并非是不受干涉地做任何事情或实现自由意志，而在于做自己真正想做且向善的事情，最大限度地实现自我的向善意愿。奥古斯丁（Augustinus）认为，自由意志既可能选择为善，又给了选择作恶的自由。它居于善恶"中间"，是一种价值选择与行动结果的中介。[①]如果自主只是个体的"自我主张"，那么就可能导致放任的个人主义，会出现以下情形：个体只考虑手段能否满足目的，却不反思目的本身是否合理，或不在意手段本身是否合理。能够成功地实现我们自己想做的事情当然是自主的第一要义，但我们也应该考虑欲望的本质（到底是人的真实需要，还是被扭曲的"想要"）与实现欲望的手段。

行为的任意性是有害的，需要规范加以约束或匡正。因此，自主不能是随心所欲（不能滥用自由意志），其具有社会属性，需要用关系机制来理解。人的本质是社会关系的总和，应从个人与社会双重取向来考虑自主的维度，所以自主还应包括另外两个维度：自我依靠（self-dependency）与自我控制（self-control）。自我依靠是指依靠自身的力量去思考与行动（有时是被迫的），相对地不经常寻求别人的帮助，与此相对立的是严重依赖（他人）[②]。自我控制是指在无外界监督的情况下，个体能够克制自己的不合理愿望，调节自己的行为（如抑制冲动、抵制诱惑、延迟满足等）[③]，能够按照应该的那样行使自己的意志力和避免在不应该的时候行使其意志力（自我控制是道德行动的主要特征），

① [古罗马]奥古斯丁. 论自由意志——奥古斯丁对话录两篇[M]. 上海：上海人民出版社，2010: 37.

② 自我依靠并非完全不求助他人，情感的相互依赖是不可避免的，他人的指引与资源也是自主的重要条件。我认同鲍德（David Boud）的观点"相互依赖是行为自主的基本要素"。参见：BOUD D. Developing Student Autonomy in Learning[M]. London: Kogan Page, 1981: 23.

③ 沈悦，杨丽珠，刘歌. 早期儿童自我控制的发生[J]. 学前教育研究，2015(5): 29-37.

与自我控制相对立的是任性。[①]《3～6岁儿童学习与发展指南》似乎把恰当性、规范性与合理性，自明地赋予了“自主”，且并未明确规定幼儿的“自我控制”。但教师认为“自我控制”是自主的必要元素，“自主不是为所欲为”。亚里士多德（Aristotle）指出能自制的、有限度的自主才是人的德行和善端。自我控制是个体在社会规范的压力下做出的对自身心理与行为的主动约束，它反映的是自主的社会维度。

每个人的自我主张都有一定的合理性，因为按自己的意愿行事是基于每个人的存在，有着存在论、认识论和价值论上的合理依据。“自己想要的生活”之价值多元性（不是价值相对性）使人们之间的相互尊重有了客观基础，但实现“自己想要的生活”至少不是以损害他者的正当利益为前提的。每个个体都有自身的爱好、愿望、生活方式，不能将自己的意志强加于他人，他人的存在、他人的正当目的是实现自我意志的合理边界。自主需要个体或社会的“理性部分”对“非理性部分”的合理控制。[②]罗尔斯（Rawls）认为，个体至少在不影响他人时，完全可以为实现他自己最大的善而行动，以尽可能实现其合理目的。[③]可见，自我主张与自我控制既有对立性，又有互补性。这对具有内在紧张的概念可以用巴姆（Bahm）的“对极性张力”（polari-tension）来理解。

“张力”（tension）是物理学中的重要概念。它指在一定条件下，物体内部两部分之间的相互牵引力。把“张力”概念引入科学哲学领域之中，始于1959年库恩（Kuhn）的《必要的张力：科学研究的传统和变革》一文。他用此概念来反思科学的发展。后来，他又出版了论文集——《必要的张力》（*The Essential Tension*）。他将“必要的张力”定义如下：在发散式思维与收敛式思维之间保持必要平衡的能力。[④]“必要的张力”作为一种科学思维方法，精练地表明人们应该如何正确处理科学传统（需要收敛式思维继承传统）与科学变革（需要发散式思维打破常规）的关系。在对立的两极间保持必要的张力就是

---

① 邹晓燕，杨丽珠 . 3 ～ 5 岁儿童独立性结构的验证性因素分析 [J]. 心理科学，2005(1): 225-226.

② 笔者并不赞成理性对欲望过度压制或完全压制的理性主义，欲望往往在个体（特别是幼儿）的行动中占据着动机原点的地位。中国的传统节制观以生命节奏为依托，以张弛之道为实质。节制既含有对生命的规范（以天道与人性约束欲望），又包含生命中冲动与能量的释放（以大道主导理性是节制的应有之义）。引自：贡华南 . 节制的根源——中国传统哲学的视角 [J]. 社会科学，2010(8): 90-96, 190.

③ ［美］罗尔斯 . 正义论 [M]. 何怀宏，何包钢，廖申白，译 . 北京：中国社会科学出版社，1988: 21-22.

④ ［美］库恩 . 必要的张力 [M]. 范岱年，纪树立，译 . 北京：北京大学出版社，2004: 226-238.

要把这两极联系起来，使对立的两极互补，要在对立的两极之间保持微妙的平衡（和谐、统一），而不应把两者割裂、使两者绝对排斥。① 现在，学术界已对“张力”有了共识：它是对事物内部要素间或事物之间既对立又互补的辩证关系之表征。本研究采用此定义，认同张力即辩证的相互作用——张力源自冲突与矛盾，但也有“平衡”的成分。它是一方的存在与发展恰恰在于与对方相互联系又彼此分离。对极性张力包含着内在于事物自身的张力和外在的事物间张力。②

总之，自主既是一个“描述性”概念，又是一个“规范性”概念。人的行动不仅涉及如何理解与解释的问题，还面临怎样规范的问题。理想的自主作为绝对命令和先天法则之于政治、经济、教育中的意义，就在于它的规范和导向的作用，其使命在于把个体的思与行归摄到自主这一普遍性之下。人类不会存在一个自足的、完满的自主状态，只存在完满的自主观和不自主的社会事实。正是在这个意义上，个体自主才是规范性的，它通过批判性和规定性来修复和矫正现实中的不自主。

（二）自主对个体的价值

人的本性中有追求自主之维——类的自主本质。马克思（Marx）明确提出，人在本质上是自主、自由的，人的独特性就在于其具有主体性意识和能力，能实现自我超越。③ 自我决定理论（Self-Determination Theory，SDT）认为，自主（autonomy）、胜任（competence）和关系（relatedness）是人类普遍具有的三种基本心理需要。④ 迪西（Deci）和瑞安（Ryan）声称，如果我们仅满足了其中一种或两种需要（或糟糕到一种也没有满足），那我们就无法维持心理健康。如果满足自主需要的努力持续受阻，就可能导致这种努力的减少，也可能引起适应不良，如无助感或满足需要的错误努力（饮食失调）。

但是，自主并非是所有人在所有时候的追求。总有一些人想在某种严格的制度中，或想主要依赖某些人，以寻找安全感、舒适感，而不是想自主；人们总有某些时候放纵自我以寻求刺激。熊川武等人认为，人们常依“经济”和

① 李醒民．善于在对立的两极保持必要的张力——一种卓有成效的科学认识论和方法论准则[J]. 中国社会科学，1986(4): 143–156.

② 桂亮．借用巴姆的对极性辩证法解读库恩的“必要的张力”[J]. 科学技术与辩证法，2000(3): 32–35.

③ 刘畅．学生自主学习探析 [J]. 教育研究，2014(7): 131–135, 159.

④ RYAN R M, DECI E L. Self-determination theory and the facilitation of intrinsic motivation, social development, and well-being[J]. American Psychologist, 2000, 55(1): 68–78.

“便利”原则行事，只在“重要”或“困难”的事情上（而不是在生活常识与约定俗成的事情上）更好地实现自主价值。[①]有时，人们为了获得安全感而自动让渡自主权（做自己想做且应当做的事情，履行自己的道德义务）。例如，如果社会没有为幼儿自主性发展提供现实的基础（如充足的资源、安全的心理环境等），此时幼儿或臣服威权，或依附他人，借此摆脱不安全感，哪怕以牺牲个人的自主为代价。

在现实社会中，人们不能绝对自主或绝对不自主，自主是一个程度的问题。[②]不管人们生活在决定论的世界中，还是生活在非决定论的世界中，[③]自主总有程度上（degree of autonomy）的差别。人们可以在大多数重要的方面或者“从总体上说”是自主的，这样才能讨论自主的价值。

拉兹（Raz）指出，不能因为自主是人们想要的，就说它是有价值的。恰恰相反，如果人们希望拥有它，正是因为人们相信它有价值，而且只有它具有价值，人们才想拥有它。即使在不同的社会中，它仍然是人们的共同追求。[④]自主既具有工具性价值，又具有目的性价值。自主有利于保证几种常见权利的实现，如个人旨趣的自由、思想自由、表达的自由、结社与活动的自由等。自主是人类生存意义的支撑点，是个体通向幸福、增进幸福的必经之路或必要条件。康德主义和功利主义都认为自主的人生才有意义。[⑤]自主是人的一种意愿与权利，人们只有充分且持续地运用自主权，才能获得尊严、满足感和实现人生意义。谢尔登（Sheldon）等人在研究中，要求受访者描述他们在经历“最令人满意的事件”的感受时，受访者一致报告说，这些重要的体验与自主、胜任和关系相连。[⑥]

自主既有助于理想人生的实现，又是理想的个人品质与教育目标之一。自主是教育界设定的理想追求和价值皈依。迪尔登（Dearden）、特尔弗

---

① 熊川武，江玲．论学校教育与学生自主性发展——与西方学者汉德等人对话 [J]. 华东师范大学学报 (教育科学版), 2013(4): 1–10.

② [英] 拉兹．自由的道德 [M]. 孙晓春，曹海军，译．长春：吉林人民出版社，2010: 370.

③ 个人是其行动的“终端”，无法由“物理规律”决定其行动，所以在所有文化中都有不同程度的个人责任制度。

④ [英] 拉兹．自由的道德 [M]. 孙晓春，曹海军，译．长春：吉林人民出版社，2010: 369–374.

⑤ DWORKIN G. The Theory and Practice of Autonomy[M]. New York: Cambridge University Press, 1988: 34.

⑥ SHELDON K M, ELLIOT A J, KIM Y, et al. What is satisfying about satisfying events？Testing 10 candidate psychological Needs[J]. Journal of Personality and Social Psychology, 2001, 80(2): 325–339.

（Telfer）、温奇（Winch）、黑尔（Hare）、怀特（White）等提出，把发展学生自主性作为教育的理想目的。[①] 新南威尔士大学的布德认为，自主作为教育哲学追寻的目的，其含义是个体能表现出道德、情感和智力上的自立品格。蒙台梭利（Montessori）认为，任何有效的教育活动都必须是帮助儿童在独立的道路上前进的。[②] 自主对人格完善、社会适应性发展（特别是适应民主社会的生活）与创新素质的提升具有重要意义。自主是人终身发展的动力，人格的发展取决于成功自主的获得。[③] 艾森克（Eysenck）认为，自主性是构成情绪稳定性—适应性维度的重要特质。具有自主意识或者自主意识强的人，其社会表现往往是奉献型的、进取型的，其工作、学习富有创新精神。高度创造性的个性品质中，高水平的自主性是最基本、最重要的一项因素。

教育与心理学者认为，自主（特别是自我依赖、自我控制、选择能力）是儿童发展中基本的、重要的能力，此能力的发展有敏感期。幼儿期是个体自主性发展的重要阶段。在人生早期，就在儿童身上培育“自主”的品性，即出现“少成若天性，习惯如自然”的效应。蒙台梭利（Montessori）认为幼儿期是发展独立自主的敏感期，独立是自然赋予幼儿工作的法则之一，幼儿必须透过持续不断的活动才能独立。埃里克森（Erikson）的社会心理发展理论认为,1.5 岁至 3 岁的儿童面临的主要任务与危机是“自主”[④] 对“怀疑”（autonomy vs.doubt），3 到 6 岁的幼儿面临“主动”对“内疚”（initiative vs. guilt）的矛

---

① DEARDEN R F. Autonomy as an educational ideal[M]// STUART C BROWN. Philosophers Discuss Education. London：Macmillan Press, 1975: 3–18；TELFER E. Autonomy as an educational ideal II[M]// STUART C BROWN. Philosophers Discuss Education. London: Macmillan Press, 1975: 19–35；WINCH C. Autonomy as an educational aim[M]//ROGER MARPLES. The Aims of Education. London：Routledge, 1999: 74–84; HARE RM. Essays on Religion and Education[M]. Oxford: Clarendon Press, 1992: 131–136. 怀特在 1973 年版的《论必修课程》（*Towards a Complusory Curriculum*）一书中强调，学校教育应该让每个学生都成为自主的个体（autonomous agents），在道德允许的范围内自主做出决定，自己选择过什么样的生活。引自：赵显通 . 再谈教育目的——约翰·怀特教授访谈录 [J]. 高等教育研究，2016(2): 1–5.

② [意] 蒙台梭利 . 蒙台梭利方法 [M]. 江雪，译 . 天津：天津人民出版社，2003: 71.

③ [美] 卢文格 . 自我的发展 [M]. 韦子木，译 . 杭州：浙江教育出版社，1998: 39.

④ 黄希庭认为，是埃里克森最早把“自主”作为心理学概念的。引自：黄希庭 . 人格心理学 [M]. 台北：东华书局，1998: 103–104.

盾——他们渴望自己做事，但如果付出努力却失败的话就会感到内疚。[①] 如果他们得到成人的鼓励，其自我依靠的意愿和能力就会逐渐增强。

（三）幼儿自主之路的遭遇

自主作为一种心理需要是幼儿发展的前提与动力，自主状态是幼儿发展的手段与目的。个体常希望自己的行为源于自我选择，而非外在酬赏或压力。本书中的幼儿自主主要指处于幼儿园关系网络中的幼儿，在幼儿园日常生活的言行中体现出来的、根据自己的合理动机和推理去掌控自己生活的意愿与能力。幼儿天生希望自主，喜欢自主，这些特征可以从其言行中得到印证。在幼儿园活动中，幼儿不时地插话插嘴，不时地东倒西歪、做鬼脸等，与其说这是他们注意力不持久的表现，不如说是（其实在很大程度上也是）他们要自己当家作主的一种反映。[②] 因为行为常是意志的直接体现，幼儿的身体或多或少有表达力，或拥有一些有表达力的成分。幼儿的自由意志要求通过自己选择的存在状态来确证。从工具价值而言，幼儿自主时实现了自己的选择和价值，这使其具有对生活更好的满足感，而这种满足感是别人所不能带来的，即使别人出于好心或善意。[③]

奥尼尔（O' Neill）指出，自主是"理性的自主"。德沃金（Dworkin）认为，反思能力是自主的必要条件。具有二阶欲望对一阶欲望进行反思、修正、抑制能力的人，才是自主的人。[④] 世界上没有任何一个人能够认识到一个事件发生的全部因果信息，也无法完全支配已知条件，因此人的理性与反思能力都是相对的，是有层次性的，自主也是如此。霍沃思（Haworth）把个体的自主由低到高分为四个层次：最低层次是"最小自主"——行动者具有胜任、独立和某些自我控制特征，但几乎没有反思能力；第二层次是"过渡自主"——行动者道德感已形成，行为受到内部声音（父母或其他代理人的观点和品质）的驱动，但不会认真追问"是否要"和"为什么要"；第三层次是"常态自主"——行动者既能对自己的冲动和外部影响进行评价、反思，又能对行为策略进行选择；最高层次是"超常自主"——行动者能摆脱内部和外部的束缚，超越常规地自主

① ［美］费尔德曼．发展心理学 [M]. 苏彦捷，邹丹，译．北京：世界图书出版公司北京公司，2007: 291–292.

② 吴康宁．自主创新：幼儿的天性、天能与天权 [J]. 幼儿园教育研究，2002(4): 19–21.

③ DWORKIN G. The Theory and Practice of Autonomy[M]. New York: Cambridge University Press, 1988: 34.

④ DEARDEN R F. Education and Development of Reason[M]. London: Routledge & Kegan Paul, 1972: 461.

行事，大胆创新。[①]幼儿的思维主要是自我中心的，他们往往不能意识到他人或许持有和自己不同的想法、感受和观点，[②]但他们也有直觉思维，并具有一定的理性[③]与反思能力。随着年龄的增长和经验的增加，幼儿处理信息更加有效、更加精确，他们能够处理越来越复杂的问题。[④]他们逐渐能够从他人的角度观察世界，在发现他人行为背后的动机与原因上也变得更富洞察力。[⑤]因此，其自主水平围绕"过渡自主"上下波动。幼儿的自主是一种利用机会与创造机会方面的"弱自主"，因为幼儿的行动常受到他人蓄意的直接干预或隐性控制（外在障碍），也常受制于自己的强欲望、低认知能力与行动能力（内在障碍，包括对自己本质力量与根本利益的认识）。

幼儿自己做主的欲望强烈，智与行方面发展相对较弱，其自主水平虽低于年长者，但其自主维度与他者无异，也包括自我主张、自我依靠与自我控制。幼儿在日常生活中的自主主要表现为根据自己的兴趣、想法选择与主动发起活动，与别人的看法不同时，敢于坚持自己的意见并能说出理由；自己能做的事情自己愿意做，主动承担任务，遇到困难不轻易求助别人，不会的愿意学；抑制冲动、抵制诱惑、延迟满足[⑥]；等等。幼儿往往以自信为前提，在一定程度理性的指引下进行自决、自为、自控。

在现实中，我们看到了幼儿有自由意志与一定的自主能力，因此我们认为他们应该拥有自主权或有选择的自由。如果仅此而已，这种主张只有名义权利层面的意义，仅属于理知界的原则，仅具有形式意义而缺失实质价值，因为这只是承认了自主是自然给予幼儿的一种善。若将理想自主的道德基础扩展至形

---

① HAWORTH L. Autonomy: An Essay in Philosophy Psychology and Ethics[M]. New Heaven: Yale University Press, 1986: 55.

② [美] 费尔德曼 . 发展心理学 [M]. 苏彦捷，邹丹，译 . 北京：世界图书出版公司北京公司，2007: 262.

③ "只要一个人能够计算 2 + 2 = 4，或者能够说出有意义的话让别人懂，和别人交流，我们就说他有理性。"引自：邓晓芒 . 对自由与必然关系的再考察 [J]. 湖南科技大学学报（社会科学版），2014(4): 53–61.

④ [美] 费尔德曼 . 发展心理学 [M]. 苏彦捷，邹丹，译 . 北京：世界图书出版公司北京公司，2007: 264.

⑤ [美] 费尔德曼 . 发展心理学 [M]. 苏彦捷，邹丹，译 . 北京：世界图书出版公司北京公司，2007: 302.

⑥ 亚当斯 (Adams) 认为，如果不能延缓满足并制订和执行长期计划，那就不可能是或成为自主的。参见：ADAMS H. Justice for Children: Autonomy Development and the State[M]. New York: State University of New York Press, 2008: 12.

而下的现实领域（如政治、经济、社会、教育领域等），将遭遇的最大困难是不同层次、不同序列的价值转换问题。理想的自主所坚守的是无差别原则（绝对原则）——每个人（即便幼儿、小学生、老人）都具有自主资格，而现实中的自主坚守的是差别原则（经验界的原则、相对的原则）。理想的自主具有一种典型的天赋特性，而现实中的自主（政治自主、经济自主、教育自主）明显带有被给予的性质，要么由权威直接提供，要么经由利益相关者反复博弈而获得，因此是存在差别的（但这种差别应是合理的或恰当的与适度的）。

理想的自主作为普遍法则，是无人称、无主体、无语境的，是形式上的绝对命令，如若将此法则在现实中生效，就必须完成由法则到规范的转变。因此，我们应进一步保障：幼儿能在正义限制下做自己想做之事的自由，即享有特殊环境的自由①。自主不是抽象与超然于物外的，它是处在一定时空中的、经验性的，是建构于社会关系中的。自主的实现与个性的生成是在社会交互作用或主体间的交往中确立的，幼儿的自主性是在生活、学习与游戏中被形塑的。所谓“形塑”（shaping）一般指人们按照一定的要求或依据某种价值观，对某事物或某人实施定向塑造或培养，即塑造与形成。与“形塑”类似的词为“型塑”（moulding），即人们按照固定的模型把某事物或某人塑造成标准化的形象，即塑造与成型。两者虽然都有“定向塑造”之义，但侧重点不同：“形塑”重视形成过程，强调环境塑造和自我形成共同作用的过程②；“型塑”更重视结果，强调按模型塑造。这两个词皆为中性词，塑造的功能或结果既可能是正向的，又可能为负向。本研究中的“形塑”强调教师对幼儿自主性进行塑造的动态过程，其功能包括自主支持与自主抑制。幼儿自主与教师形塑不完全对立，培养有自主性的幼儿也是教师的目的之一。

在给幼儿更多自主机会的呼声日益高涨时，也有不少人对此持有异议，甚至主张削减幼儿的自主权。理由是他们认为幼儿没有理智地运用自主的能力（如道德能力——理解哪些道德原则可证明为正当的，且能够依照它们行动）与足够的生活经验，给予幼儿自主机会会让他们不能尽快地健康发展，甚至会给幼儿自身以及他者带来伤害。只有当幼儿能理智地运用自主，并成为负责任

① ［美］阿德勒．六大观念：真、善、美、自由、平等、正义[M]．陈珠泉，杨建国，译．北京：团结出版社，1989: 158.

② 蒙台梭利认同教育学家对婴幼儿时期的定义——“软蜡”（ceramolle），她认为“孩子能自觉自发地塑造自己”，同时成人可以对这个阶段的儿童进行适当的指导。但是，她认为教育学家觉得孩子应该由他们来塑造是不对的。参见：［意］蒙台梭利．蒙台梭利儿童教育手册[M]．蒙台梭利丛书编委会，译．北京：中国妇女出版社，2012: 22.

者时（有道德能力者在愿意遵守可证明为正当的原则时，就可被视为负责任者），才能拥有自主权。这种观点表面上看起来合理，但它无异于主张只有当人们学会游泳之后才能下水游泳。显然，此种主张是不切实际的。许多幼儿认可“不能伤害他人”“帮助别人”“公平”“兑现承诺”等道德原则，并愿意遵守它们。

早上，幼儿们（J幼儿园大班）陆续到教室，玩着桌上仅有的玩具。正式上课后，老师教大家折纸鱼并在上面画画、涂色。老师最后要选出最漂亮的5条小鱼贴在展示墙上。老师先示范了如何折纸鱼，接下来幼儿自己做，大部分幼儿无法独立完成。杰杰（男）请一位实习生教他折，折完后他回到自己的座位上为纸鱼上色。他这组的幼儿安静认真地画着。最后，老师从一些组中选了5条鱼，而有三四个组的小鱼，她看都没看一眼。杰杰所在组的幼儿准备拿给老师选，老师却已经在展示5条小鱼了。杰杰问了实习生一些问题：“老师觉得我的小鱼不好看吗？”“老师为什么不来看我的小鱼呢？”“老师不公平！”……

幼儿能够判断处置问题的方式是否公平，他们也能在遇到不公之事时，表达自己对此的不满。幼儿也有责任心。例如：一名6岁的幼儿，在她当组长或班长的那周，每天早上会起得很早，而且会催促家长尽早把她送到幼儿园。因为幼儿园教师让组长和班长承担了一些幼儿力所能及的工作，需要幼儿早点到园完成。依此可见，幼儿是有一定程度的道德能力的，他们某些时候也是负责任者，我们可以适当地给幼儿一些自主的机会。

给幼儿自主选择的机会本身具有强大的教育力量。如果幼儿没机会去行使自主，不能在开展自主行动中获取教训，他们将无法理性地自主行动。正因为幼儿理智地行使自主权的能力较弱，所以才需要成人给予其适宜的引导或支持。在自主发展的敏感期培养幼儿理智的自主能力，这将对幼儿一生的发展产生积极的、深远的重要影响。

值得注意的是，有时自主的丧失不是在痛苦中，而是在每一天的欢乐、笑声中（沉浸在溺爱中的幼儿享受着当下的快乐，但他们任性、过度依赖他人）。而且，理智地运用自主的能力更需要通过正规的教育来培养。但是，在家庭教育与幼儿园教育领域中存在着幼儿缺乏自主和误用、滥用自主交织并存的情形。

在中国的家庭中，儿童的自主性在发展中出现了“小皇帝”“小奴隶”及两种症状综合的畸变现象——“小皇帝”的意志极端武断，通过撒娇、发号施令、哭闹，一味地满足私欲，不能主要依靠自己去正确地认识人和事物、作出判断、采取行动、评估并调控自我；“小奴隶”们的意志极端被奴役，他们被管得太死、太细，不被允许独立做事，不能按自己的意愿行动，其独立意识、选择能力、创造潜力大大弱化；“小皇帝”与“小奴隶”的特点可能在不同的时空中汇聚于同一个体身上。[①]台湾学者李孟嘉研究发现，父母对幼儿“自我依赖”的意愿、行为多为赞赏、示范与引导，关注孩子的个别差异，且鼓励孩子在试误中学习；在“自我主张”层面，父母则表现较多指示、要求孩子服从威权，如在才艺发展方面、电视收看上以父母的决策为主。

幼儿自主性的培养是一种在社会情境中的交互建构。这需要幼儿能意识到并维护自己的自主权，又需要成人（尤其是幼儿园的教师）能尊重幼儿的自主权。幼儿园是教育体制中结构化的一层，是国家为幼儿单独开辟的社会空间。身处其中的幼儿具有不同于其他社会群体的观念形态、行为规则、关系网络乃至生活方式。幼儿园生活是幼儿的一种新社会生活——儿童自进入幼儿园起，从家庭生活进入了另一种社会生活，这是其社会生活领域的扩展。他们的社会生活发生了部分变化，且新增了一种社会关系——师幼关系。教师成为影响他们自主性发展的重要他人，因为教师的教育观念与行为对幼儿自主的实现有着直接的影响。[②]幼儿有时把教师当成父母，把与父母互动的模式复制在师幼互动中。埃里克森（Erickson）和皮亚塔（Pianta）指出，幼儿尤其是低龄幼儿指向教师的行为模式、对教师的信任程度与情感几乎是他们与父母互动的翻版。[③]有时，教师对幼儿的影响甚至超过家长。例如，幼儿常用“某某老师说……”来为自己的言行辩护，家长的权威被弱化。

人们并不会怀疑幼儿园教师是否拥有科学的幼儿观，也越来越认可幼儿园教师的专业性，相信他们的专业理念、知识与能力会对幼儿产生积极的影响。教师习得了“幼儿为本”“游戏为中心”的教育观念，活动在充斥着各种理论与政策的空间中，使用着时髦的教育理论话语，声称遵守着《幼儿园教育指导纲要（试行）》与《3 ～ 6 岁儿童学习与发展指南》的规定。但幼儿园教师仅认可“自主”目标显然是不够的，还必须付诸行动。幼儿“自主”不应只是一

---

① 张诗亚．“小皇帝”与“小奴隶”：析中国儿童自主性发展与畸变 [M]. 成都：四川少年儿童出版社，1996: 46-61.

② FARCAS G A, CURELARU V. Support of autonomy behaviors in preschoolers. Experimental educational intervention[J]. Scientific Annals of Alexandru Ioan Cuza University of Iasi. Educational Sciences Series, 2010(14): 207-222

③ ERICKSON M F, PIANTA R C. New lunchbox, old feelings: what children bring to school[J]. Early Education and Development, 1989(1): 15.

个被学者呼吁、得到官方和教师普遍宣传的口号，它更应作为一种建构性的原则整合进幼儿园师生的日常生活中。

在童谣《菊花开开》教学中加入快板如锦上添花。它的加入为活动的开展渲染了气氛，也调动了幼儿学习的积极性，但其中也发现了一些问题。比如，在分组游戏中，个别幼儿被快板的好玩所吸引，专注于玩耍，而忽略了童谣的练习。我考虑到时间的关系，又担心他们学不会童谣，因此用半强制的口气要求他们放下快板先学会读童谣。虽然这几名幼儿最终按照我的意愿做了，但过后我还是为自己当时的行为感到自责。正如《幼儿园教育指导纲要（试行）》所指出的："活动中要尊重幼儿个人意志，给儿童自己选择表达内容和方式的自由。"……（D 幼儿园大班 Y 老师的教学反思记录）

教师在培养幼儿自主性的过程中显现出观念与行为上的矛盾——认同幼儿自主与实施教师主导。① 有人认为，教师几乎主导了日常教育中的一切活动，幼儿真正能够自主的活动寥寥无几。② 北京市丰台第一幼儿园园长朱继文说：在幼儿园工作的领导与教师好像没有一个不说忙的，但是，在慌忙的节奏中，教师不能慢下来观察、了解、走进孩子，捆绑了孩子的手脚，折损了孩子的翅膀，束缚了孩子的自由。③ 教师也用"统一"绑架了幼儿的"自主"，"孩子一百个世界中，他们偷去了九十九"④。主要表现如下：时间安排固定化、区域设置模式化、班级管理标准化、课程内容统一化。⑤ 教师"好意地"错把"控制"当作"教育"，让幼儿失去了自由。⑥ 在这种教育中，"服从高于自主，听话高于思想，接受高于创造，一致高于独立"⑦，是不尊重个人自主的。

幼儿渴望幼儿园的日常生活节奏与自然的节奏和谐一致。但在幼儿园，儿童的不自主感不仅是源于幼儿对教师在制度上和生活上的依赖关系，他们在参

① 这种现象正如美国幼儿教育学家柯蒂斯（Deb Curtis）等所说，幼教工作者持有"非此即彼"的思维，他们把儿童主导的游戏与教师主导的课程对立。这种"二分法"是对教与学这一复杂过程的简单化处理。美国华盛顿康奈尔学院人类发展与儿童教育系教授布雷德坎普（Sue Bredekamp）等主张，能对儿童和希望达到的学习目标做出回应的课程应该要求教师在儿童主导和教师主导之间进行转换。参见：[美] 柯蒂斯，卡特 . 和儿童一起学习：促进反思性教学的课程框架 [M]. 周欣，周晶，张亚杰，等，译 . 北京：教育科学出版社，2011: 9.

② 王喜海，李红英 . 教师主导与幼儿自主的对立 [J]. 教育导刊（幼儿教育），2005(4): 9–12.

③ 朱继文 . 幼师的时间都去哪儿了 [N]. 中国教育报，2018–03–04(7).

④ 出自意大利诗人马拉古兹的儿童诗《其实有一百》。

⑤ 樊人利 . 幼儿教育程序化不破解便是灾 [N]. 中国教育报，2017–02–05(2).

⑥ 周娟 . 自由是幼儿生长的力量 [N]. 中国教育报，2017–02–05(1).

⑦ 金生鈜 . 论个人自由在教化中的地位 [J]. 教育理论与实践 . 2002(11): 1–5.

与教育活动的过程中，往往需要牺牲自由意志，接受教导。如果幼儿用质疑、抵制甚至反抗等方式来坚持自主，通常会遭到教师更加严厉的阻挠。① 在整个教育过程中，幼儿处在追求自主与牺牲自由的分裂状态。② 在屡次尝试自主、却以失败告终之后，幼儿可能会减少甚至停止这种尝试，以至于在实际上放弃自主。③ 有相当多的证据表明，当动物和人类认为自己不能控制环境时，便会放弃。自我控制权力的缺失会降低行为的活力。

多数时候，教师没有把幼儿原本独立的社会地位还给他们。这恰恰是教师无法从根本上放弃先见，常按照自身意志肆意行使权威的关键所在。④ 蒙台梭利曾说，让孩子服从成人的意志，这是成人犯了最大、最可耻的错误，这会导致儿童胆怯。

二、研究述评及本研究的主要问题

（一）幼儿自主研究

中国人最迟在唐朝就注意到婴幼儿生理需求和成人不同，因而发展出“少小科”⑤。西方社会自 16 世纪始确立了儿童期的概念，主张儿童虽为弱者，但拥有完整生存权与不受侵犯权，儿童有自己思想判断能力，这些思潮传承至今。心理及教育学者对幼儿的自主性认知、独立性、自我控制等方面进行了研究。

1. 幼儿的自主性认知发展

幼儿的自主性认知指幼儿在面对外部环境时，尝试表达自我主张或控制 / 改变环境的主体性觉知。中国台湾学者林昭溶等在有关自主性认知的访谈中发现，幼儿偏向采取自主性的观点，并随年龄增长而增加。他们访谈了台湾与芬兰 1064 位 3 ～ 6 岁的幼儿，全程以 1 题 1 图的方式询问幼儿在 16 种情境下将如何做，结果发现：①幼儿在面对不同的情境时，出现最多的反应是认为情境是可以改变的，并试图与环境中的他人协商沟通，若环境未改变，亦有可能调整自己；其次是会调整自己去适应环境的改变或要求；再次是幼儿会运用自己的观点来改变环境，具有浓厚的坚持己见的意味；幼儿出现最少的反应是逃避、抽离，未与环境互动，情境没有改变，但幼儿有可能在别的情境做自己要

① 刘怀玉 . 列斐伏尔与 20 世纪西方的几种日常生活批判倾向 [J]. 求是学刊 ,2003(05):44−50.

② 项贤明 . 教育过程中人的异化及其扬弃 [J]. 社会科学战线 , 1997(1): 244−254.

③ 吴康宁 . 自主创新 : 幼儿的天性、天能与天权 [J]. 学前教育研究 , 2002(4): 19−21.

④ 刘晶波 . 谈师幼互动中教师的权威及其限度 [J]. 学前教育研究 , 2005(1): 53−55.

⑤ 《中医名词术语精华辞典》提到，少小科在唐代太医署内已独立成科，与内、外、五官科并列。少小科是幼科的别称，相当于现在的小儿科。从宋代一直至清末，小儿科称为小方脉。

做的事。②随着年龄的增长，幼儿越来越会调整自己去适应环境要求，采取和环境协商的方式满足自己的需求，想要运用自己的观点去改变环境的想法也明显增加，如大班幼儿较常使用的策略是亲社会性的、寻求资源及他人帮助、协商等。幼儿也愈来愈不坚持自己的观点或从环境中退缩逃避。

另一项研究也证实了幼儿的自主性随年龄而增长，顺应性则随年龄逐渐下降。李慧娟等用访谈法收集了366位3～6岁幼儿的观点，以了解孩子在幼儿园情境中的社会取向（social orientation）。他们依据皮亚杰（Piaget）的顺应与维果茨基（Vygotsky）的自主性观点，将幼儿与情境的互动分为顺应—同化、顺应—调适、自主—同化、自主—调适四类。统计分析结果显示，与林昭溶等的研究发现一致。另有新的发现：幼儿与同辈和师长的互动模式不同。幼儿与教师互动中，最常见的是顺应—调适，其次为自主—调适，其反应随年龄的增长而递增，而顺应—同化及自主—同化随年龄增长而递减。在与同辈互动时，幼儿最常出现的反应是自主—调适，且随年龄增长而稳定地增加。①

2. 幼儿的独立性

幼儿的独立性（independence）指幼儿不依赖他人，凭借自己的信念、认识与能力完成某项活动的水平。它是幼儿从幼稚、依赖走向成熟的标志。独立性的研究始于20世纪30年代，学者认为自主性在心理水平上要高于独立性。但从20世纪80年代开始，在心理学领域，独立性与自主性、自主被视为同一概念。②人们研究了独立性的年龄发展特点与各维度的发展水平差异。周少贤等人发现，幼儿的生活独立性随年龄逐渐提高，但其他方面独立性的提高程度不明显。③这与刘晓青等人的研究结果一致。他们调查了5～6岁幼儿的独立生活能力、适应生活能力、独立学习能力、独立交往能力四个方面。结果发现，5～6岁幼儿在这四方面均表现出一定的独立性，但独立生活能力方面的得分最高。④

也有学者研究了幼儿独立性的性别差异与影响独立性的其他因素。杨瑞清研究了一所幼儿园5-6岁儿童在独立性发展的四个维度方面的表现，幼儿们

① 李慧娟，汪丽真．幼儿社会因应取向之初探[J]. 长庚科技学刊，2016(24): 1−15.

② 邹晓燕，杨丽珠．3～5岁儿童独立性结构的验证性因素分析[J]. 心理科学，2005(1): 225−226, 237.

③ 周少贤，陈尚宝，董莉，等．3～6岁幼儿独立性和自我控制的发展特点及家庭影响因素[J]. 学前教育研究，2004(11): 42−45.

④ 熊易群，贾改莲，刘晓青．5至6岁儿童独立性发展的调查与研究[J]. 学前教育研究，1995(5): 40−42.

的独立生活能力相对较强，然后依次为独立学习能力、适应生活能力和独立交往能力；就幼儿个体而言，无论男女孩，其独立性表现有很大差异，且男孩的离散变异程度高于女孩；男女孩在独立性表现上有差异，且男孩的总体独立性水平显著低于女孩。① 幼儿的自我效能感也会影响其独立性。董俊婷发现低自我效能感的幼儿容易出现依赖和拖延行为。② 幼儿独立完成某项活动时，需要耗费自身的各种资源或能量（如体能、意志力），而作为积极情感的自我效能感能补充这些耗损。

3. 幼儿的自我控制

幼儿的自我控制指幼儿对自己的认知、情绪、行为等方面进行管理，以符合社会的要求和期望。研究发现，幼儿的行为控制能力发展并非直线性的。女孩的行为控制能力在中班时最好，到大班时有所下降；男孩的行为控制能力在中班时候最差，到大班时有所提高。在行为控制能力方面，男孩总体上明显弱于女孩。③ 这与激素等生物因素差异、差异化社会期待与要求有关。研究还发现，幼儿的延迟满足在 4 岁发生明显转折。④

周少贤等指出，幼儿的自我控制和独立性显著相关。幼儿的情绪控制水平越高，其独立性水平就越高；幼儿的行为控制水平越低，其活动独立性就越高。研究还发现，父母的严厉教育、教育水平与家庭收入水平对幼儿的独立性与自我控制有影响。父母教育观念中，严厉教育维度与幼儿的情绪控制和行为控制呈现出很高的正相关。与受教育水平过高或者过低相比，父母的受教育水平为中等时，幼儿自我控制和独立性发展水平最好；家庭收入水平越高，幼儿的独立性和自我控制的发展水平越低。⑤

黄薇等人发现，自我提升（self-promote）目标取向显著正向预测自我控

---

① 杨瑞清 . 关于 5 ~ 6 岁儿童独立性发展现状及性别差异的调查研究 [J]. 教育科学研究，1998(4): 17–19.

② 董俊婷 . 邯郸市幼儿自我效能感和拖延行为的相关研究 [J]. 教育教学论坛，2013(47): 258–259.

③ 周少贤，陈尚宝，董莉，等 . 3 ~ 6 岁幼儿独立性和自我控制的发展特点及家庭影响因素 [J]. 学前教育研究，2004(11): 42–45.

④ 黄薇，阳泽 . 3 ~ 6 岁幼儿目标取向、自我效能感与自我控制的关系 [J]. 心理发展与教育，2015(5): 547–554.

⑤ 周少贤，陈尚宝，董莉，等 . 3 ~ 6 岁幼儿独立性和自我控制的发展特点及家庭影响因素 [J]. 学前教育研究，2004(11): 42–45.

制。自我提升的目的是追求自我发展与完善。[①]这与霍伊尔（Hoyle）和谢里尔（Sherrill）的研究结果类似，他们证明了自我导向对自我控制有预测作用。[②]

（二）教师自主支持研究

自主支持（autonomy-support）的研究始于20世纪80年代。迪西（Deci）和瑞安（Ryan）提出了自我决定理论（self-determination theory，SDT）后[③]，学者相继对理论中的自主支持进行了较为细致的研究。教师是影响学生成长的重要他人，他们对学生自主的支持或抑制可能对学生的发展产生微妙的影响，这个领域（还有家庭中、临床上、工作场所领域）的研究已经成为人格研究领域的热点。瑞夫（Reeve）等将教师分为自主支持型和自主抑制型。[④]自主支持即支持他人的自主性。教师自主支持是指教师采纳学生的观点，体验学生的感受，理解学生对问题的认知，为学生提供选择和必要的信息，尽量不对学生使用强制等方式。[⑤]研究者多数运用解释性研究范式——强调意义和知识的建构与解释，重视理论建构与现场经验的整合，注重教师、学生、学习环境间的相互作用。

1．自主支持的作用

自我决定理论是教学风格研究前沿的知识基础。[⑥]自我决定是指个体完全出于自愿去从事某一活动，他们能体验到行动的自主性和选择性。行动是自我决定的，因此人们能感受到自己是行动的触发者和选择者，而不是由他者的强

① 黄薇，阳泽．3～6岁幼儿目标取向、自我效能感与自我控制的关系[J]．心理发展与教育，2015(5): 547−554.

② HOYLE R H, SHERRILL M R. Future orientation in the self-system: possible selves, self-regulation, and behavior[J]. Journal of Personality, 2006, 74(6): 1673−1696.

③ 自我决定理论是关于人类自我决定行为的动机过程理论。它分为四个子理论：一是基本心理需要理论——归纳了人类先天存在的三种基本心理需要（自主、胜任和关系需要），以及它们对心理健康和幸福感的作用；二是认知评价理论——解释了社会情境中的各种因素对内部动机的影响，描述了无动机的、控制的和自主支持的背景因素；三是因果定向理论——描述了个体倾向对有利于自我决定的环境进行定向，个体间的差异性以及这些差异如何影响个体对环境的选择和适应；四是有机整合理论——阐明了外部动机发展为内部动机的过程中所经历的不同动机类型。

④ REEVE J, BOLT E, CAI Y. Autonomy-supportive teachers: how they teach and motivate students[J]. Journal of Educational Psychology, 1999, 91(3): 537−554.

⑤ DECI E L, RYAN R M. Intrinsic Motivation and Self-Determination in Human Behavior[M]. New York: Plenum Press, 1985: 96−97.

⑥ 李德显，房磊．国外教学风格研究的可视化分析[J]．全球教育展望，2016(9): 62−76.

化与压力决定。自我决定理论认为，自我决定的前提是基本心理需要的支持。个体有三种基本心理需要：胜任（competence）、关系（relatedness）和自主（autonomy）[①]，并强调自主的核心地位。此理论认为需要具有功能性，而自主性需要的功能最明显。通常，环境仅提供对自主性需要的支持，就足以让人体验到其他两种需要（胜任与关系）。[②]

教师对学生基本心理需要的支持在学生行为和心理适应过程中起着关键作用。有学者研究发现，教师自主支持能够提高学生的自我决定动机水平，学生表现出对学习有更大兴趣与更高主动性，学生的自尊、自信水平也较高。迪西（Deci）等发现，在自主支持的班级环境中，学生面对学习任务时更易产生内部动机，他们好奇、喜欢挑战和试图自主掌握知识，并具有更高的自尊水平和更强的胜任感。[③]万斯汀凯斯特（Vansteenkiste）等研究发现，与自主抑制相比，教师自主支持会促进学生增长学习时间且获得更好的成绩。即使排除外在或内在目标内容对学生学习成绩之影响，他们的自主支持仍起作用。[④]

自主支持的积极效应在跨文化研究中也频繁显现。如车科夫（Chirkov）等发现，不管是在美国还是在俄罗斯，家长和教师自主支持对学生自我调节、内化学习动机和自我感受都有较大的正向作用。[⑤]

众多的研究证明，教师自主支持行为有利于学生更好地适应学习，内化学习动机，提高学习兴趣和成绩，也有利于学生提升自尊心和自豪感，悦纳自我等（表 0-1）。

---

① 王振宏 . 学习动机的认知理论与应用 [M]. 北京：中国社会科学出版社 , 2009: 147-152.

② 王艇 , 郑全全 . 自我决定理论：一个积极的人格视角 [J]. 社会心理科学 , 2009(2): 11 -16.

③ DECI E L, SCHWARTZ A J, SHEINMAN L, et al. An instrument to assess adults' orientations toward control versus autonomy with children: reflections on intrinsic motivation and perceived competence[J]. Journal of Educational Psychology, 1981, 73(5): 642-650.

④ VANSTEENKISTE M, SIMONS J, LENS W, et al. Motivating learning, performance, and persistence: the synergistic effects of intrinsic goal contents and autonomy-supportive contexts[J]. Journal of Personality and Social Psychology, 2004, 87(2): 246-260.

⑤ CHIRKOV V I, RYAN R M. Parent and teacher autonomy-support in russian and u. s. adolescents: common effects on well-being and academic motivation[J]. Journal of Cross-Cultural Psychology, 2001, 32(5): 618-635.

表 0-1 教师自主支持对学生的积极影响[①]

动机（Motivation）	内在动机（Intrinsic motivation）、胜任（Competence）、自主（Autonomy）、关系（Relatedness）、掌控动机（Mastery motivation ）、控制感（perceived control）、好奇心（Curiosity）、内化价值（Internalized values）
参与（Engagement）	参与（Engagement）、积极情感（Positive emotion）、减少消极情感（Less negative emotion）、课堂出勤（Class attendance）、坚持（Persistence）、留在学校（School retention) vs. 辍学 (dropping out)
学习（Learning）	概念理解（Conceptual understanding）、深度加工（Deep processing）、主动信息加工（Active information processing）、自我调节策略（Self-regulation strategies）
成绩（Performance）	等级（Grades）、任务绩效（Task performance）、标准化测试分数（Standardized test scores）
发展（Development）	自尊与自我价值（Self-esteem and self-worth）、创造力（Creativity）、偏好适宜的挑战（Preference for optimal challenge）
幸福感（Psychological Well-Being）	幸福感（Psychological Well-Being）、学校 / 生活满意度（School/Life satisfaction）、生机活力（Vitality）

2. 自主支持的行为

瑞夫（Reeve）等通过研究发现了 21 种特定的教师介入行为，包含 11 种自主支持行为[②]（表 0-2），这些行为是支持学生自我决定、促进学习动机内化的重要条件。

表 0-2 自主支持行为（Autonomy-supportive behaviors）

1. 花较多的时间倾听学生（Time teacher listening）
2. 常询问学生的需求（Asking what student wants）
3. 留出时间让学生用自己的方式做事（Time allowing student to work in own way）
4. 给学生表达的时间（Time student talking）
5. 向学生说明行动的理由（Providing rationales）
6. 积极回应学生提出的问题（Being responsive to student-generated questions）
7. 对学生难以回答的问题给予提示（Offering hints）
8. 给予学生鼓励（Offering encouragements）
9. 向学生传递观点采择的陈述（Communicating perspective-taking statements）
10. 用表扬作为给学生的信息反馈（Praise as informational feedback）
11. 给学生安排靠近学习材料的座位（Seating arrangements）

① REEVE J. Why teachers adopt a controlling motivating style toward students and how they can become more autonomy supportive[J]. Educational Psychologist, 2009, 44(3): 159–175.

② REEVE J, JANG H. What teachers say and do to support students' autonomy during a learning activity[J]. Journal of Educational Psychology, 2006, 98(1): 209–218.

自主支持是教师在教学过程中通过情感或行为，鉴别、激发和培养学生内部动机的过程。[①]自主支持性教学与自主性动机相关，需要的满足在两者中间起了中介作用。迪西等认为人们有两种解释信息的取向：个人取向和非个人取向。从个人取向看，又可以分为两种：一种是个体把自己视为行动的原因（因果的内在点），这是自主取向；另一种是个体相信自己的行动是为了获得奖赏或取悦他人，或是因为外部因素的影响（因果的外部点），这是控制取向。教师的自主支持行为让学生感受到了因果点是源于内部而非外部，学生更可能从内部激发来开展活动，实施自我决定行为。自我决定理论把人类行为区分为两大类：自我决定行为和非自我决定行为。[②]认同性动机与自我进行有机整合，它和内部动机一起，并称“自主性动机”（autonomous motivation），源于自主性动机的行为即自我决定行为。[③]

3. 自主支持风格的形成

教师在自我决定中的因果定向是影响其自主性教学风格形成的重要因素。研究为如何塑造教师的自主支持性教学风格提出了建议，如加强教师对支持自主性教学有效性的信念；有少量关于教师培训计划有效性和可行性的研究，为教师支持自主性教学风格的形成提供了切实可行的方法和指导。[④]

（三）教师自主抑制研究

自主抑制是指教师在教学过程中，通过情感或行为迫使学生以一种特定的方式去思考、感受或行动，它与自主支持相对。与自主支持相比，自主抑制在教学功能和教学效果方面都不理想，它破坏了学生的积极性和学习效果[⑤]，也不利于学生自主选择意识的发展[⑥]与参与度的提升。

---

① ASSOR A, KAPLAN H, ROTH G. Choice is good, but relevance is excellent: autonomy-enhancing and suppressing teacher behaviors predicting students' engagement in schoolwork[J]. British Journal of Educational Psychology, 2002, 72(2): 261-278.

② 郭德俊 . 动机心理学 : 理论与实践 [M]. 北京 : 人民教育出版社 , 2005.

③ 李德显 , 房磊 . 国外教学风格研究的可视化分析 [J]. 全球教育展望 , 2016(9): 62-76.

④ AELTERMANA N, VANSTEENKISTEA M, KEER H V. Changing teachers' beliefs regarding autonomy support and structure: the role of experienced psychological need satisfaction in teacher training[J]. Psychology of Sport and Exercise, 2016, 23(10): 64 -72.

⑤ REEVE J, JANG H S. What teachers say and do to support students' autonomy during a learning activity[J]. Journal of Educational Psychology, 2006, 98(1): 209-218.

⑥ REEVE J, NIX G, HAMM D. Testing models of the experience of self-determination in intrinsic motivation and the conundrum of choice[J]. Journal of Educational Psychology, 2003, 95(2): 375-392.

1. 自主抑制的行为

幼儿园教师的自主支持系统是一个从高控制到高自主的连续体，还是独立于自主游戏控制系统（也就是说，提供更多的自主支持不一定就会导致控制风格的减少，自主给予的缺乏并不表明自主抑制一定存在），是一个值得进一步研究的问题。迪西（Deci）等认为自主支持是单维的，教师的教学风格从高度控制、中度控制到中度支持自主、高度支持自主，呈现为两极的连续分布。① 而泰西耶（Tessier）等认为自主支持与自主抑制是两个维度。研究者们也总结出了 10 种自主抑制行为（表 0-3）。罕伦沙（Haerensa）等建议教师激励风格培训要提高教师对控制性教学行为的认识，并在教学实践中避免发生类似的行为。②

表 0-3 自主抑制行为（Autonomy-suppressive behaviors）

1. 只注重自己说的时间（Time teacher talking）
2. 只给出模糊的指导或命令（Uttering directives/commands）
3. 垄断时间或学习材料（Time holding/monopolizing learning materials）
4. 声明时限（Deadline statements）
5. 仅告诉学生应该 / 必须如何做，而不说明理由（Making should/ought to statements）
6. 向学生提控制性的问题（Asking controlling questions）
7. 直接展示解决问题的办法或答案（Exhibiting solutions/answers）
8. 偶尔表扬学生作为奖励（Praise as contingent reward）
9. 批评学生（Criticizing the student）
10. 直接说出解决问题的办法或答案（Uttering solutions/answers）

2. 教师的控制风格

以学生为中心是教学风格研究前沿的主要视角，通过对学生的基本心理需求、自主性动机、参与度、技能发展水平或状况等指标进行测量，用学生相关指标的变化来反映教师的教学风格。学生反对教师权威的倾向与控制教学有着更直接的关系，学生倾向直截了当地不服从具有控制型教学风格的教师的要求

① DECI E L, SCHWARTA A J, SHEINMAN L, et al. An instrument to assess adults' orientations toward control versus autonomy with children: reflections on intrinsic motivation and perceived competence[J]. Journal of Educational Psychology, 1981, 73(5): 642−650.

② HAERENSA L, AELTERMANB N, VANSTEENKISTEB M, et al. Do Perceived Autonomy-Supportive and Controlling Teaching Relate to physical education students' motivational experiences through unique pathways? distinguishing between the bright and dark side of motivation[J]. Psychology of Sport and Exercise, 2015, 16(3): 26−36.

和期望[①]。中国关于师幼互动的研究自20世纪90年代初期开始。有些学者重点关注了师幼互动中教师的控制风格。黄娟娟研究发现，在幼儿园活动中，教师仍是“中心”，扮演着“领导角色”。他们以控制为主，并且倾向强控制——严格控制着教育教学活动的进程，不知不觉地充当定向、定规和定论者。教师对幼儿普遍采取单一、显性的控制方式，具体表现为以教师对全班幼儿的“满堂灌”为主；教室在教师集权控制下变成了“伞状空间”。在这种空间中，幼儿被封闭在一个个“私有化小空间”中，处于拘束、压抑状态。而游戏、生活与区角活动的场地（教师创设环境与提供材料）虽体现了教师的目的与意图，但幼儿是分散的，仅有极其有限的发挥自己主动性的自由空间。从教育行为上看，教师在教育活动中普遍习惯于根据自己的预设框架来展开教育教学活动。面对幼儿正确的甚至具有创造性的见解，教师想方设法地按照预设框架加以“格式化”。他们经常采用转移话题、留存异议等策略回避幼儿提出的、教师不能解答的问题，以维护自己的绝对权威。在不同的活动中，教师发起互动时幼儿均为接受型。[②]有研究者分析了教师控制风格形成的原因。有些影响因素是外在的，如社会期望、文化规范、国家政策、行政官员、学校政策，这是来自“上面的”压力；还有上课时，学生的反应（无精打采），这是来自“下面的”压力。[③]有些影响因素是内在的，如教师的个性倾向、对学生学习动机的认知、价值观、担心课堂失控、对控制风格效率的认知，这是来自“里面的”作用力。有些影响因素是家长方面的[④]，可以称之为“平面的”影响力。

（四）已有研究的不足

对儿童自主的研究主要有两条线：一条是关于幼儿个人领域的研究——关注幼儿个人事务的自主，归属于自主的自我依靠和自我主张方面；另一条主要是关于儿童道德和常规领域的行为研究——关注成人控制与儿童顺从行为的关系，属于自主中的自我控制方面。已有研究倾向对中小学生（也有大学生与成人的）自主性的研究，对幼儿自主性的研究较少，并主要集中于以下几方面：

---

① 李德显，房磊．国外教学风格研究的可视化分析[J]．全球教育展望，2016(9)：62-76.

② 黄娟娟．师幼互动类型及成因的社会学分析研究——基于上海50所幼儿园活动中师幼互动的观察分析[J]．教育研究 2009(7)：81-86.

③ PELLETIER LG, SEGUIN-LEVESQUE C, LEGAULT L. Pressure from above and pressure from below as determinants of teachers' motivation and teaching behaviors[J]. Journal of Educational Psychology, 2002, 94(1): 186-196.

④ REEVE J. Why teachers adopt a controlling motivating style toward students and how they can become more autonomy supportive[J]. Educational Psychologist, 2009, 44(3): 159-175.

1. 教师对幼儿自主学习的促进

有研究发现，大部分教师对幼儿自主学习概念有所了解，并且多数教师不同程度地给予幼儿自主学习的机会；在自主学习的起始年龄认识上，半数教师认为从小班或中班才能开始自主学习，他们没有认识到幼儿从出生就开始了自主学习；九成以上的教师认为主动性、独立性、选择性是幼儿自主学习的特征。教师认识到幼儿的自主学习受其自身状况、教师的自身条件与提供的空间、父母自身及家庭状况等方面影响较大；教师对幼儿自主学习的指导策略需要进一步调整；教师有进一步学习的愿望，希望提高自己指导幼儿自主学习的能力水平。①

2. 教师对幼儿自主游戏的指导

有研究者提出，应根据幼儿的兴趣与内在发展需要，精心创设游戏环境，为幼儿提供丰富的游戏材料，让他们自主选择材料、场地、伙伴，自主设计游戏方法，在自主游戏中充分发挥幼儿的自主性。②

3. 教师对幼儿自主能力的培养

有学者认为，当前培养幼儿自主能力主要存在两个方面的问题。一方面，由于父母的娇惯宠爱，过分呵护，导致依赖思想严重，自律性差。另一方面，在教育教学中，许多教师包办代替，教师说得多，幼儿想得少；教师做得多，幼儿做得少。③ 周少贤等发现，幼儿园普遍重视对幼儿生活自理能力的训练，而对幼儿独立完成某项活动的重视程度不够，幼儿的许多活动是在教师或者其他成人的帮助下完成的。这种教育模式必然导致幼儿的生活独立性比活动独立性发展更快与更好。④

可见，学者倾向研究培养幼儿自主性的途径与策略、自主支持和自主抑制的表现及影响因素。这些研究主要有三个方面的不足：第一，这些研究多数源于教师个人的教学与学习经验，提出策略的理论基础不明确；第二，只看到幼儿的受动性，较少研究幼儿在结构中的能动性；第三，分析问题时较少考虑社会文化因素。齐美尔（Simmel）指出，即使最普通的、不起眼的生活形态，也是对社会和文化秩序的表达。⑤

---

① 刘素玲 . 教师对幼儿自主学习的认知及指导现状调查研究 [D]. 北京 : 首都师范大学 , 2011.

② 杨燕华 . “自主、自立”与幼儿的自主游戏活动 [J] . 新时代的脚步声 , 2002(2): 5.

③ 杨建珍 . 多种途径培养幼儿的自主能力 [J]. 才智 , 2010(16): 113.

④ 周少贤 , 陈尚宝 , 董莉 , 等 . 3–6 岁幼儿独立性和自我控制的发展特点及家庭影响因素 [J]. 学前教育研究 . 2004(11): 42–45.

⑤ [英] 英格利斯 . 文化与日常生活 [M]. 张秋月 , 周雷亚 , 译 . 北京 : 中央编译出版社 , 2009: 4.

（五）本研究的主要问题

20世纪80年代，中国兴起了立足于教育价值观重构的主体性教育讨论，但关于幼儿园教育主体的讨论几乎没有展开。一般认为主体性包括自主性、能动性和创造性三个方面。真正将主体性教育思想“幼儿园化”，自主目标归根到底要落实、体现到幼儿的日常生活中来。幼儿园的师生是沉默着的大多数的实践群体或个体，教师使用着“时髦”理论的话语，遵守着“上级”的政策，在践行理论与执行规定中加入了自己的策略，在细微处涌现出自我的偏好与价值倾向。这是教师实践的权宜性之体现。常人方法学提醒人们，应重视行动者的日常生活行为之权宜性。幼儿园教师常不按应然的原则、方法去支持幼儿自主，其“理论话语”与“教育实践”相对独立，在细微处充盈着与国家法律、园所规定相背离的自我特色与欲望。正如加芬克尔（Garfinkel）发现的陪审员的情形——陪审员的推理判断并不符合教科书的理论论述，他们有自己的一套断案原则。“张力”这个概念可以表征幼儿园教师的理念与实践之间的矛盾。矛盾存在于一切事物中，存在于一切事物自始至终的过程中。但这是矛盾的共性，现实世界中的矛盾多种多样，具体问题需要具体分析，这样才能对具体问题进行深入与全面的认识，这是马克思主义活的灵魂。我们应研究不同事物、不同过程、不同阶段、不同矛盾、不同矛盾方面的特殊，对幼儿园中幼儿自主与教师形塑间张力的研究就是应用矛盾分析法认识和解决具体问题的努力。

幼儿园是一个沉沦与本真、平凡与非凡浑然一体的世界，始终处于实践的矛盾状态中。在幼儿园教育实践中饱含着师幼双方的分歧与冲突、一致与和谐，反映的是师幼双方行为的不断调适。从工具性价值方面看，教师的影响对幼儿自主具有优先性，因为教师影响是幼儿自主发展的基本条件；从目的性价值方面看，幼儿的自主对教师的影响具有优先性，因为教师影响的目的之一是为了幼儿的自主发展。工具性价值与目的性价值之间“不可公度”，引发了幼儿自主与教师形塑间的张力。我们需要以辩证的思维以及切实的实践活动来理解与改善幼儿园生活。幼儿自主性的发展，要求改造或解除幼儿园教师原有的形塑手段，其中还有许多理论和实践问题，有待深入探索和研究。正如丁钢所言：“教育学研究者需要以极大的热情来关注日常教育实践的活动策略与规范体系之间所形成的张力，教育变革的真正秘密也许正隐藏在日常教育实践中。”[①]

幼儿阶段是自主发展的敏感时期（特别是自我控制的发展，2～3岁是关

① 丁钢.教育与日常实践[J].教育研究.2004(2); 16-20.

键期[①]），幼儿园的教育与其他阶段的教育有着较大的差异。有学者认为，幼儿园教学活动的特质有别于中小学阶段的授与受和大学阶段的导与学，它是诱与动。诱是指幼儿园教师以诱发、诱导为主的教；动是指幼儿园儿童以身体运动、大脑活动为主的学。教与学注重活动、过程、形式，而非授受、结果与内容，具有目的身体化、任务活动化、内容抚育性等特点。[②]因此，基于幼儿期自主发展与幼儿园教育的特殊性，本研究沿着已有成果的理论脉络，并根据中国幼儿园教育的实践境遇，继续深入研究以下问题：

（1）幼儿园教师的自主支持与自主抑制这对矛盾背后有怎样的文化与价值冲突？他们行动的逻辑缘由是什么（涉及行动与理由[③]之间的关系）？

（2）幼儿园教师为促进幼儿自主性发展采取了哪些措施？他们行动的实际原因是什么（探讨引发行动的各种现实因素）？这些措施为什么会起作用？

（3）幼儿园教师做了什么，以至于抑制了幼儿自主性的发展？是什么促使他们这样做的？这些方法为什么会制约幼儿自主性的发展？

（4）幼儿对教师的社会控制有何反应？

教师形塑与幼儿自主之间的矛盾较难调和，两者的张力如何保持适当的平衡，期间受到什么因素的影响等，这些问题引发了我的研究兴趣与勇气，成了本研究的着力点。我带着这些问题进入幼儿园，捕捉到了一些幼儿园教育生活的细节，体验到了其中的困境。本研究尽可能地让那些久被遮蔽和隐藏的幼儿园教育生活之本真形态得以显现，尽可能地展示幼儿园“教育生活中的生动活泼、复杂纷繁甚至重重矛盾”[④]的景象，而不是寻求简单的因果关系；强调的不是规律，而是事情本身对研究对象的生活意义。幼儿园的生活世界是一个主体间的意义世界，幼儿园的生活是由师幼日常生活态度支配的实践，具有“想当然性”——这些“局内人”（insider）会对自己的某些文化熟视无睹。因此，本研究要对这个“想当然”的幼儿园生活及其行动者的日常行为进行研究，理解这种“想当然

---

① 张萍，梁宗保，陈会昌，等．2 ~ 11 岁儿童自我控制发展的稳定性与变化及其性别差异 [J]. 心理发展与教育，2012(5): 463–470.

② 容中逵．论教学活动特质的阶段属性——一个引发新矛盾且需再澄清的老问题 [J]. 课程·教材·教法，2013(6): 16–21．

③ 这里的理由主要由两方面构成：一是对于某种行动的支持态度，包括需要、冲动、愿望、价值、目的，等等；二为信念。这二者构成的理由又称为基本理由，即行动的原因。引自：[美] 戴维森．真理、意义与方法 [M]. 牟博，译．北京：商务印书馆，2008: 386–388。

④ 吴定初，曾文婕．教育研究疏离教育生活：现象透视与回归途径 [J]. 四川师范大学学报（社会科学版），2008(3): 49–52.

性”。而且，教师在说明幼儿园日常实践时，恰是他们对自身行为进行反思的过程。本研究可以促进教师对幼儿园生活方式背后的文化和价值逻辑进行“自我澄清”与解剖，促使其改变自己对幼儿园工作中采取的自然态度。

三、研究方法

（一）研究现场的选择

我运用目的性选样的方法，在四川省选择了B市。B市将城区6所省、市级示范幼儿园作为龙头园，依此组建了6个幼儿园教育集团，构筑了“政府主导，社会参与，公办民办并举”的幼儿园教育发展格局。B市的一个区在2013年被确定为教育部《3～6岁儿童学习与发展指南》实验区，此区非常重视在游戏活动中体现幼儿的自主性，让幼儿在自由、自发、自主的真游戏中学习与发展。我在此区选择了三所幼儿园。

D幼儿园位于城乡接合部，2010年建园，是一所“省级示范性幼儿园”的分园，办园性质为公办民助，是B市第一所“公办办民办、公民互助”的幼儿园。此幼儿园占地2600多平方米，活动场地约1000平方米。在园幼儿400多名，农村幼儿约占10%。12个教学班的班主任由龙头幼儿园的市级、区级青年骨干教师担任，保教人员约40人。通过与W园长的交谈得知，此园准备开展大创游活动，目的是满足幼儿的自主意愿，提高教师对自主活动的支持能力。得知我的研究目的后，她欣然允许我在此园开展研究。

J幼儿园位于市中心，是一所首批省级示范性幼儿园，有60多年的办园史。多次为省、市、区幼儿园及社会办园提供学习观摩现场。幼儿园总占地面积1400多平方米，建筑面积3100多平方米。现有大、中、小、托儿班11个，400余名幼儿，在编教职工32人。此幼儿园开展了“自主游戏”方面的园本研究，教师有兴趣而且能为本研究提供相关度较高的、丰富的材料。我以见习与实习带队教师的身份进入此园。

L幼儿园是一所乡中心幼儿园，原来隶属于乡中心校，2014年从中心校独立出来并迁入新址。它是B市机关幼儿园集团化管理骨干园之一。幼儿园占地约3000平方米，教学楼占地约1200平方米。现有在编教师11名，代课教师2名，生活教师3名。幼儿园共有5个班，约150名学生，留守儿童比例占50%以上。留守儿童独立性强，能够为研究提供较为独特的信息。我是通过一位同事的妻子进入该园的，她是此园的一位主任。

（二）收集资料的方法与编码过程

要对幼儿园教师与幼儿这两大主体“地方性知识”进行挖掘与阐释，必须把具体的研究问题与方法紧密结合，而不能将一个预设的固定模式套用在各异的经验环境中。本研究以幼儿的自主为切入点，围绕此焦点获取教师与幼儿的真实幼儿园生活，从中发现幼儿的自主实践与教师对幼儿自主的形塑逻辑，即揭示他们在幼儿园日常生活中的内在结构和过程、行为主体的行动意义。教师与幼儿的有些行动具有可说明性，即行动能被陈述，能被他人看到、谈论，有些行动（特别是幼儿的行动）具有缄默性。这就需要运用访谈法与观察法。例如，通过观察与访谈，发现教师在幼儿无视、忘记和挑战规则时，如何依据自身的行动力和解释力重建规范；通过观察，记录从事日常活动的教师与幼儿的实际谈话，不仅关注对话的外部环境特征，如对话发生的具体场景，还留意对话的内在环境，如对话中的语言选择、话语顺序、插话等语言结构及语境问题。

1. 质性访谈法

质性访谈是帮助参与者梳理其隐性认知和感情的有效方式[①]，也是访谈者和被访谈者共同构建知识的过程。[②]研究所追寻的意义在互动对话中产生，是访谈者和受访者共同合作的结果。质的研究十分重视探究被研究者的观点及其看问题的方式。[③]本研究的目的之一是了解幼儿园教师对幼儿自主的看法，进而理解他们的行为和他们看待幼儿及教育活动的观点。伽达默尔（Gadamer）认为理解他人不是设身处地去体验他人的心境，而是与他人对话，通过对话达到双方的视域融合。[④]我在三所幼儿园选择了10名教师与4名实习生作为访谈对象，其中有园长推荐的优秀教师（D幼儿园的W园长，认为年轻教师在课堂中呈现“高控”的特点，还说有了孩子的教师对幼儿自主的理解更理性点，她给我推荐了两位年长一点、已是母亲的访谈对象），也有教学表现一般的教师。因为与优秀教师相比，普通教师更倾向按已有的模式进行教学，对幼儿的控制较强。[⑤]有入职在5年内的教师，也有教龄为6～10年的教师，后者开始不满足于“自动化”的教育模式，并关注幼儿园教育的新趋势、新观点和新方法，主动收集、研究新的教学内容、材料与运用新方法，来充实和更新自己，他们能较好地整合已有的知识和经验来开展教育实践。[⑥]有一直从事幼儿园教

① ARKSEY H，KNIGHT P. Interviewing for Social Scientists[M]. London: Sage, 1999.

② MASON J. Qualitative Researching[M]. London: Sage, 2002.

③ 陈向明 . 社会科学中的定性研究方法 [J]. 中国社会科学 , 1996(6): 93–102.

④ 王爱玲 . 基于解释学哲学的关于“理解”的教育主张与思考 [J]. 教育理论与实践，2007(17): 3–7.

⑤ 郭苹 , 钱文 , 李俊刚 . 影响幼儿园教师教学风格的因素 [J]. 学前教育研究 , 2012(3): 38–41.

⑥ 同上。

育的教师，也有转岗教师。为了获得幼儿园里较为敏感的信息，我选择了4名在幼儿园见习与实习过的幼儿园教育专业的学生，他们告诉我（作为“局外人”）无法获知的重要“内幕”。正是有了这些实习生，我才发现了一些访谈教师与观察课堂活动时极为难得的信息，帮助我更好地理解了教师真实的想法与行动。

我在访谈中设置了三类问题：第一类是主要问题（以提高理论敏感度），如“您采用什么样的方法来促进幼儿的自主呢？”“您在工作中把幼儿的安全问题放在什么位置？”；第二类是探索性问题（保持开放，获得有深度的、丰富的资料），如“您说这个孩子‘很乖’，她主要有哪些表现呢？”“您说孩子们更喜欢在户外活动，您觉得这是为什么？”；第三类是追踪性问题（获取细节），如“您说有些孩子不听招呼，让人头疼，您能给我讲讲这类孩子的故事吗？”“您说您吓唬这个孩子，要把他送到隔壁班，接下来发生了什么？”

从2015年10月19日开始，我对他们进行了一对一的、面对面的半结构性访谈。与每名受访者的交流时间保持在45分钟到2个小时之间，访谈时间共计1 261分钟。在征得受访者同意后，对谈话内容进行了全程录音。只有2位教师没有同意录音，我对谈话进行了现场笔录，谈话结束后当天对笔录进行了补充与整理。当访谈中没有新的主题、新的解释出现时，我结束了访谈。为了更易得到受访者的支持，访谈在受访对象感到便利、舒适的地方进行（这也能转换研究者与参与者间的权力关系）。我在征求受访问者的意愿后，有3位教师选择的访谈地点是江边（几名要好的教师约好了在江边自己烧烤），有1位教师选择的是美术室（她即将为不同班级幼儿构成的兴趣班上美术课），有2位教师选择的是教室（此时幼儿已经躺在床上准备午睡，2位教师交接班时），其余的访谈地点是幼儿园提供的会议室。4名实习生的访谈地点是B市某高校的一间单人办公室。

运用访谈法产生了一些问题：我与D园的一位教师约了四次访谈时间，她也“没有时间”接受我的采访，我有些失望，只得放弃；我尽力留意让自己不要说出任何听起来像是谴责和批评的话，但这样的话还是出现了；转录访谈录音让我疲惫不堪，最初运用“笔杆子”软件转录，我以为能大大提高速度，结果软件的语音识别率太低，一段70多分钟的录音，我花了十多个小时才整理完成；有些资料的编码让我觉得不知所属，不知应该归入结构的、内容的，还是理论的分类之中；任何师幼“会话”所呈现的都是彼时彼地的“话语事实”，此时此地情境下的相同“会话”，表述的可能是“另样的事实”。教师始终是能动的，他们可能是谦虚的，也可能是自夸的，可能对某人某物的描述是和盘托出的，也可能是有所保留的。对于不少人而言，其在“公开场合”中正式表达的教育观同“私下场合”里自由谈论的教育观之间存在着明显的“价值落差”，甚至“价值反差”。我需要鉴别不同情境下教师的“事实描述”及其“观点表达”。

科萨罗（Corsaro）曾指出：幼儿间的互动与文化都是即时形成并分享的，研究者较难通过反思性的访谈了解它们。[①] 我也考虑到幼儿对自主的认识较为朦胧，他们的语言理解能力与表达能力总体上较弱，无法清楚地说明行动及缘由，因此只通过非系统的现场交谈与观察来理解他们的行动规律与行动理由。

2. 参与式观察法

乔金森（Jorgensen）指出，参与者的角色可以是“完全的局外人”，也可以是“完全的局内人”，或是这两种极端角色间程度较大或较小的局外人或局内人。[②] 我主要扮演两重角色——完全的观察者和参与的观察者（观察多于参与。有一次在 D 幼儿园观察时，我被动地组织了一次室外活动）。我作为研究者（局外人）被允许在现场公开参与，这为我提供了接近感兴趣现象的机会，并且拥有相当的自由以专注于本研究。这样，我无须调整自我概念，也不会引起道德上的问题。多观察、少参与是因为我担心参与会破坏幼儿园教育课堂的“原生态”，这样不能准确反映课堂的常态。日本昭和女子大学教授高杉自子指出：“走进儿童、理解儿童，就必须从幼儿自然的生活样态出发。”[③] 我也不是觉得旁观者清，实际上旁观者不能理解行动者的每一项活动的意图与行为结果，不能真切体会行动者的感受。

我选择观察的班级是受访教师与受访实习生所在的班级。进入幼儿园现场，我都会携带记录本、笔、录音笔和手机（在得到教师的许可后，进行录音与拍照；拍照时关闭闪光和声音，尽量不影响投入活动中的幼儿），主要运用事件取样法与轶事记录法，观察与速记教师给幼儿的选择机会、表达观点的机会、是否鼓励幼儿自我依靠、采取何种方法对幼儿进行控制、幼儿的意愿如何实现，等等。我于 2015 年 10 月 12 日进入 D 幼儿园，对一个小班、一个中班、一个大班依次进行了各 2 周，共 18 个半天的观察。每周的观察时间为周一、周三、周五的上午，从入园到午睡开始。2015 年 11 月 23 日进入 L 幼儿园，对一个中班和一个大班观察了 4 周，共 12 天，每周的观察时间为周二、周四、周五全天。2016 年 1 月 4 日进入 J 幼儿园，对一个小班和一个大班观察了 4 周，

① [美] 科萨罗 . 童年社会学 [M]. 程福财 , 译 . 上海 : 上海社会科学院出版社 , 2014: 49.

② [美] 乔金森 . 参与观察法 [M]. 龙筱红 , 张小山 , 译 . 重庆 : 重庆大学出版社 , 2008: 47.

③ [日] 高杉自子 . 幼儿教育的原点 [M]. 王小英 , 译 . 上海 : 华东师范大学出版社 , 2014: 9.

共 8 个全天、4 个半天，每周的观察时间为周一下午，周三上午，周四、周五全天。共记录了 630 多个事件。

教师与幼儿的行为是可观察的，某些行动可以被参与者或旁观者描述，可以被理解。同时，幼儿园的教育活动具有“弱表演性”。由于幼儿的自我控制能力较弱，没有较多的印象管理技巧，幼儿在教室中是“本色”出演。教师对幼儿物理认知和社会认知能力的低估，使其几乎不焦虑在幼儿面前的言行，也更容易放下在“教室外”交往时的面具，“淡妆”出演。即便如此，由于认知水平的差异，师幼之间仍是一种不对称的观看关系。

我通过观察去感受幼儿的视角。“幼儿的视角”经常用幼儿自己的话语、行为来表达，是幼儿“由内及外”自我展现“是其所是”的那个东西。幼儿外在言行仅是一把钥匙，打开门之后，我们能看见什么，能够清楚解释到什么程度，还得依赖我们的幼儿视角。“幼儿视角”是成人对幼儿感知、经验和行动的深层理解，是成人“由外及里”地对幼儿的视角之再造，试图“如其所是”地无限接近幼儿的本真。两者永远无法完全重合。这一立场代表了对幼儿的敬畏，通过对幼儿外在表达抵达其内在深处。

单纯地描述教育实践现象属于“纪实”而非“研究”。① 而且，教师的行动中总会出现“印象管理”现象（特别是当研究者在现场时），不能完全反映出他们对幼儿园教育的“后台真实”。我也很难仅凭其前台行动而能准确判断其真实动机并预测其后续行动。

研究是一种社会过程，随时随地会留下研究者的“指纹”。作为研究者的“我”，会带着自己已有的“身份背景”，如价值观念、专业知识、地域文化等进入幼儿园这个“他文化”场域。在观察和访谈中，有些日常事象可能是陌生的，而有些可能被视为“自然如此”的。我意识到了自身原有的、对幼儿园的常识性评价与判断，并在观察与访谈中努力搁置与反思它们。

3. 编码过程

这是我首次长时间扎根幼儿园做研究，对研究现场可能发生的事情没有过多的预设。这有利于我保持开放的（open）头脑，但我并不是带着“空空的”（empty）脑袋进入现场的——我带着一些模糊、笼统的假设与收集何种资料的预计。我刚进入田野点进行研究时，最初观察到的是单一的、孤立的、不成体系的幼儿园生活事象。但我在完成每次访谈和观察后就立即着手资料整理——将访谈录音转录成文字和补充观察记录，并对资料进行粗略的开放式编码与分析。

① 周彬 . 教育研究中的常人方法学取向 [J]. 教育理论与实践 . 2001(10): 9-13.

我先将田野资料按照三所幼儿园分别归类，同时将其分为两部分：第一部分为我在非参与式观察中收集到的资料（按照一日活动流程的顺序组织）；第二部分是我通过访谈教师、实习生及园长收集到的访谈资料，还有园长向我提供的教案、游戏活动记录与活动反思，此部分资料为我提供了大量的背景信息。这两部分资料为观察与访谈提供了相互验证的参照信息，在一定程度上保证了研究结论的“效度”[①]。然后，我对三所幼儿园收集到的田野资料（除观察记录外）进行逐句编码，寻找最小的“分析单位”。在开放式编码中，我通过反复阅读田野资料，寻找 D、J、L 三所幼儿园文化主位的术语与观念。经过长时间的观察、访谈与及时的数据分析后，我掌握了较多的索引性表达[②]，了解了“局内人”的主要关切，从中发现了有意义而切题的“本土概念”，如“乖”“气场”“大气”，然后根据这些浮现的概念进行目的性选样，选取后续的观察或访谈对象。我按照“本土概念”将田野资料再次进行分类，将其中资料较为充足的“本土概念”保留，作为下一步集中性编码的依据。

集中性编码阶段的重点是从已建立起的代码之间寻找联系（我也使用了一些间接研究资料作为编码的参考）。当后期观察与访谈中出现新事象时，我重读所有访谈和活动观察转录的文本，暂定了宽泛的研究主题。当主题确定后，进行再次编码、建立子主题（表 0–4）。在资料编码的过程中，我同时撰写了

---

① 陈向明认为，质性研究中的“效度”概念是用来评价研究结果与实际研究的相符程度的，并不像量化研究一样对研究方法本身进行评估。当评价某一质性研究结论的效度时，不但考虑研究方法的有效性，而且重视结论的表述与研究过程中所有部分、方面、层次和环节之间的协调性、一致性和契合性。引自：林兰 . 儿童的“后台生活”: 基于两所幼儿园的民族志调查 [J]. 学前教育研究 , 2017(5): 10–22.

② 由谈话人、谈话时间和地点、谈话场合或其“语境”所确定的话语 (utterances)，即索引性表达 (indexical expressions)。索引性是常人方法学的核心概念，它指的是所有社会行动及其结果都依赖行动各方对意义、未经申明之假设的共识。例如，课堂上幼儿的举手行为，即源于师生对“举手” 这一身体语言的共同承认以及“幼儿发言需要举手” 的假设条件的认可。一项行动的意义必须诉诸其他行动的意义才可理解，而这些被涉及的行动本身也具有索引性。任何表面上孤立的“行动”都是一个“无穷无尽”的“索引链”上的一环。这是一种“无尽索引性”。引自：李猛 . 常人方法学四十年 : 1954–1994[M]// 李培林 , 覃方明 . 社会学 : 理论与经验（第 2 辑）. 北京 : 社会科学文献出版社 , 2005: 115–118.

表 0-4 编码过程示例

原始访谈资料	开放编码	集中编码		主题与假设
		类属	维度	主题
我：为达到自主的目标，幼儿园具体做了些什么？ Y 老师：自主这一块的话，				
我想一想。(10 秒钟后)幼儿提出一些在合理范围内的要求，会答应。合理：不过分，幼儿园有条件能达到，还有能促进其发展。	思考时间 答应幼儿合理要求 有条件满足，能促进发展，即合理	满足幼儿要求的条件 合理性的判定标准	合理——不合理 幼儿园有条件——幼儿园没条件 可以促进幼儿发展——不能促进幼儿发展	安全 人身安全 心理安全 物品安全 发展 社会性发展
幼儿刚入园，对幼儿园不熟悉，想带一些自己的玩具过来，最初允许。	新生不熟悉幼儿园 允许新生带自己的东西	可携带私人物品者	小班刚入因幼儿——中大班的幼儿	初步假设
后来，晨会上让幼儿带自己的东西，与其他人一起分享玩，会衍生出一些活动。	生成分享活动	可携带物品的范围	依恋物——非依恋物 可分享之物——不可分享之物	教师对幼儿自我主张的态度是基于对幼儿安全与发展的考虑
刚入园的这孩子，可能会特别依恋某样东西，大一点后就不允许她带着或抱着那个东西。到了中大班以后，就可以要求他们把家里面的图书、玩具拿过来分享，	新生依恋某物 大一点后禁止带依恋物 分享图书、玩具	可携带物品的原因	心理安全——心理不安全 促成分享——不能分享	
完了以后还是要带回去的，不会放在幼儿园。小班刚开始时，可以允许幼儿带依赖物，到中大班的时候，就不能带了。主要是出于安全考虑，每个人带的东西不一样，有些很贵重的，害怕遗失；还有一些很小的东西，害怕孩子吞到肚子里。	中大班幼儿不准带依赖物 分享之物不准留园 怕丢失贵重物品 怕吞到肚子里	不可带物品的原因	物品安全——物品不安全 人身安全——人身不安全	

“综合备忘录”（示例见附件六），包括编码事件发生的背景信息，进一步挖掘了已编码的田野资料间的关系，从而为某一主题提供更多的支撑。在对三所幼儿园的资料分别进行编码整理后，我综合运用“类属分析”与“情境分

析”[①]，打破幼儿园的分类限制，建立了研究报告的撰写框架。运用“类属分析”的方法，将“教师型塑”按照价值选择、实践行动、行动结果与行动反思的顺序归类为四大主题：听话教育、安全第一、营造气场、教师反思。在四大主题下进一步划分子主题，在子主题下运用“情境分析”的方法撰写各自对应的相关话题。在教师反思主题中，将“幼儿自主”依据自我主张与自我控制的维度归类为赋权型、权宜权、反抗型自主。在四大主题中凸显了自主的关系特征与权力运作，展现了教师与幼儿行为间的张力。

这是一个围绕着幼儿自主与教师形塑展开的信息搜寻、分析过程。我在搜集资料、分析资料、撰写备忘录间穿插互动，直到核心概念与主题维度确定。当新资料无助于补足既有主题与概念时，我判断可能达到了理论饱和（theoreticalsaturation），于是结束了资料收集。因为定性研究是从小规模人群中获取丰富和细致的经验，但是样本的规模是根据饱和原则决定的。[②]

（三）分析资料的视角

研究对象虽是纯天然的“事实”，是外在于主体的客观存在，但在研究者独特的眼光中，它是一种主观反映的存在，是胡塞尔（Husserl）所言的“实事”——存在于意识之中的“事实”，是被构建、被“发明”（不是被“发现”）的存在。在质性研究中，研究者虽是资料搜集的工具，但不可能只是受访者价值观的“传话筒”与观察对象的“照相机”。任何研究都是一种建构。针对同一个研究问题，由于研究者的方法论不同、研究参与者不同，得出的研究结果和结论也不尽相同，甚至会矛盾重重或截然对立。

适恰的认识论对于解释某项研究来说非常必要。一项研究如果对认识论考虑缺乏或不足将严重影响研究的质量。对知识本质的认识是客观和主观的连续统一体，客观主义和主观主义位于此统一体的两端，社会构建主义介于两者之

---

① 类属分析是将概念或主题从其所处的情境中抽取出来，通过比较而强调资料所反映的有关主题，凸现主题之间的各种关系。但这种方法容易忽略资料之间的连续性以及它们所处的具体情境。情境分析的优势在于：叙事内容、叙事结构更贴近研究参与者的日常生活；通过直接再现研究参与者的话语与行动，来体现对其思维方式和生活经历的尊重。美国社会学家米尔斯（Charles Wright Mills）曾指出：“每个人都在各种公共机构中扮演着自我、演绎着自我；而一个人作为个体的生活，如果不以其所在的公共机构为参照，就不能被充分地了解。”但是，情境分析也有缺陷，即容易忽略资料内容的异同以及那些建立在相似性基础之上的意义关系。

② MARSHALL M N. Sampling for qualitative research[J]. Family Practice, 1996, 13(6): 522—526.

间。① 我认为人们言说的任何事物都是客观存在和人的思维互动构建出来的，真相和意义源于客观存在，通过人们对现实世界的感知和理解反映出来，因此人们对真相和意义的反映可能是多元的。知识不是被发现的，是人们根据以往的经验，结合客观存在而社会性地构建出来的。格莱斯（Glesne）指出，社会构建主义范式的目的是解释人们的观念和行为，以及这些观念和行为在特定情境下或在更宽阔的文化背景下的建构过程。② 当不同建构出现时，谁的建构成为权威，以及此过程是如何出现的。③社会构建认识论是解释主义的哲学基础，解释主义的观点决定了研究者将采用质性研究的方法论。④

解释主义的理论阵营中有符号互动论（symbolic interactionism）、现象学（phenomenology）和诠释学（hermeneutics）⑤ 等。幼儿园生活世界中的活动既无法完全预设，又不受线性因果关系的支配，而是以开放、复杂的方式逐步生成，具有多向发展的可能性。因此，本研究总体以解释主义为理论工具，在对具体事象的分析中有所侧重地运用各个分支，没有一味地坚持用某一分支来解释幼儿园教育的现实，以避免牵强附会或削足适履。

符号互动论假设，人们能够而且确实在思考他们的行动，而不是对刺激做

---

① 徐勇，杨华．试论社会构建主义、解释主义和定性研究的关系 [J]. 中山大学学报（社会科学版），2013(2): 163−168.

② ［美］格莱斯．质性研究方法导论 [M]. 王中会，李芳英，译．北京：中国人民大学出版社，2013: 6.

③ ［英］卡麦兹．建构扎根理论：质性研究实践指南 [M]. 边国英，译．重庆：重庆大学出版社，2009: 237.

④ 同①。

⑤ 诠释学源于宗教改革时期对教会独断解释圣经方法的批判，主张应该依据《圣经》的文字本身来理解《圣经》。施莱尔马赫 (F. D. E. Schleiermacher) 创立了早期诠释学，他认为理解文本应该根据其自身，而非外在的独断教义。理解不能依赖教条，应系统地运用诠释规则。之后，狄尔泰（W. Dilthey）把诠释学进一步理论化与普遍化，将其作为一种对抗实证主义的人文科学方法论，提出理解的目的之一就在于找回历史意识（历史意识在自然科学中迷失）。胡塞尔（E. G. A. Husserl）与海德格尔（M. Heidegger）在现代诠释学基础上创立现象学，认为客观科学必须以生活经验或生活世界 (life world) 为基础。伽达默尔（H. Gadamer）进一步发展了现代诠释学，并提出了“视域融合” (fusion of horizons) 的概念，且认为“成见是历史理解的必要条件，因此，成见应该成为诠释反省的对象。理解因而是批判的”。哈贝马斯（J. Habermas）完成了“批判理论”与“诠释学”的融合——“批判诠释论”，它的分析框架注重理解、诠释事件发生的过程。引自：张良广．“批判诠释论”视角下的“争吵”事件 [J]. 社会，2010(3): 130−145.

出机械反应。[①] 它强调个体以符号为中介与他人、社会进行互动。幼儿自主性的发展不仅是一个社会塑造过程，也不仅是幼儿个体的自我创造过程，而是幼儿通过人与人间相互作用（特别是师幼互动）的成长过程。在分析教师面对“红头文件”时、师幼沟通时，我主要运用符号互动论。诠释学有两个思维进路，即本体论与方法论进路，本文所指的诠释学不是本体论意义上的，即对被意识到的存在的重新辨认与反思，而是方法论意义上的诠释学，即将理解和解释视为一种工具，用来解读行为与语言的意义。我在研究中运用了诠释学，分析教师与幼儿日常语言表述及会话之下的深层意义。现象学是用参与者的框架去研究其日常生活经历、思想和行为。[②] 在涉及幼儿园教师的“本土概念”时，我运用了现象学。虽然举例、个案、故事被实证主义者所鄙视，因为它们不涉及平均数和离散度，不反映所有教师与幼儿的行为特点，但它们的背后隐藏着社会预设及其运行上的特征，是理解和解释社会规则的媒介。纵然有特例，也不能否认研究中所获得的事件可以反映某些基本社会事实和规则。

幼儿园的日常生活世界是一个普遍联系的整体，没有单一的、孤立的主体实践，因此本研究从整体论观点出发，没有做“单一的事象性分析”[③]，力求展示教师与幼儿日常生活的各方面。在日常生活中，一个人事实上所能（该）做的或不能（该）做的，拥有哪些权利，承担何种责任，是由他 / 她生活于其中的制度体系先在地规定了的。[④] 要把握具体场域中幼儿与教师的“实践逻辑”，就一定离不开对幼儿园实践活动的社会、历史条件的考察。因此，我尝试把幼儿园发生的个别事件同社会结构或文化传统联系起来加以思考（图 0-1），揭示出幼儿园教师的行动与感情所蕴含的意义、实践中的内在文化图式及其对幼儿生存和社会运行的影响，并呈现幼儿园教育实践可能的变革空间。

---

① 卡麦兹 . 建构扎根理论 : 质性研究实践指南 [M]. 边国英 , 译 . 重庆 : 重庆大学出版社 , 2009: 9.

② HUSSEY J, HUSSEY R. Business Research: A Practical Guide for Undergraduate and Postgraduate Students[M]. London: Macmillan Press Ltd, 1997.

③ 张翠霞 . 民俗学“生活世界”研究策略——从研究范式转化及常人方法学的启示谈起 [J]. 民俗研究 , 2011(3): 107-117.

④ 高兆明 . 制度公正论 : 变革时期道德失范研究 [M]. 上海 : 上海文艺出版社 , 2001: 29.

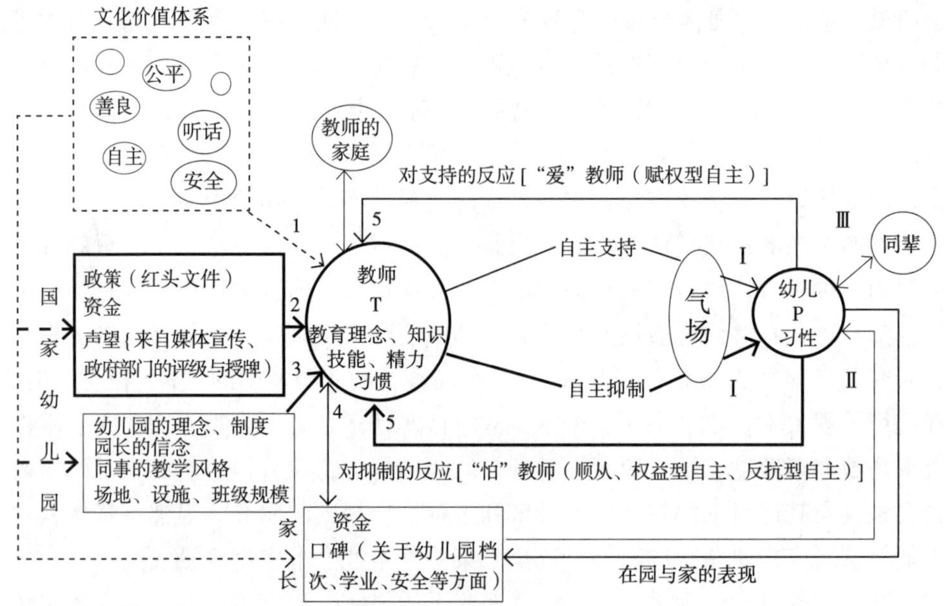

图 0-1 幼儿自主与教师形塑间的张力解释框架

注：阿拉伯数字代表影响幼儿园教师实践的五大外部因素或五大资源，罗马数字代表影响幼儿自主行动的三大资源；箭头代表作用方向，虚线箭头代表隐性、间接影响，实线箭头代表显性、直接影响。

四、本文的逻辑结构

本文的论证出发点：自主是人类普遍具有的、基本的心理需要之一，“既源于人的本能，也源于人的本质”①。它对幼儿的发展既有工具性价值，又有目的性价值。促进幼儿自主性发展是幼儿园教育的目标之一。②因此，幼儿园教师的自主支持行动因出于内在正当性、责任或义务而具有道德价值。

人们在决定采取某种行动之前通常会对激发行动的诸多理由（reason）进

① 陈尚伟，高永强．论人的需要及其合理性 [J]. 理论与现代化，2012(5): 38-44.

② 《3 ~ 6 岁儿童学习与发展指南》作为中国学前教育的一种规范，把“自主”确立为社会领域的目标之一。“自主”目标因其是一种良善追求，应成为人们行动的理由。赵汀阳指出，规范本身不能构成行为选择的充足理由，除非它同时兼有价值评价。参见：赵汀阳．论可能生活 [M]. 北京：中国人民大学出版社，2004: 55.

行权衡，而某个决定性的理由（decisive reason）会支持这一行动。[①] 科尔斯戈德（Korsgaard）认为，理由是行动主体对行动本身“善”（goodness）属性的一种“反应”（response）。当行动主体意识到自身所选择的行动是“善”的，行动价值就会成为主体的主观动机与规范性要求。[②] 理由包括价值、认识或信念、意欲或意向等多重因素。黄希庭等认为价值观为人的正当行为提供充分的理由。[③] 价值观 [④] 决定行动，人们的行动是对特定价值的实践，是价值观的表现。幼儿园教育实践是教师的理性行动，是其价值理性、目的理性、工具理性共同作用的过程。价值理性关注行动的目的和手段是否符合价值信念，目的理性关注不同价值信念之间、价值信念与现实条件、可能后果之间的冲突和调和，工具理性关注以最有效的手段或工具达成目的。[⑤] 在幼儿园教育活动中，教师的价值理性、目的理性和工具理性指引着活动的不同环节或阶段且相互连接，体现着幼儿园教育实践的认知性、行动性与省思性。

本书的第一、二章论述：幼儿园教师的言行反映出其在价值选择中的张力，幼儿自主与教师形塑间张力产生的价值观与现实根源。在幼儿园教师的心中有一套价值体系，有些价值之间看似不可通约（韦伯称之为价值世界的“诸神之斗争”），如果要在此体系的各条价值原则中进行选择，就可能陷入道德困境。幼儿园教师的认知性理性或审慎理性 [⑥] 保证其发现或生成合宜的行动理

---

① 张洁婷，翟玉章．行动理由：基于欲望还是基于价值？——帕菲特对客观主义行动理由的辩护 [J]. 湖北大学学报（哲学社会科学版），2018(1): 22–27.

② 亓学太．行动的理由与道德的基础 [J]. 学术月刊，2010(5): 48–54.

③ 黄希庭，张进辅，李红．当代中国青年价值观与教育 [M]. 成都：四川教育出版社，1994.

④ 价值观是个体对周围客体（包括人、事、物）是非、善恶、重要性的总评价和总看法，是其利益表达的抽象形式。一方面表现为价值取向、价值追求，凝结为一定的价值目标；另一方面表现为价值尺度和价值标准，成为人们判断价值事物有无价值及价值大小的评价准则。有时价值取向与价值标准混用而不加区别，多数场合价值取向与价值标准用法不同。其主要区别在于价值取向是针对个人与具体事物的，是个体对特定事物所采取的价值观；而价值标准是针对群体而言的，是非情境关联的，具有系统性与静态性特点。人们对各种事物的评价有轻重、缓急、主次之分，这种轻重、缓急、主次的排列就构成了个人的“价值体系”。价值观和价值体系是决定人们态度和行为的心理基础。

⑤ 张学广．社会主义核心价值观实践路径的分析——从价值理性、目的理性、工具理性到社会行动 [J]. 理论与改革，2015(4): 123–125.

⑥ 美国哲学家内格尔 (Thomas Nagel) 认为，行动主体往往用“审慎理性”(prudential reasoning) 决定当前应采取何种行动。“审慎理性”的本质是主体搁置当前的需要，而依据“远期理由”决定当前行动。

由，但处于形成中的或根基不稳的价值观所面临的挑战，并非仅在于观念领域，而是更多地存在于现实的情境中。

唐代兴认为“一个人的权利必然是他人的责任，一个人的责任必然是他人的权利。”[①] 如果说幼儿应当享有自主的权利，那么教师就应承担相应的责任，同时教师也应获得某项对应的权利。但在现实中，幼儿和教师的责权往往是非对等的——在呼吁给幼儿更多的权利时，不能让幼儿承担更多的责任；在要求给教师更多的责任时，又没有给他们对等的权利。于是，幼儿园教师的言语与行动，或者观念与行动之间就产生了紧张关系。

第一章重点诠释“自主”与“听话”两种价值观间的张力。“自主”已成为中国“官方”推行的主导价值观，此目标在学前阶段的提出与倡导反映了时代精神对中国幼儿园教育现代化进程的价值诉求。通过国家层面的客观规导与学校层面的微观灌输，“自主”必然对幼儿园教师具有一定的规范与导向作用。教师理性上认可“自主取向”的法定目标，因为自主与中国文化中的“自制”“自强”“自立”之间，有一定的亲和关系与一致性。但他们在践行“自主”理念的过程中遭遇了关系主义、经验主义与官本位文化的阻力，在感性上又悦纳“听话教育”。“听话”作为一种基本价值观，“在个人生活的早期就已被接受，已成为个人行为选择和态度形成的指南”[②]。它作为一种主流价值观，通过普通民众的意志合力作用在“民间”体现出来。共识与认同构成了“听话”的基本作用机制。

第二章重点阐释“自主”与“安全”间的张力。“听话教育”的目的之一是尽可能地保障幼儿的安全与健康。目的理性促使幼儿园教师把“安全”看作首要和自足的目的，视其为幼儿园教育的底线。这是在没有外界强制的情况下，他们在内心对“安全”价值自觉自愿地认可、赞同甚至尊崇。因为幼儿的安全与教师的经济、声望方面之“安全”具有连带性。价值和价值观念的根基在于它是“谁的”“为谁的”。幼儿园教师采取事前预防与事后澄清的策略，即便如此，他们在幼儿户外活动时也紧绷“安全之弦”，因为“小器”的家长让他们产生了对幼儿安全的“过度焦虑”，增强了其利益意识，而利益意识又转化为自愿意识。

这些事实体现了有理由的行动与理性化的行动之间的张力，由此产生了信念与事实间的差距；也说明了一种价值观能在多大程度上被民众认同并践行，取决于其满足民众需要的程度和实现民众利益的程度。[③]“自主”作为主导价

① 唐代兴．从正义到公正的必然性和普适性 [J]. 伦理学研究，2015(6): 29–34.

② [美] 波普诺．社会学 [M]. 李强，译．北京：中国人民大学出版社，2007: 81.

③ 裴学进．论主导价值观和主流价值观及其转化 [J]. 求实，2016(11): 21–29.

值观，与作为主流价值观的“听话”“安全”，处在共存、互动、融合的阶段，而且是主流强于主导。

第三章论述作为价值载体的行动之正当性。在保障幼儿安全的基础上，幼儿园教师运用了各种手段营造“气场”，以实现法定目标（自主）与师定目标（听话），这些行动是否具有正当性。幼儿园教师的实践性理性保证其为了理由（行动的理由不是单一的，往往呈现为一个系统）而行动。幼儿园教师既运用柔性的方法鼓励幼儿的自主发展，这是合乎义务的行动（有别于出于义务的行动），又运用一些刚性“控制技能”来抑制幼儿的自主。营造“又爱又怕”的“气场”，展现了他们的“实践智慧”。但自主的尺度很难把握，如果教师让幼儿的自主过度，往往导致他们无秩序、无纪律地恣意妄为；若给幼儿的自主机会太少，又难以培养幼儿的自主性和创造性。营造“又爱又怕”氛围，反映出幼儿园教师在践行“自主”理念的行动中之理性与非理性、自觉与自愿的意向性矛盾。他们所处具体情境的特殊性与复杂性使其有意识地背离他们宣称的道德准则。

第四章论述当不同习性的幼儿与教师营造的“气场”相遇时，教师的行动有何结果，他们如何反思。当处于强调控制的场域中，幼儿要么顺从教师的要求、命令，屈从于权威；要么伺机而动，采取权宜型自主策略去实现自己的意愿；幼儿有时会表现出“反抗型”的自主状态，直接违抗教师的指令，不留情面地展示自己的观点与行动，让教师下不了台。任何教师往往会主动赋予幼儿一些权利。不论是赋权还是控制，幼儿园教师都需要一种寻找问题根源的意识，对所选择的价值、手段进行反思。对幼教实践的反思更重要的是对其正当性的反思。

本书的论证逻辑：

价值标准（应当做什么）→实践行动（实际做了什么 / 如何做的）→行动结果（客观效果是什么）→行动反思（对行动的评价怎么样）。

第一章 “听话”抑或自主：幼儿园教师的价值选择之张力

幼儿园教育是立足当下、面向未来的实践，它不仅包含教育行动本身，而且包含教育理想或行动理念。在一定理念指引下的行动就是价值实践。[①]作为价值实践，幼儿园教育不可避免地需要哲学对其理念和原则进行规范性的言明。但超越时空的抽象概念或概念体系难以阐明幼儿园教与学实践的真实状态，因为幼儿园的教育活动既属于规范性活动（具有价值性与道德性），又带有日常生活的气息。

人们在日常生活中高频使用的话语通常可以反映出其表层“语言”之下的深层“价值”取向。例如，有些“本土概念”即可反映人们的价值偏好。“本土概念”是研究对象（也称“研究参与者”“被研究者”）经常使用的、用来表达他们看待世界之方式的概念。此类概念通常具有个人烙印和文化特色。有学者认为，语言是概念和观点的转达体系，也是文化的最佳证明。[②]“研究参与者”经常使用的概念通常对他们比较重要。[③]从访谈与观察中获悉，幼儿园教师经常使用“乖”“听话”“自主”这些词语。透过这些词语，我们既可以了解他们的人际互动与行动意义，又可以揭示其文化背景。霍尔（Hall）认为，只有充分理解了局内人的语言，才能掌握他们对自身世界的原有观念。[④]克雷斯威尔（Cresswell）指出，参与者的观点是通过与他人交往和受其接受的历史文化规则的综合影响而形成的。[⑤]

---

① 金生鈜 . 何为教育实践？ [J]. 华东师范大学学报 (教育科学版), 2014(2): 13-20.

② 杨秀杰 . 文化观念与其语言形式 [J]. 首都师范大学学报 (社会科学版), 2006(S3): 92-95.

③ 陈向明 . “本土概念”分析 [J]. 外语教学与研究 (外国语文双月刊), 2000(3): 196-199, 239-240.

④ [美] 乔金森 . 参与观察法 [M]. 龙筱红 , 张小山 , 译 . 重庆 : 重庆大学出版社 , 2008: 4.

⑤ [美] 克雷斯威尔 . 研究设计与写作指导 : 定性、定量与混合研究的路径 [M]. 崔延强 , 译 . 重庆 : 重庆大学出版社 , 2007: 6.

第一节 “听话”与自主：价值间的冲突

“乖”与“听话”本属于日常话语系统，是一种世俗性表达，但它在正式的教育机构——幼儿园中占据着重要的位置。“乖”与“听话”已然“自明”地成为教师心中评价幼儿的重要尺度之一（此外还有“聪明”“能干”等），有些幼儿园管理者（园长、主任等）也用“乖”来夸赞年轻的教师。“调皮”与“乖”相对立，在四川方言中“烦”与“躁”都有“调皮”之意，它们也是带有强烈感情色彩的重要概念和身份符号。“烦”与“躁”的幼儿是衬托“乖”幼儿、形塑“乖”幼儿的必要“参照系”。

“乖”是一个德性论概念（类似的概念有好、优秀、美等），它的含义很丰富。单从字的结构与要素上来讲，“乖”从“北”，本义取其“分背”的意思。在古代汉语中，其常用义主要如下：①背离、违背、不和谐。《说文解字》中解释为：“乖，戾也。”《广雅》中释义为：“乖，背也。”《古代汉语字典》中“乖”有违反、分离、不顺等意。②在《汉语大词典》中“乖”有隔绝、断绝，差异、不同，反常、谬误，邪恶、奸猾等意思。《现代汉语词典》中的“乖”有违反情理、（性情、行为）不正常等意思。可见，这些常用义就是其本义及相似引申、相关引申、相因引申之义。而在现代汉语中，其常用义是其逆向引申的词义。《现代汉语词典》中“乖”的字义包括（小孩儿）不闹，听话，顺从；伶俐，机警；可爱。幼儿园教师口中的“乖”是现代汉语的用法，主要指幼儿听话（不折不扣地执行教师的指令——“老师说什么就做什么”）、安分（L 幼儿园中班 Y 老师口中的“不闹事”）、不淘气，活泼、温顺，还具有一些公认的优良品格（如有礼貌、体贴人、乐于助人等），也指模样好、惹人喜爱。在四川方言中，“乖”如果用于低幼儿童身上，指模样好，易喂养（饮食、睡眠、排泄有规律，易掌握；身体好、病患少）。成人与幼儿交谈时用“乖乖”是对幼儿的昵称。

“乖”具有传统道义性，是幼儿在教师眼中的“理想形象”之一，是幼儿园教育中的“师定”目标之一。在不少教师眼中，“乖孩子”就是“好孩子”，而有主见、不顺从权威，敢于质疑、批判权威的幼儿是“不乖”的。“乖”也是家长对幼儿的期待。每天早晨，家长送孩子入园时常不忘叮嘱一句：“要听老师的话噢！要乖噢！”下午去接孩子时也常问：“听老师的话没有？在幼儿园乖不乖？”幼儿的耳边每天萦绕着“听话”“乖”之类的话语，其人格的丧失和主体性的让渡有谁在乎？

听话与儿童的自我控制能力密切相关，自控能力可从儿童对成人命令遵从的动机、程度、表现形式等方面反映出来。套用柏林对自由的界定，“听话”可分为“积极的听话”和“消极的听话”。所谓“积极的听话”，是指建立在信任基础之上的听话，“听话者”认同“说话者”（基于情感体验）或“所说之话”（基于理性认知），并且自愿介入行动中。克加斯查（Kochanska）将其称之为“自愿顺从”①。“消极的听话”是指背离信任迫于外力而被迫服从，“听话者”违反自身意志去行动，此时个人价值难以彰显。

除了“乖”与“听话”不绝于耳外，如今，我们在幼儿园里也经常会听到或看到“自主”这个词（J幼儿园内的门口写着“课程目标：自主、同构、共生”）。中国幼儿园教育改革提出了幼儿自主的新目标②，这继承了人文主义的传统③，顺应了当前世界幼儿教育发展的潮流和幼儿发展的基本要求。有些幼儿园把“自主游戏”作为本园的特色，加以大肆宣传；有些幼儿园声称把“自主学习”作为主要的教育目标。因为“自主”具有“道德高度”优势——自主利于幼儿人格的独立、人性的自由以及创造潜力的现实化。在现代人看来，人格的独立优于依附，人性的自由优于拘束，创造力的实现优于被压抑。④但当幼儿自主的理念进入实践操作层面，又遭遇了课堂控制问题，从而导致“课堂控制与学生自主之间的紧张”⑤。

---

① G. Kochanska 等人曾对 26 到 41 个月大的儿童之顺从类型进行了研究，发现了两类顺从行为：自愿顺从 (committed compliance) 与情境顺从 (situational compliance)。前者表现为儿童满心欢喜地、很乐意地顺从要求；后者表现为儿童基本上按要求去做，但需要大人协助或提醒方能继续。引自：陈会昌，夏美萍．近 50 年来关于儿童顺从行为的研究 [J]. 心理发展与教育，2006(4): 119–123.

② 价值取向上的改变，要求或可能会促使权力分配结构的改变。美国教育史上，学生自主的价值曾被数次强调，以至于许多学校的权力结构发生了改变，学生在学习内容和学习方式方面拥有了更大的控制权。引自：约翰逊．见树又见林：社会学与生活 [M]. 喻东，金梓，译．北京：中国人民大学出版社，2008：120.

③ 阿维拉姆（Aharon Aviram）和阿瑟 (Avi Assor) 指出，人文主义等传统早已把自主视为生活与教育的核心价值。参见：AVIRAM A,ASSOR A. In defence of personal autonomy as a fundamental educational aim in liberal democracies: a response to hand[J]. Oxford Review of Education, 2010, 36(1): 111–126.

④ 刘庆昌．教育改革的正当性之思 [J]. 教育发展研究，2014(21): 1–12.

⑤ 李松林．控制与自主——课堂教学的权力品性研究 [J]. 教育学报，2006(6): 79–84.

“自主”并不一定是“不听话”。克罗肯伯格（Crockenberg）等人发现，幼儿自主的表现形式是自我主张、不服从和服从等。[①]克加斯查（Kochanska）的自愿顺从被认为是自主行为，而情境顺从不具备自主性。[②]迪尔登（Dearden）指出，自主的人不是必须不合作，必须拒绝遵循任何普遍的习俗，必须反对所有形式的权威。[③]熊川武等人也认为，自主性强的行动者一般不会简单地抵制他者的影响，而是对其进行必要的反思与评价，并根据自己的真实情意吸纳有益成分。这既可能丰富自身的自主性，又可能满足他者自主性的要求，这与简单的服从行为有本质区别。[④]

虽然自主与听话之间有一定的一致性，但道德价值易相互冲突，这也是它们的自然特征。[⑤]罗克齐（Rokeach）在《人类价值的本质》中把价值观分为两类：终极性价值（terminal values）与工具性价值（instrumental values）。前者是指欲达到的最终存在状态或目标，如自由、自在、安全；后者指为达成终极目标所采用的行为方式或手段，如服从、自制。[⑥]“乖”和“听话”是强调顺从权威、遵守规则，“自主”是侧重自我抉择、自我展现、自我依赖。为何看似对立的两种价值取向能在一个场域中共生？对此问题的解答，需要从中国社会的文化传统与改革现状切入。

第二节　“听话”：传统文化浸染中沿袭的固有思维与惯习

传统文化是理解社会现象或社会行动的必要条件。杜安（Duane）和格鲁斯（Grusec）发现，在个人主义倾向的文化中，父母多以支持自主的方式教养孩子；在集体主义倾向的文化中，父母比较以权力要求（power assertion）的

① CROCKENBERG S, LITMAN C. Autonomy as competence in 2-year-olds: maternal correlates of child defiance, compliance, and self-assertion[J]. Developmental Psychology, 1990, 26(6): 961-971.

② 陈会昌，夏美萍．近50年来关于儿童顺从行为的研究[J]. 心理发展与教育，2006(4): 119-123.

③ DEARDEN R F, HIRST P H, PETERS R S. Education and the Development of Reason[M]. New York: Routlege, 2010: 454-455.

④ 熊川武，江铃．论学生自主性[J]. 教育研究，2013(12): 25-31.

⑤ [美]塞尔．人类文明的结构：社会世界的构造[M]. 文学平，盈俐，译．北京：中国人民大学出版社，2014: 206.

⑥ 金盛华．社会心理学[M]. 北京：高等教育出版社，2005: 171.

方式教养孩子。[①] 氏家（Ujie）也观察到，日本中产阶级妇女即使被告知学龄前儿童的反抗行为和自我主张（self-assertion）意味着孩子意在寻求独立自主、自我肯定或自我发展，她们也较难接受并很少强化孩子的这些行为。[②] 陈欣银等在实验室观察中发现：在自愿顺从上，中国学步儿（toddler）多于加拿大学步儿，而在情境顺从和反抗上，后者多于前者。[③]

其实，任何一种文化都是多面体，也是矛盾体。中国文化中有“听话”的一面，也有“造反”的一面，但“听话”似乎在人们的生活中“面面俱在”。子女要听家长的话，学生要听教师的话，民众要听专家的话，下级要听上级的话。“听话”似乎成了人们的“生存指南”，可谓“不听话，无以立”。幼儿在“听话文化”中首当其冲。学者研究发现，幼儿被视为“无知”[④] 与“无能”的，因此自儿童学步时起，家长就开始控制他们对环境的主动探索了[⑤]，他们被照顾得无微不至（特别是在身体方面——保证幼儿的身体安全与健康是成人最看重的）。照顾其实以限制为主，以服从为贵，要求其乖巧、听话。[⑥] 帕森斯（Parsons）认为：“人类后天习得的个性因素中最稳定和持久的即主要的价值倾向模式。这些模式是在儿童时代就‘定型’的，而且到了成年时代不会有很大的变化。”[⑦] 中国幼儿园教师从小就已沉浸于“听话取向”的文化中，倾向依赖这种道德标准的支配而形成某种惯性——他们从教之后已经“定型”的听话思维与惯习[⑧] 会一直沿袭，并将“听话教育”施加于幼儿。

① PIOTROWSKI C C，HASTINGS P D. Conflict as a context for understanding maternal beliefs about child rearing and children's misbehavior[M]. San Francisco, CA, US: Jossey-Bass/Pfeiffer, 1999: 79-90.

② UJIE T. How Do Japanese mothers treat children's negativism[J]. Journal of Applied Developmental Psychology, 1997, 18(4): 467-483.

③ CHEN X Y,RUBIN K H,LIU M, et al . Compliance in Chinese and Canadian toddlers: a cross cultural study[J]. International Journal of Behavior Development, 2003, 27(5): 428-436.

④ 幼儿不是完全无知的，也不是永远无知的。第一种无知是未知的知识，是那种因其历史和空间位置而完全不可能具有的知识；第二种无知是未理解的知识，这种知识不在一个社会或其内部的社会群体或生活在特定地区的社会群体成员的意义框架之内；第三种无知是未探讨的知识，指通常视为理所当然的知识；第四种无知是指被积极且有意识地隐藏起来的知识；第五种无知源自一个社会或其内部的社会群体或特定地区的社会群体以扭曲方式获得的知识。

⑤ 何友晖，彭泗清，赵志裕．世道人心：对中国人心理的探索[M]. 香港：三联书店，2006: 56.

⑥ 杨国枢，陆洛．中国人的自我：心理学的分析[M]. 重庆：重庆大学出版社，2009: 65.

⑦ [美]波普诺．社会学[M]. 李强，等，译．北京：中国人民大学出版社，2007: 81.

⑧ 改变某些旧习惯就像让高速列车停止，而形成某种新习惯类似火箭升空，都要克服巨大的阻力。

一、为何要让幼儿“听话”[①]

（一）维护群体的秩序

中国社会是以“人伦”与“关系”为经纬，组成的次序紧密之社会。为了维护社会的有序运转，人们的思想和行为必须得以规范——依附权威认同的文化模式。社会往往通过或显或隐、或强硬或怀柔的方式，来形塑社会建构、运行方式及人们的思维与行为，达成对人们的控制（不一定是压制）。家族长辈（除父母、祖父母外，还有姑姨叔舅等）与教师常通过表扬或批评、拒绝或接受、嘲笑或微笑来影响幼儿，维护传统“规矩”。为了维系家庭稳定必须确定相应的伦理规范，“孝”是“天之经，地之义，民之行”的主要规范之一（是百善之先、是“德之本也”），其内涵中除养老、敬老、送老（送终）之外，顺老也是要点之一。孟子曰：“不得乎亲，不可以为人；不顺乎亲，不可以为子”[②]，孔子曰：“父在，观其志；父没，观其行；三年无改于父之道，可谓孝矣。”[③]“无改”自然“无违”，“无违”就是“顺从”“孝顺”，就是“听话”。“听话”是中国儿童社会化的手段与目标之一。社会化的模式随儿童年龄的变化而改变。对 2 岁前的儿童，父母倾向宽容甚至溺爱，对年龄较大些的儿童趋向严格，当孩子听到“不能这样”时，就是严格的开始。从幼年开始，孩子就会感受到真正的约束。他们被教育要服从父母，被期望表现应该像个“小大人”[④]。通过“听话”的途径，幼儿接受社会积累的知识，习得某些技能，内化为与社会角色紧密相连的信念、道德（如忍让、分享）与法律规范（如不能伤害他人、不能偷窃），达成“听话”的目标。“听话”的范围从家庭延伸到教育（D 幼儿园小班 Q 老师说：“幼儿不听话，教室会很乱，还怎么上课？”[⑤]）、政治、军事、宗教等领域，“听话者”会为维护家国天下的稳定，履行其社会责任与义务，“人人亲其亲、长其长而天下平”[⑥]——日常生活秩序、伦理道德秩序、政治经济秩序得以保障。

---

① 张国平 . 幼儿的自主游戏 [M]. 北京 : 中央编译出版社 , 2017: 187−189.

② 《孟子 · 离娄上》

③ 《论语 · 学而》

④ [英] 迈克 · 彭 . 中国人的心理 [M]. 邹海燕 , 等 , 译 . 北京 : 新华出版社 , 1990: 2−5.

⑤ 赫尔巴特（J. F. Herbart）也曾指出“如果不紧紧而灵巧地抓住管理的缰绳，那么任何课都是无法进行的。”引自：[德] 赫尔巴特 . 普通教育学 · 教育学讲授纲要 [M]. 李其龙 , 译 . 北京 : 人民教育出版社 , 1989: 23.

⑥ 《孟子 · 离娄上》

（二）保护“说话者”的面子

个体因自己在社会网络中拥有的财富、占据的地位、所处的关系圈、角色表现和道德操守而得到他人的顺从、认可和尊敬——被他人“看得起”，即“有面子”。中国人的面子既有道德性的一面，又有社会性的一面，两者具有异质性——前者倾向于人格特征，后者体现在社会取向。社会取向是中国人在其生活圈中的运作或适应方式，主要指个体融入或顺从、服从其家人及其他个体和权威的行为趋向。中国人强调在人与人的社会关系中界定自己的身份，为了维持关系的和谐，必须“听话”，去做对方期望他做的事，不做对方不期望他做的事，尽可能地保护他人的面子，避免可能的冲突。① 在中国人看来，社会面子比道德面子更重要，这是一种朝向社会的外在意识。中国的亲子与教生之间存在着强烈的一体性、连带性、共生性——子女与学生的成就、品行等同样归属于家长与教师。幼儿是家长与教师的“代言人”“名片”，孩子“听话”与否甚至与家长、教师的面子直接相关。很多家长与教师认为，他们应该有威严，体现威严的方式就是幼儿听其话。“听话”的幼儿对于“说话者”而言很“给面子”，“说话者”也会通过赞美、亲吻、拥抱、奖励等方式给以幼儿回报，双方共赢了“面子”。“不听话”不仅涉及戈夫曼（Goffman）理论中的个人印象管理（impression management）问题，还会使长幼的联合“表演失败”。如果幼儿违逆了教师、家长的话（特别是有他人在场的情况下），就等于“丢了”他们的“面子”，在“前台”的表演就宣告失败，幼儿与大人可能都会产生羞耻感。比如，当家长或教师与孩子在一起遇到熟人或来访者时，家长、教师希望孩子能主动与他人有礼貌地打招呼（这是众望所归的行为）。如果孩子在师、长的要求下还不尊称对方，师、长会担心他人说自己“教子无方”“教学无方”，这会让师、长多少有些难堪。甚至“他人”也觉得不自在，觉得自己“有义务”为这样的“难堪”局面“打圆场”，常用“孩子还小”之类的话语策略，让“表演者们”不太丢面子。家长与教师经常教育孩子，要给家长和教师争面子或者不能丢脸等，这些促使幼儿逐渐形成面子意识。给他人面子就是对他人重要性与影响力的承认，每个人无论自己的表现（脸）如何，都希望他人给自己面子。这种“面子偏向”赋予交往关系以价值判断。“面子”的运作是为了将社会生活的意义寄托于此。② 例如，幼儿园教师在上公开课时，会挑选“乖”“聪明”“积极配合”（积极回应教师指令，如回答问题很积极，不

① 杨国枢. 中国人的心理与行为：本土化研究 [M]. 北京：中国人民大学出版社，2004: 99.

② 翟学伟. 人情、面子与权力的再生产——情理社会中的社会交换方式 [J]. 社会学研究，2004(5): 48–57.

折不扣地执行教师的要求）的孩子参加，有时担心“冷场”而让“调皮”（主要指自我控制能力弱）但主动性强、“聪明”、能干的孩子作为“表演团”成员。如果“调皮”的幼儿“不听招呼”——不给教师“面子”，那么他/她将失去教师的“厚爱”，失去以后类似的“出场”机会，只能在“后台”（本班教室）与其他幼儿“自由活动”了。

言言在公开课上不给老师“面子”

上公开课时，老师在前面讲，言言（男，J幼儿园小班）站了起来，把一只脚搭在椅子上，左右观望。老师暗中盯了他好几次，示意他坐下，他没有理会。讲完一段后，老师教幼儿用纸卷当作卷发粘在浴帽上，言言最先完成。老师让他帮助旁边没有做好的幼儿，他并没有听从此建议，而是自己玩自己的。所有幼儿做好后，老师让幼儿戴上卷发帽走秀。言言说：“老师，我不想戴。”老师好像没听见，他又大声地重复了几遍。老师听见后，有点生气，但还是温和地说：“那你不戴，把帽子给后面的老师戴，好不好？”（后面坐着很多听公开课的教师）。老师转身去和别的幼儿一起走秀时，言言也没有按老师的建议做，而是自己拿着帽子围着电脑和音响看。公开课结束后，老师回教室里批评了言言，并说如果这么调皮、不听话，下次就不带他上公开课了，要带听话的小朋友去。老师说得很起劲，言言却自顾自地低头玩衣服上的扣子。老师对我解释说，他如此不听话是因为其父母的溺爱与放纵。

（三）型塑幼儿的自我概念

幼儿自我评价能力较低，对自我的认知往往依赖“权威人物”。家长与教师是影响幼儿个人生活和人格成长的核心人物与权威人物，他们的态度、观念、评价会促进幼儿认识“镜像自我”，对幼儿自我概念的形成具有特殊的意义。当儿童开始说“我”这个代词时，就标志着他们自我意识的真正形成。为了证明自己的存在与能力，他们开始对抗父母施予其的要求与行为。在幼儿园，教师最易影响儿童的自我评价[①]和自我概念。自我概念是由社会建构的，存在文化差异，因为不同文化有着不同的理想自我模式。在中国，幼儿生活在相互依赖的文化中，倾向把自我看成与他人紧密联系的（自我主要显现在社会关系和角色之中）。由于幼儿身体柔弱、认知水平较低、道德发展属于他律阶段、情绪化等因素，在与重要的他人的互动中，幼儿处于被管理者、“听话者”的地位，扮演的是幼稚、“弱者”的角色。他们逐渐认同了“听话”是最

① HEYMAN C D,DWECK C S,CAIN D M. Young children’s vulnerability to self-blame and helplessness: relationship to beliefs about goodness[J]. Child Development, 1992, 63(2): 401-415.

佳的，以得到“这孩子真听话，很乖”之类的赞赏而自豪。家长与教师根据自身需要和价值观来评判幼儿的言行时，常常以“听话”与“不听话”为幼儿“贴标签”（这类“标签”在幼儿群体中是“显性”的。一次我试探性地问女儿：“你们班有没有不听话的小朋友？”她随口就说出了几个人的名字，并给出了简短的理由），并辅之以奖惩手段。幼儿慢慢会意识到自己是“听话”的“乖孩子”还是“不听话”的“调皮鬼”。当幼儿不断接受家长和教师的或隐或显的评价后，“听话”或“不听话”的镜像自我概念就可能变成现实。而且，中国社会的教化特点倾向于要求孩子“止于至善”，憎恶自满，让孩子与无数“典范”比较，这样的上行比较在一定程度上有利于幼儿的自我提升。

（四）意指幼儿安全、学习与道德

“听话”可以维护秩序，秩序又与人的发展紧密相关。秩序是发展的基础，没有健康的社会秩序，发展无以实现；发展是秩序的目的。[①]“听话”也是一个互惠系统。“听话”并不只是为了维持秩序、满足管理本身或保护“说话者”（以及他们的群体）的利益。“说话者”与“听话者”皆可能感觉到对对方的利益有义务。“说话者”感到对“听话者”有责任，并关心对方的需要与发展，同时期待“听话者”能够对自己的要求或命令有积极的反应。“听话者”如果有责任感以及想回报“说话者”并与之合作，就不需要“说话者”用强压，会毫不迟疑地服从，立即并完全乐意服从。对于这种服从，教育者完全有理由把它看作他们的胜利。[②]如果幼儿既“听话”去抑制毁坏性的行为，又“听话”去表现出社会赞许的行为，那么“说话者”往往会承诺给幼儿期望的事物，或保证幼儿的安全与健康，或保证幼儿的学业成功。有些幼儿园教师与赫尔巴特（Herbart）的观点一致，认为儿童有“处处都会表现出来的不服从的烈性。这种烈性就是不守秩序的根源，它扰乱成人的安排，并把儿童未来的人格本身置于种种危险之中”[③]。“盲目的烈性情绪的苗子必须被不断地压制和管理，以避免现在和将来对别人与儿童自己造成危害”[④]，实现教育的最高目的——道德。

尽管在成人的要求与命令中不乏真正有益于幼儿身心健康的话语，如：维护公共秩序、遵守交通规则、注意合理的饮食，这对幼儿社会性的培养、社会

① 侯素芳．秩序中人的发展与教育 [J]. 外国教育研究，2003(7): 15–17.

② ［德］赫尔巴特．普通教育学・教育学讲授纲要 [M]. 李其龙，译．北京：人民教育出版社，1989: 29.

③ ［德］赫尔巴特．普通教育学・教育学讲授纲要 [M]. 李其龙，译．北京：人民教育出版社，1989: 23.

④ 同①：24.

适应能力的提高有一定的积极作用，更何况成人希望幼儿“听话”也往往是出于良善的目的。但是，我们决不能忽视“听话教育”的另一面影响。

二、“听话教育”的负向功能

传统上认为“听话”是积极、有益的行为，“不听话”会带来很多行为或适应问题。但社会心理学实验表明，对权威人物绝对顺从是很危险的。听话伦理如果代替价值判断，那么“听话教育”将产生不小的负面作用。

（一）“听话教育”可能让幼儿失去“自己”

蒙台梭利（Montessori）认为幼儿期是发展独立个性的敏感期，埃里克森（Erikson）将发展“自主”列为3岁左右儿童的主要任务。西方社会认为，个体的独立自主是人格的基石，家长鼓励孩子忠于自我价值、自主性与自我实现。但中国家长育儿的倾向是照顾孩子的身体，一般能毫不拖延地满足幼儿的口腹之欲，但通常反对和阻挠孩子的主动和探索性要求①，对孩子身体上的关爱往往超过对心理需求方面的关爱。孩子的自主性、兴趣、想象力、创造力不是父母的“知人之智”所能想与所能及的，但他们按照自己的意志随意干涉幼儿的视听言动。家长最爱对幼儿说的词是“不行”“不能”“不可以”，在这种高控方式的主导下，幼儿缺少自主选权。②

兰斯基（Lensky）研究发现，中国母亲对孩子的控制程度很高，孩子对母亲有身体与情感方面的明显信赖，其认为母亲对孩子的管控行为较难培养孩子的自主性。教师作为专业人士，为幼儿的发展提供帮助，但他们经常在“听话”思维的指引下为幼儿的行为与思维设置框架。

成人用语言与行动营造了一个塑造“乖”孩子的体制。幼儿的自我决断功能维度尚处于萌芽阶段③，如果不给幼儿行动的机会与思考的空间，那么幼儿的独立思维能力将被扼杀在萌芽时期。听话教育只是告诉幼儿什么事情该做、什么事情不该做，幼儿无须经过自己独立的思考，只要听从成人的要求去行事即可。久而久之，幼儿就会丧失独立思考的能力，逐渐地、自觉地保证自己的思维不出轨，沦为成人的附庸。

在这种体制下，“不听话”的孩子所具有的个性是很难被人理解和重视的。幼儿为了当上“乖”孩子，只能放弃自己的想法，放弃自己的个性，选择听别

① [英]迈克·彭.中国人的心理[M].邹海燕，等，译.北京：新华出版社，1990: 3.

② 王素晴.读懂“不”小孩[N].中国教育报，2018-03-04(8).

③ 凌辉，张建人，钟妮，等.3-6岁儿童自立行为结构的初步研究[J].中国临床心理学杂志 2014(6): 1037-1041, 1132.

人（家长、教师、组长、值日生）的话。幼儿将外部命令“内化”，可能会形成按照自己的意愿行事的幻象。幼儿园是一个由符号（言词符号与非词语符号）所支配的世界，幼儿对此保持着一种无意识的状态，以至于他们错误地赋予这一世界不应有的合法性。符号的效力之存在基础是主客观结构之间的彼此对应。我问一位5岁小女孩，她当天有没有去户外玩。她说没有，因为老师说他们表现的“不乖”。听她的口气，“不乖”就不能出去玩是理所当然之事。D幼儿园的实习生小邓曾问老师，孩子们能否去室外玩，老师坚定地说：“今天是不可能了，他们表现的不乖。”户外游戏竟成了“奖品”与“奢侈品”。

有时幼儿服从也是为了自己的安全与利益。有相当一批乖孩子从小为了迎合强势话语而隐瞒自己的真实想法，表达虚假的话语。由于从小就压抑自己的需要，去满足家长、老师、周围人们的要求，他们被训练成一种讨好型的人格，以他人的标准要求自己，甚至从很小时就把他人的声音彻底伪装、内化成自己的需要，很小就达到了同龄人无法达到的道德标准，但却丧失了孩子本真的顽皮、好奇心。

儿童一般会有三个叛逆期——两岁左右、学龄时期和青春期，每一个叛逆期其实都包含着他们“自我意识”的伸展，强调着他们的“自我价值”。儿童通过与外部世界的交锋来确立“自我边界”，不断地、深入地探索自我、认识自我，最终完成自我认同与自我悦纳（包括优点和缺点）。同时，他们逐步远离自己的父母，最终完成“心理断乳”，形成独立人格。但是成人有时为了安全、秩序与效率而强制让幼儿服从，幼儿也会逐渐地习惯于服从外在的强制。如果个体完全适应了“服从的生活”，其后果是无法想象的。就像美国电影《肖申克的救赎》的主人公安迪所说的：监狱实在是个奇怪的地方。首先你会恨它，然后习惯它，更久之后，你变得依赖它。这就是适应体制带来的后果。

柯尔伯格（Kohlberg）认为，儿童同成人一样，他们以自己的方式思考价值观问题，因此应将儿童看作“道德哲学家”。我们不能强制幼儿放弃个性的表达、个人需求的表露。[①] 但“听话教育”在追求秩序的同时把幼儿的自主性（特别是自我主张）损毁了，使幼儿在服从权威中丢失了自己。“儿童往往处于茫然失据的状态之中，即一种‘不在家状态’……儿童‘失落于’他的‘世界’、受制于他的‘世界’，而不是作为‘我自己’、作为一个‘他人’而存在。”[②]

幼儿是顽强的，也是柔弱的。成人不要低估自己对幼儿自主性发展的影响力。洛克在《教育漫话》中提出，幼儿如江河之源，水性极柔，一丁点人力就

---

① 程路．乖孩子的背后 [J]. 人民教育，2015(5): 6-8.

② 袁宗金．“好孩子”：一个需要反思的道德取向 [J]. 学前教育研究，2012(1): 18-22.

可以使之方向改变。我们不希望看到幼儿只是以成人的“影子”“镜像”的角色，与成人共同分享这个世界。

（二）“听话教育”可能让我们的社会失去“公民”

在高扬民主、自由、人权的现代社会，实施过度的“听话教育”显得不合时宜。幼儿被外在地赋予并强化依从人格，我们培养出来的人将是服从权威的顺民、臣民，而非公民。我们只告诉幼儿听“谁”的话，而往往不要求幼儿听“什么”话。“父对于子，有绝对的权力和威严；若是老子说话，当然无所不可，儿子有话，却在未说之前早已错了。”[①]“听话教育”在幼儿面前树立了不少权威——法定权威（警察）、传统权威（家长、同辈中的年长者）、知识权威（教师）。有些家长把幼儿视为自己的附属品，认为幼儿理应言听计从；有些教师把幼儿视为自己的管理对象，认为不服从管教的幼儿是不正常的，需要贴上各种标签。服从这些权威被视为天经地义，似乎这些权威具有跨领域的合法性、合理性，他们能给我们带来安全感与给我们指明“前进的方向”和“未来的生活”。这背离了现代教育的宗旨。幼儿在面对权威的要求时，起初会提出质疑。权威开始也会晓之以理。但幼儿的特点是“好问”，在杂多的、“稀奇古怪”的问题“轰炸”中，权威开始搪塞、开始失去耐心，进而会剥夺幼儿的“发问权”、语言表达权，只强调遵从、服从的义务。没有表达的机会，幼儿提出问题的能力、表达观点的能力将被削弱；在缺少“对话”的情况下，思维也会僵化。好奇心被打压，就会失去“好奇”的动力。教师“独白”之后，才允许幼儿“有序”发言，幼儿顺从、从众后进入间歇性、外控型“失语”“无奇”状态，不少合理和正当的行为表达受到限制。霍曼斯（Homans）认为，如果个体的某个行动常带来报酬或奖励，那么他 / 她就越有可能经常采取类似的行动。如果他 / 她因某种行动产生的结果受到惩罚，那么他 / 她就越有可能避免类似的行动发生。在“听话道德”的逻辑之中，不仅幼儿是“听话者”，教师也是“听话者”，形成了“集体的制度冷漠”。有的教师明明知道幼儿园的某些制度会严重制约幼儿的健全发展，却仍“服从幼儿园规定”，把对人性的冷漠归咎于制度和指标体系，以求心安理得。

（三）“听话教育”可能让我们的国家失去“儿童”

“听话教育”可能会扼杀幼儿活泼、好动的天性，使成人的意志取代幼儿的意志，使成人的某些特征逐渐掩盖幼儿应有的特点，弱化幼儿敢于表达和善于表达的潜力。于是，带来了幼儿的早熟，“小大人”就是幼儿成人化的典型

---

① 鲁迅 . 鲁迅全集 : 第 1 卷 [M]. 北京 : 人民文学出版社 , 1973: 116.

表现。值得反思的是，中国的家长、教师不但没有因为幼儿被称为“小大人”而警醒，反而引以为荣。幼儿会变得世故、圆滑，会隐藏自己的真实想法、意见，违心地赞美老师，假装积极地做教师希望做的事。幼儿身上出现了各式各样的伪装和欺骗，学会了“表现”自己，“成功地表演”。

有一次中班的 4 名幼儿出了教室，两三分钟还没回来，我就去叫他们。在教室门口，我看到 4 名幼儿从自己的书包里拿出什么东西玩。其中一个女孩看到我后，立刻站了起来，脸色一变、双手叉腰，对另外三人说：“我是出来叫你们的，你们太不听话了，快点进去。”边说边跺了一下脚。这个女孩平时就爱在老师面前“挣表现”，经常对老师说“我好想你啊”之类的话，还经常抱老师，老师也喜欢她。（D 幼儿园实习生小邓）

幼儿不断游走于虚伪与真实之间，进而形成双重人格，本应属于他们的童真被遮蔽甚至消解。卢梭（Rousseau）早已提醒人们：应该把成人视为成人，把孩子当作孩子，“大自然希望儿童在成人以前就要像儿童的样子。如果我们打乱了这个次序，我们就会造成一些早熟的果实，它们长得既不丰满也不甜美，而且很快就会腐烂：我们将造成一些年纪轻轻的博士和老态龙钟的儿童”[①]。

“听话教育”虽会产生如此大的负面效应，但其教育思想和方法在如今的中国社会依然“行之有效”，主要是因为它是在历史中生成的，而且在过去的社会中曾被“证成”，为其提供支撑的文化基石依然存在。

三、“听话教育”的文化基石[②]

（一）关系主义文化

霍夫斯泰德（Hofstede）[③]视文化为人类的“心灵程序”（mental programming），这种心灵程序从孩提时代起就在各民族中得到培养和强化，并清晰地反映在人们

① [法]卢梭．爱弥儿[M]．李平沤，译．北京：人民教育出版社，2001：88.

② 此部分参见：张国平．幼儿的自主游戏[M]．北京：中央编译出版社，2017：190－194.

③ 霍夫斯泰德(Geert Hofstede)因其著作《文化影响》（*Culture's Consequences*）和《文化与组织》（*Cultures and Organizations*）而闻名。他在文化维度理论（cultural dimensions theory）领域有杰出的成就。他提出民族文化的六个维度：权力差距（power distance）、个人主义（individualism）、不确定性规避（uncertainty avoidance）、男子气概（masculinity）、长期取向（long term orientation）、放纵与克制（Indulgence vs. Restraint）。

的价值观上。[①] 尼斯贝特（Nisbett）等人的研究发现，与西方相比，以中国、日本和韩国等为代表的东亚文化具有关系性、脉络性和相互依赖性等特点。可以说，中国文化是一种关系主义文化。“听话”就是关系主义文化的价值取向之一，它是一种社会取向或他人取向，是一种由个人所处情境所诱发的行为模式。关系主义是指这样一种趋向：一个人更关心自己与“圈内人”（in-group）的互动对其所在关系网的影响，他/她更愿意隐藏个人意愿或牺牲个人部分利益而迎合他人，以达到维护其所看重的关系之目的。在一项有美国、中国及日本7～9岁的儿童参与的实验中，实验者问这些儿童：“用G、R、E、I、T这几个字母可以拼出什么字？”一些孩子被告知，他们可以按照特定的方式来做；另一些孩子被给出若干拼字法，供他们选择；还有一些儿童被告知，实验者已告诉他们的父母按某种方式来拼。美国儿童对按照自己选择的方式来做兴趣最高，而他们对要按照妈妈的教导来做表现出极低的兴趣——他们认为这样做会伤害自己的自主性，无法满足个人兴趣。相反，亚洲儿童对听妈妈教导表现出极大的兴趣。[②]

中国文化中的“关系主义”普遍。人们在心理、情感以及价值观上相互模仿、攀比，追求相互依赖的思维和生活方式，在人与人、人与环境的相互依赖中寻找安全感。[③] 家庭成员的相互依赖程度较高，家长注重“合和”的亲子关系，幼儿也非常重视他人（特别是重要的他人）对自己行为的期待与反应。因为幼儿正从“自然人”向“社会人”过渡，可谓“准社会人”，他们非常渴望亲子间的情感相依。他们担心“不听话”会得不到重要他人的情感投入。他们切实感受到：在家不听话，不招家长喜欢；上学不听话，不招老师待见；不听权威同伴的话，会遭受排挤与孤立。幼儿在生存、安全、归属等需要的驱使下“听话”，在与他人的“合谋”中可能逐渐丧失对话与自主的能力。

幼儿是“依附人”，“不听话”是“闹独立”的宣言。依传统的观点看，子女是不成熟的、年幼无知的，不能承担责任，他们必须听话，仰赖家长为其作主。[④]《朱子家训·劝报亲恩篇》中“大小事情须禀命，禀命再行莫自专”可作为一例证。因此，师长要对没有独立人格（古时父母还可卖掉子女）与

① 方朝晖 . 中国人的思维方式与精神世界——关系本位、团体精神和至上的亲情 [J]. 人民论坛·学术前沿 , 2013(10): 6–34.

② 同①。

③ 方朝晖 . 文明的毁灭与新生 : 儒学与中国现代性研究 [M]. 北京 : 中国人民大学出版社 , 2011: 86.

④ 何友晖 , 彭泗清 , 赵志裕 . 世道人心 : 对中国人心理的探索 [M]. 香港 : 三联书店 , 2006: 38–40.

独立能力（世代间长期互倚的文化也不重视孩子独立性格的养成）的幼儿负责，饮食起居、学习做事的决定权和选择权都应在师长手里。这种"包办代替"、全盘"规定动作"式的教育过程无疑使幼儿失去了自主能力。此外，幼儿从小就养成了在生活的各个方面听从"关系人"安排的习惯，包括对饮食起居、交际学习、结婚生子等事情上建议与命令的遵从。幼儿的自主选择被限定在极小的范围之内。家长在幼儿的个人事务上（生活自理）允许其有自己的主张或与幼儿商量后再做决定，而在涉及安全与道德时会以直接的方式要求幼儿"听话"。中国文化对"自主"有两个方面的期望：一是在"克己复礼"的道德实践上，强调自制，通过"修身"处理好人际问题，使个体融入家族和族外社会；二是在"追求功名"的光宗耀祖之路上，强调自强，通过发愤"一人得道"，庇佑家族。两个层面的"自主"目标并非是"独善其身"，而是"由己及人"。规范、角色比个人的需要更受重视，家长总是教育子女凡事要多替"关系人"着想，不能自私自利。总之，社会对个体的期望是他/她能够调节自己，满足"关系网"中的他人之需。

在中国文化中，孩子们在日常生活中面临真实的或可能的（对自己或他人）身体危险时，父母会敏感地加以约束，如孩子表现出冲动、冒险、攻击行为时，家长的忍耐性更低。在中国文化中，身体安全不但事关幼儿自身安危，而且与"孝"相关。个体的身体承担着重要的家族使命——生育下一代，赡养上一代，它不是一个自主自立的单元。《孝经》记载，孔子曾对曾参说："身体发肤，受之父母，不敢毁伤，孝之始也。"曾子在临死前要他的学生看看自己的手脚，如果身体完整无损，表明他是遵守孝道的。健康问题变成了道德问题。在要求子女孝顺方面，父母十分强调对孩子严加约束，要求孩子做出适当的行为，却不太在乎孩子的观点、独立性、自我控制、创造性和人格的全面发展。[①] 此外，孩子间的冲突还可能威胁到成年人之间的关系和谐。如果冲突双方的家长间本有宿怨或关系有裂痕，孩子们更会受到家长的严厉惩罚。家长想让自家人和外人都知晓，他们是不允许孩子做出这种行为的。在美国进行的相关研究表明，那里的大部分中国母亲（74%）从来不允许孩子出现攻击行为，哪怕是在适当的情景下，也不会要求孩子还击。家长控制攻击行为的方法不是奖励无攻击行为的孩子，也不是诉诸文化规范以使孩子感到攻击别人可耻，而是选择打骂的方式（虽然社会不赞成或极力反对这种方法）。[②]

---

① [英] 迈克·彭. 中国人的心理 [M]. 邹海燕，等，译. 北京：新华出版社，1990: 8.

② 同①: 9–10.

在这些柔性或刚性“高压”控制下的孩子承载着对他人关爱的期望，携带着对惩罚的恐惧，逐渐丧失从事独立、主动、探索活动的勇气和能力。

（二）经验主义文化

经验主义强调过往经验与常识的确实性和真理性，认为忠实传承经验是有效地获得普遍必然知识的途径。中国传统文化具有“以过去定向”的保守性特征，是一种经验主义文化模式。在传统农业文明和自然经济条件下，传统日常生活主体的活动方式具有典型的经验性特征。各种风俗、礼俗、家规、家法、经验、习惯等都成为人们支配日常行为、调节日常生活的基本图式。费孝通声称，在乡土社会中，“个人不但可以信任自己的经验，而且同样可以信任若祖若父的经验。……前人所用来解决生活问题的方案，尽可抄袭来作自己生活的指南。愈是经过前代生活中证明有效的，也愈值得保守。”[①] 这是一个经验性世界、常识性世界与习俗性世界。

农耕文化是中国文化长河中的主要样态，浸染在此文化中的一代又一代的日常生活主体往往是靠自发的模仿、他律式的“听话”而习得日常生活的传统习俗、解决问题的路数。在向工业社会、信息社会的突变中，这种文化会长时间潜藏于意识的表层之下，带有巨大的稳定性、连续性、适应性，通常只会发生渐变且“万变不离其宗”。这种“长时段”的渐变以世纪为最小量度单位，若干世纪后才可能发生质变。因此，农业社会中积淀下来的信念、价值取向和行为依然存留着群体核心、身份等级等特征。

真理是按等级分配的。等级高，就意味占有的真理多。中国的家长和教师将自己视为“真理”的代言人，对孩子采用“导正型”的教养方式：成人为了孩子好，使之依循成人所设规范，希望从小就把孩子导向成人认为正确的道路。此教养方式的具体特点如下：家长与教师比孩子拥有更大的权力，且有更多智能与技巧去控制某些资源，以防止孩子形成或持续不良的行为；家长和教师重视孩子的某些需求，但决定权在家长和教师身上；家长和教师期望孩子有成熟的行为表现，并为他们建立清晰的行为准则，要求他们依准则行事，必要时施予命令或惩罚；家长与教师较少鼓励孩子发展特殊性与独立性；亲子间和师生间缺乏开放式的沟通；亲子双方和师生双方较少能肯定彼此的需求、观点与权利。家长和教师倾向以经验丰富的专家身份指导孩子走“正确”之路。

中国传统文化以前喻文化为主，前辈群体把他们的文化视为理所当然，复制前辈的思维和实践是民众生活的模式。在常识或经验图式中，一切都是古来

① 费孝通 . 乡土中国 [M]. 北京 : 北京出版社 , 2004: 72−73.

如此、天经地义的，孩子们在成长过程中要毫无疑问地“听话”、接受长者的指导。后辈生活在长辈的“影子”中，自由、独立的人尚未存在，人的生存缺乏个体意识和个体自由。这并非是指个体的自主、自由被剥夺，而是说自由、自主的个体尚未真正形成，人同自然以及人与人的分化尚未达到理性的自觉，个体还生活在自然的或原始的关联之中，缺少历史感和超越感。

（三）官本位文化

“官本位”是指仅以官职大小、官阶高低为基本标准，或参照官阶级别来衡量人们的社会地位和人生价值的思维方式。[①] 它表现出集政治体制、经济格局、价值观念、思想文化于一体的社会状态。[②] 辛亥革命后，中国的官本位文化失去了生存的社会与制度基础，然而官本位意识仍延续至今，潜存于人们的内心深处。[③] 中国幼儿园的“听话教育”就是官本位表现之一——行政化的折射。行政化的基本特征：一是幼儿园成为社会行政科层体系的延伸，幼儿园的管理存在较重的官本位倾向，专业性被边缘化；二是在理念上虽标榜“以幼儿为本”，但实践中以行政为本的意识深深印刻于幼儿园教职工的头脑中。幼儿园的基本或主要属性是教育组织，而非政治行政组织和经济工业组织。行政组织追求的是政策实施的效率，工业组织的目标是高效地生产社会所需产品。为了达到效率目标，组织往往呈现等级化、上下级之间的服从和协调等特征。权力和利益在这些组织中扮演着关键角色，是这些组织的动力机制。处在行政序列中的幼儿园教师（尤其是园长）要以行政思路来思考并解决问题。他们并不总以幼儿的成长与发展为“本”，而是考虑并施行以行政命令为本，甚至以权力为本、以经济利益为本，或以权力来追求经济利益，或以经济利益来追求权力，导致幼儿园偏离了培养人才的核心。中国幼儿园教育财政投入偏向城市、偏向教育部门办的幼儿园和少数机关幼儿园。幼儿园教育行政化是整个教育过度行政化在幼儿园教育中的体现，其根源在于将教育置于政治工具的位置。[④] 专业组织行政化致使专业人员在幼儿园教育政策的产生、形成、变更和完善过程中难以发挥实质性的专业功能，幼儿的成长与发展的真实需求不能及时反馈到管理层，并据此做出管理决策。

居于体制中的公立幼儿园教师对上级负责，而非直接对幼儿负责。在现有的资源分配制度下，政府部门几乎控制着幼儿园所需的一切关键资源，特别是

---

① 李娟 . 中国古代“官本位”思想文化解析 [J]. 求索 , 2004(10): 240−243.

② 刘畅 . “述而不作”与官本位文化基因 [J]. 浙江社会科学 , 2015(2): 113−121, 136, 159.

③ 陈宝良 . 中国官本位意识的历史成因 [J]. 中州学刊 , 2014(2): 5−9.

④ 储朝晖 . 中国幼儿园教育忧思与行动 [M]. 南京 : 南京师范大学出版社 , 2008: 14−24.

政策资源和经济资源。政策与资金紧密相连——政策和行政认可往往意味着更多的经济支持。争取上级部门支持不仅需要实力，还需要对上级组织表现出顺从、服从和忠诚，这样才能赢得更大的生存与发展机会。上级部门掌握着幼儿园所需的各种资源，如等级评定、人员编制、职称评定、收费标准、课题审批、科研经费等。因此，幼儿园把迎接“上面的”检查看得非常重要，教师忙于“应付”检查而让幼儿处于“放养”状态，有时会让幼儿做配合①、摆样子。

官本位使古今中外优秀的幼儿园教育理论和经验或流于形式，或发生变形，而且无论任何人（不管他/她有何种管理思想和何等才干），只要进入既定的制度架构中，其行为必将符合行政逻辑与范式。权力来源基本决定了权力主体主要向谁负责，代表谁的意志，执行谁的命令。资源依赖理论认为，作为开放系统的组织不能实现自给自足，必须依赖外部环境为其提供资金、社会与政治合法性的支持，提供人力、信息等方面的资源。此理论的核心概念是组织的外部控制，组织行为相当程度上是适应外部关键资源控制者的需求而形成的。②

现在的幼儿园上级部门用形形色色的“工程”“课题”“项目”经费来引导幼儿园的行为。同时，拟订各种烦琐的指标体系与评审程序，迫使幼儿园顺从、就范。幼儿园即使觉得评估政策存在不足，也不会公然拒绝接受检查，或提请上级“修订标准后再来检查”。经济资源分配、绩效评估、职称晋升这些方面的权力全部掌握于上级部门，在这些权力的钳制下，教师和幼儿或选择委婉的方式维权，或放弃争取自主权的行动。幼儿园的自主性受到威胁后，会为资源而牺牲价值追求，甚至会背离幼教机构的使命。这既是不得已而为之的选择，也是理性人的生存智慧。

教育行政部门要求幼儿园园长按照指令办学，园长命令主任、教师采取行动，如果下级违背上级权力主体，就可能受到威胁和制裁，这是上级的强制性权力。例如，在面对上级教育行政部门的要求时，园长和教师要考虑的首要问题是，受制裁是不是比执行上级要求代价更大？其次是，上级部门有能力制裁

① 2018年4月初，我与四川省C市的一位幼儿园教师闲聊，她说她所在的幼儿园有500多名幼儿，共13个班，生师比严重超标。为了评上二级园而成为公益性幼儿园，并享受财政资金补助，她所在的幼儿园在区教育行政部门来检查时，把“多余”的幼儿“藏”了起来，由3名教师专门看管。有一次，把一个大班的幼儿“藏”到了分园。担心家长知道此事，园方对幼儿说这是外出“搞活动”。有些教师自嘲说，这样的幼儿园都评上了二级园，（上级部门）真是“迷了眼”。

② 任增元．权力制约、资源依赖与公共选择：大学自治悖论的实践逻辑[J]．清华大学教育研究，2012(6): 111-118.

我吗？最后是，如果拒不执行，上级肯定会采取措施吗？虽然会考虑制裁的真实性或概率，但是权力客体通常持“宁可信其有，不可信其无”的态度。现实中明确挑战上级权威的人很少见，更多的是下级还要不断学着“看风向”。不仅要“认真”落实上级的公开指示，还要倾听“弦外之音”，揣摩其未明示之意。[①]虽然教师的自主不一定能带来幼儿的自主，但考虑到教师行为之于幼儿的示范性意义，教师自主敏感性不彰（在一定程度上）也会导致幼儿自主敏感性的隐遁。

第三节 自主：正规学习中萌生的现代理念与改革动力

任何传统都是生态性的，始终在现实中流动存在。中国的幼教工作者虽是继承和体现传统的“活载体”，但他们也在不断地学习、接收新理念和新知识，持续提升自己的能力。这在客观上对传统文化产生了“微调”作用或给传统文化中注入了新元素。

幼儿园教师之前接受了正规的学校教育，在入职前又参加了岗前培训，已经接触到并认同了某些“先进”的理念，如自主、民主、平等，入职后又不断进行新的学习。他们是理性的学习者，他们的理性可以简单划分为教育理论理性与教育实践理性，前者是“从实践中来的认识”，后者是“回到教育实践中去的法则”。[②]理论理性从客体出发，把客体“内化”为主体的认知；实践理性则从主观意图出发，把主体的思想“外化”于客体。实践理性不是泛指人一般的行为能力和准则，而是特指针对实践的思维能力与行为准则，是人在实践中认识世界、适应世界与改变世界的能力，是主观与客观、概念与实在的统一。[③]实践理性可分为价值理性、工具理性和过程理性三种形式。价值理性关乎实践主体的理想和需要是否符合绝对价值，遵循“向善原则”；工具理性作为一种技术性手段而存在，表现为对技术、手段、方法的审慎选择，遵循“有效原则”；[④]过程理性涉及人们对事物发展客观过程的观念建构。观念建构是人

① 任增元 . 权力制约、资源依赖与公共选择：大学自治悖论的实践逻辑 [J]. 清华大学教育研究 , 2012(6): 111−118.

② 王炳书 . 实践理性辨析 [J]. 武汉大学学报 (人文科学版), 2001(3): 270−275.

③ 也有学者认为，实践理性是包含着理论理性在内的一种更高的理性。

④ 李太平 , 刘燕楠 . 教育研究的转向：从理论理性到实践理性——兼谈教育理论与教育实践的关系 [J]. 教育研究 , 2014(3): 4−10, 74.

为安排的过程，客观过程是事物本身不以人的意志为转移的次序，如昼夜更替、万物生长、潮起潮落等。[①] 幼儿园教师正是带着这些理性进行“学习”与对待“学习”的。

一、学习“红头文件”

“红头文件”是指各级政府或其部门正式下达的各种“纲要”“指南”“规程”“通知”“决定”“意见”“办法”等。它们作为正式文本，并非中国特有。但在中国，它们被视为权力与权威的符号，承载着上级或“上面”的精神，也被作为一种行动标准，是政府及其部门对相关工作进行检查、评价的基本依据。官方的意志与行动，其动机的正当性往往不会被质疑，成为许多教育改革启动与推进的力量。即便是民间发起的一些教育改革，若无官方认可与支持，也很难顺畅、持续地推进下去。[②]

我国教育部在2012年制定的《3～6岁儿童学习与发展指南》(以下简称《指南》)中将自尊、自信、自主作为3～6岁幼儿园教育的重要目标之一。这反映出在当前的社会环境中“自主”理念得到认可和提倡，体现了现代性对中国教育现代化进程的价值诉求[③]。四川省B市的一个区被确定为教育部《指南》实验区后，掀起了全区、全市幼儿园教师深入学习《指南》精神的热潮，2015年还举办了全区幼儿园教师《指南》知识竞赛。在访谈教师的过程中，他们反映出对《指南》文本的模糊、笼统的了解，虽然在尽力地让《指南》精神落实到幼儿园教育教学中，作用于幼儿的每日生活中，但是对“自主”目标并没有重点关注或专门性的研究。

理想目的与现实目的之间是存有张力的。培养幼儿的自主性已经成为教育的理想目的之一，“文件”与“先进理论”已将不利于幼儿自主性发展的观念

---

① 陈小文. 程序正义的哲学基础 [J]. 比较法研究, 2003(1): 26-31.

② 吴康宁. 中国教育改革为什么会这么难 [J]. 华东师范大学学报(教育科学版), 2010(4): 10-19, 36.

③ 现代性包含着相互关联的多重维度，如个体的主体性与自我意识、理性化的和契约化的公共文化精神。中国的现代化与西方发达国家的现代化有一个很大的时代落差，即我们不是在西方工业文明方兴未艾、朝气蓬勃之际来实现由传统农业文明向现代工业文明的社会转型和现代化，而是在西方工业文明已经高度发达，以至于出现自身的弊端和危机，并开始受到批判和责难而向后工业文明过渡之时才开始向工业文明过渡的。因此，对现代性的捍卫和拒斥同时成为我们时代的重要文化特征。引自：衣俊卿. 中国日常生活批判的理论视野 [J]. 求是学刊, 2005(6): 8-14, 28.

与做法“判定”为技术和道义上的双重“不妥”，幼儿园教育传统或传统幼儿园教育成为被例行指责的对象。但自主性的培养（作为普遍原则）并没有成为幼儿园教师专业实践的现实目的，可能是因为既没有完全“内化于心”，也没有完全“外化于行”。笔者从L幼儿园获得了13位教师的132份游戏观察记录与25份教案，从中发现只有4份观察记录的“游戏目的”中出现了“自主”，但“游戏效果”的评价中并未涉及此维度；25份教案中无一提到与自主相关的内容。可见，普遍原则在逻辑上可以成为行动理由或具有成为行动理由的可能，但不一定实际地成为行动理由，唯有当普遍原则不仅被个体自觉地认识和正确地理解，而且被认同并内化，它才可能现实地影响个体的行动。①

《指南》等制度构成了幼儿园教师专业实践最基本的行动规则。这些规则是主流话语在幼儿园教育实践中的表达。主流话语、权威知识作为幼儿园教师专业实践的“大气候”构成了其应然的行动规则。但如何进一步把这些一般性的意见、具体规定转化为适合于当下处境的“战术”，还依赖教师的理解能力、执行能力以及幼儿园的物质环境与人文环境。文件中所涉及的要求、建议并不能简单地对可感知的、某种结构、模式、程序施加改变，实际上文件是与教育现象或教育问题背后的文化和传统进行对话或博弈。

此外，这也是由幼儿园教师对未知的恐惧或对“自我舒适带”的不舍而造成的。幼儿园教师是“现实的人”，他们面对的是“人的现实”。对每一名教师而言，快速放弃原来的教育理念与行为，马上接受和践行幼儿自主价值观何以可能？自主理论不是幼儿园教育系统的自新行为，有别于自然的演进过程，是由“局外人”强加给此系统的修正行为。自主往往成了幼儿园教师在逻辑层面为自身的行动提供解释，在展示课上言之凿凿的设计理念，往往是向“局外人”做宣传时标榜的“先进理念”。这样做最起码是“政治正确”的、有“道德优势”的、在逻辑层面是合乎理性的，退一步说，即使没有好处，也不会有坏处。

不少教育改革文件的出台并非轻而易举之事，因为此类文件常常是决策者对教育改革的价值取向、政策导向、推进路向及可能结果进行综合判断与反复权衡后的产物。一般来说，决策者为保证改革过程平稳、有序，通常会考虑到各种现实条件及可能产生的种种社会反应，他们只对执行者提出抽象的行为规范，并尽可能在文件中避免提出极端要求与过激措施。如何才能形成一条规范，这是一个只能在实践中被解决的问题，通常被认为是“社会博弈”的结果。②

① 杨国荣. 理由、原因与行动 [J]. 哲学研究, 2011(9): 64-72.

② 赵汀阳. 论可能生活 [M]. 北京: 中国人民大学出版社, 2004: 33.

"上面"的改革文件"理直气壮"地出台后，"下面"认真执行，实施过程比较顺畅的情况较少。政策制定者（常从战略思维和革命思维出发，带有强烈的责任感与使命感，带有改造教育的意志）可能会认为，制度性规范将直达课堂。相当普遍的情况是，改革文件出台后，并未得到一线教育工作者广泛的切实执行，教师在很多情况下观望、敬而远之地与政策保持一定距离，实施过程比较艰难、耗时且实际效果不及预期。当教师遭遇理念更新与改革要求的时候，容易对新的影响产生怀疑。他们更习惯于在既有的范式指导下行动，"改革性"的文件对教师的心理会形成压力，以致幼儿园教育工作者听到"改革性"文件会立即产生惶恐，进而可能在已有的范式内进行一定程度的调整，或是消极地服从，抑或隐性地抵触。还有一类情形不少见：改革文件出台后，几乎得不到一线教育工作者的实际响应。①不少改革者仅把幼儿作为工具、手段、资源去利用，或只为提高效率、效果。因此，每当"尘埃落定"，教育者又会回到他们的原初状态，教育模式"涛声依旧"，导致改革文件成为一纸空文。"听话文化"在人们心中扎根已久、已深，真正愿意从、能够从"听话教育"中走出来，需要一个非常漫长的过程。或许当家长、教师不再要求幼儿"听话"之时，才是"万里长征的第一步"。

在理论上似乎是理性和当然的东西，在日常教学中却表现为感性和偶然。文件出台后执行遇阻，"文件归文件，实践归实践"，即文件指向的是当然，实践却表现为不合乎当然。除利益因素外，一个重要原因在于"积习难改"，即一线教育工作者的文化观念及相应行为习惯普遍地、短时内不能适应改革文件提出的相应要求。这可能导致"名实分离"，即在形式上，制度自始至终发挥着"紧箍咒"的约束作用；②在内容上，幼儿园并没有依照"法定"制度在运行。制度与惯习的关系在理论上维系着动态平衡（两者可以完全不抵触），在实践中体现出此起彼伏的循环往复（如检查、评比有节奏地开展，其目的是希望惯习与制度重回平衡点）。中国社会运行当中的灵活性、弹性（例如，以人情作为基础），造成了制度从设立到执行上的复杂性。人们在"照章办事"中体现出"智慧"（寻找制度漏洞、制度余地，通过行动策略让惯习与制度相安

① 吴康宁．中国教育改革为什么会这么难 [J]. 华东师范大学学报 (教育科学版), 2010(4): 10–19, 36.

② 同①。

无事）、习性及能量。即使实际的作为有违常理，在“情有可原”的名义下似乎也获得了“正当性”——因合情而合理[①]。

迅速改变已形成的某些驾轻就熟的行为习惯与某些文化观念，对不少一线教育工作者来讲是痛苦与艰难的。“自主”只是一种独立的道义规定，并未成为教师和社会大众的群体意识。个人行为习惯及文化观念的形成与改变都非朝夕之事，改革常常引发持续痛苦，而不是阵痛，因为改革会让人们离开自己的“舒适区”“安全岛”。人们意识到改革的最终结果可能会使相关者受益。除非外部的压力使教育者无法自持，否则教育者不会顺应性地支持教育改革。

进一步看，改革对有些一线教育工作者来说（如临近退休或从事幼教工作几十年的教师），是一种几乎无法完成的任务，因为他们的文化观念已根深蒂固，行为习惯已经稳定成型。这样，可能在改革文件出台后相当长的一段时期里，他们因不适应文件要求而有所疑虑、顾虑、焦虑，以至于在所谓落实改革文件的精神的过程中自觉或不自觉地采取观望、拖延、敷衍的态度。[②]

倘若一线幼教工作者尚未普遍地、真正地形成维护幼儿自主思维发展、引导幼儿自主人格成长的行为习惯，幼儿的自主意识与自主能力就无法正常发展。当幼儿园教师在实践中不断地重复自主支持行为，从而将之转化为高度熟悉和共享信念的时候，自主理念才可能真正在实践中获得有效性。

教育“红头文件”虽然可以在较短的时间内颁布、执行，但是其中的教育理念之日常化一定是相对缓慢的过程。尽管上级部门可以通过行政力量对教师的教育活动进行引导与约束，以强制方式废除他们某些旧的实践方式，督促他们以合乎教育规律的方式行动，但由此引发的高度“反常性”和反思性过程，让教师在实践中意识到由上级或园方管理者推动的新教育方式并非自然产生。

教师的教育信念是在长期实践过程中逐渐形成的，不是意识层面的理论性把握之结果。这不是一种高度对象性的习得，而是在反复的教育实践中形成的一种隐性存在，往往会被习惯性地遗忘，成为一种不言而喻的深层次记忆。

当教师不再将特定的实践方式视为外部的强加，而是一种不言而喻的行动时，他们才能体会到自主的释放。幼儿园教师的教育实践是一个很复杂、长效

① 中国哲学主张“合情”即“合理”，主要在“情”的真诚性和安适性基础上肯定“理”的必然性——观念和行为是否合“理”，取决于它们能否使人们之“情”保持安适、和悦。引自：刘清平．在情理性传统中实现理性化使命——论中国传统价值观的现代化转型 [J]. 江苏行政学院学报，2012(1): 37−42.

② 同①。

与隐效的过程。教师不是接受某种思想就可以马上变成行动，不是付诸行动马上就可以改变幼儿园教育面貌的。

常规是幼儿园教师在学校规章制度框架下，总结自己的、借鉴同事同行的教育经验，应对日常教育情景（如上课、课堂管理、各时段活动安排）的刚性对策。常规具有使教育活动有序进行或维持幼教专业水准的规范作用。但不可否认的是，固化的教育常规对充满活力、变化和不确定性的幼儿园教育实践来说是不充分的。幼儿园教育情景通常不允许教师停下来和撤出来，进行仔细反思、分析，决定最佳的行动方案，然后付诸行动。但是，完全非反思的幼儿园生活世界及其文化态度是不存在的。

幼儿园教育目的既包括有本体论的、蒙以养正的内在目的，又含有认识论的、获得知识技能的外在目的。要实现完整的目的，在幼儿园教育实践中有较大的难度。技术主义教育单纯地追求外在目的，致使幼儿园教育出现认知主义倾向，过多地看重幼儿的智力发展。幼儿园教师经常夸奖某位幼儿“聪明”。教师虽然明白应该实施对所有幼儿都有利的行动，但常做的是对某些学生有利的行动。

理论与政策指南对教师的教育认识发展很重要的，如果没有获得抽象理论的认识能力，教师对幼儿与教育的了解只能停留在原始的直观层面。政策“文本”呈现出来的是“理想的”规范性制度，但是政策文本的规范要达到对教育实践的实际调控，必须依赖行动主体的理解、解释和再表述。“文本的规范”只有内化为“理解的规范”才有可能“忠实”地执行“文件”（有时绝对的忠实未必合理，因为任何一个课堂的规范系统都具有历史和地域独特之处），才可能对教育实践产生“预设”影响，如果教师把误解的“文件精神”带到他们的课堂实践中，那么实际效果会与预期大相径庭。支配日常活动的力量是幼儿园教师头脑中隐蔽的信念，而不是外界强加于其的“科学理念”或“纲要”“指南”。教师的实践与“文件精神”是一种若即若离的关系。“文件”与特定时空中的“实践”之间是有间隙的，“实践”会让“文件”产生形变，有时两者间甚至存在“鸿沟”，有时个体行动勾勒出含混不清的“实践逻辑”。让教师真正而且正确地理解“先进理念”“文件精神”是改革推进的困难之一，也是需要付出巨大改革成本的地方。

二、培训进修

教育系统中提升教师素质的主要方式是各级各类培训。园本学习、外出观摩考察、听“国培”专家讲座、跟随“影子教师”实习，教师经常自愿或“被安排”式地参加这些形式的学习。在学习中，幼儿园教师记笔记、拍照、摄像、积极提问和发言，无不体现出他们的学习热情和激情。

不少园本研修（观摩示范课、行动研究）、外出学习（国培、学术会议参观、考察）能够让教师意识到并解释幼儿园现存规则中的冲突，帮助自己和他人“记得”或获知还有哪种可选择的和更为平等的教育理念与教育模式存在。学习活动能激起教师对反思行动的正当关注，对激活原有思想与行动的正当关注。幼儿园教师在认同教育理念与践行教育理念间或理论理性与实践理性间保持了一定的距离和张力。他们既没有脱离现实去实践，又没有不加批判地、一味地迎合现实。

（一）奉行“拿来主义”

有些一线教师缺乏敢于批判和质疑的精神与能力，常常迷信权威（所谓的幼儿园教育专家、大咖和名园长），容易盲从权威的观点。当专家与领导的观点不一致时，他们就会无所适从、心生抱怨。L 幼儿园的 L 老师（有 3 年的小学从教经验，现在是一名中班老师）说：“现在感觉教育理论随时都在变。学习的时候，这个专家讲的和那个专家讲的都不一样，但是感觉都很有道理的样子，都不知道该听谁的了。”

盲从理论的错误在于“把人们为解释实践而构建的模型当作实践的根由”①。有了正确的理论未必有正确的实践，一旦行动驱赶了思想，实践也就降格为盲从。只有观念对行动进行规范，才能使其摆脱盲目性。盲目追逐西方儿童早期教育理论，盲目引进他者“成功的”教育方法，都不应是中国幼儿园教育发展的方向。我们应在学习外国先进幼儿园教育思想、课程、技术的同时，确立自主性，根据自己的实际做出选择，建构自己独立的思考和见解。②

不少幼儿园教育培训只是传播国内外幼儿园教育的另类形式，不少幼儿园教师外出学习后很“兴奋”，但他们只是得到了此类幼儿园教育模式的皮毛。他们回到自己幼儿园后“依葫芦画瓢”，为幼儿园取洋名、教幼儿吃洋食、说洋话、过洋节，然后标榜自己幼儿园教育多么先进、多么有特色，而其背后的教育理念（如自主）很少成为普通幼儿园教师自觉自主地遵循的教育教学资源。以“自主”为思想武器的幼儿园教育变革只是零敲碎打，缺乏整体性和冲击力。幼儿在幼儿园的自主问题还远未成为普遍关注的问题。

“拿来主义”式的学习效果是不牢固的和暂时的，而一旦学到的东西与所

---

① [法]布迪厄．实践感[M]．蒋梓骅，译．南京：译林出版社，2012: 115.

② 储朝晖．中国幼儿园教育忧思与行动[M]．南京：南京师范大学出版社，2008: 14–24.

面临的教育实践不吻合时，教师会陷于“学了也没有用”的无奈之中，[①]出现“培训前会激动，培训中有冲动，培训后却不动”的怪现象。有时，教师不是不想动，是不敢动——动就意味着要改变，改变就有风险与挑战。最保险的做法就是保持现状。

（二）反感“理论学习”

不少的一线教师更喜欢能直接指导实际操作的学习，而非理论观念的学习。他们之所以不喜欢学习理论，是因为其觉得理论很枯燥，且有时“听不懂”。有些幼儿园教师在制度的规约下不得不以“受训者”的角色参加培训，可是在培训者一味按照国家立场输出知识的情境中，他们即使遵守这种制度安排，[②]也会对“接收到”的知识未必“接受”与吸收。况且，培训者讲授的一些理论本身不能听后直接运用，而是需要教师结合教育实践进行思考并转化。教师带着急功近利式的学习动机，经常会跟风一些教育模式和经验，这可能引发“东施效颦”的隐患。因为每种实际操作模式或经验背后都有其独特的教育理念与教学条件做支撑。教师们如果只关注如何做，而不知道别人为什么如此做，如此做的前提条件是什么，最终导致“知其然，不知其所以然”。

幼儿园的日常生活及幼儿园教师的日常思维基本上是实用主义的。工具理性在逻辑上从未蕴含关于目的与手段之规范性的承诺，所以幼儿园教师的工具主义价值取向，使他们认为自己单纯地模仿优质幼儿园、优秀教师的做法就是好的，就是最有利于达成自身目的的。

有些幼儿园教师其实不认同理论研究者。因为不少培训者的话语体系只是一些概念和范畴的排列组合，偶尔也表层次地联系一下实际。他们所做的是一些普遍适用的、永远正确的，而又可有可无的理论呼吁或理论指导。他们虽然占据着话语空间、掌握着话语权，但未能解决价值导向问题。教师认为，理论研究者生产的理论用于实践中就会出现“水土不服”，难以直接、有效地解决实际问题。中国传统历来重视“学以致用”，马克思主义哲学也强调理论联系实际。既然理论来源于实践，实践相对于理论便具有了优先性，实践的基础性和理论的衍生性使两者很难在具体实践中发生真实的关联。[③]

理论与现实是异质的，一个是不变的，另一个是流变的。现实生活与真实生命具有丰富性、多样性、多义性和多层次性，但它们可能被理论抽象化，成

① 陈红梅．幼师为什么越培训越茫然 [N]. 中国教育报，2017-02-05(2).

② 培训者的官方知识对幼儿园教育实践的影响有些微弱，有些教师有时以冷漠、抗拒的态度对待培训，导致制度价值理性的失落。

③ 衣俊卿．中国日常生活批判的理论视野 [J]. 求是学刊，2005(6): 8-14, 28

为抽象理念的附属品。康德给了实践理性优先于理论理性的位置，但理论理性高于实践理性依然是不少哲学家与学者的坚定立场或牢固信条。教育理论对教育实践的解释力及其解释的合法性被质疑也在情理之中。

（三）曲解“理论与实践”的关系

与其他层级的教育活动相比，幼儿园教育实践充满了更多的不确定性。幼儿园教育实践是一个不停地生成问题的过程，幼儿园教师是一个不断地做决策者的问题解决者。幼儿园教师始终面临着一些难以控制而必须加以控制的因素，并随时要根据情境的变化做出即时的反映，这也使任何教育理念应用在幼儿园教育实践中难免走样，使幼儿园教育实践在意向上呈现出多变性。许多幼儿园教师并不知晓或并不认同：“进入实践”就意味着将一种观念转化为一种行动。[①]

幼儿园教师将实践曲解为技术化的活动，这使实践丧失了反思性而成为机械化的生产或制作工艺，从而使实践成为庸俗的实践；幼儿园教师常傲慢地认为理论研究者不了解幼儿园的实际运行，他们将幼儿园教育实践神圣化，这使幼儿园教育因脱离理论关照而不可避免地带有盲目性。理论上的无知要么使教育实践者完全按照自身的经验逻辑进行日常的教育行动，要么形成对既有理论的盲从。教育实践工作者将实践神圣化或对实践膜拜，把实践作为一切事物的根源，进而在心中形成“实践的傲慢”——一种鄙视理论甚至敌视理论的日常态度。[②]

理论其实是实践的核心成分，对理论的理解与运用要随实践活动一起生成与变动。马尔科维奇（Marlcovic）看来，技术化实践指主体变革客体的任何活动，它可以被异化；理念的实践则是一个规范性概念，指人类特有的一种理想性活动，此活动就是目的本身并且有基本的价值，是其他一切活动形式的批判标准。前者具有事务性、操作性，是对“做”的形而下演绎；后者具有反思性、批判性和规范性，是对“做”的形而上思考。[③]

阿尔都塞（Althusser）提出的“理论实践”是对教育中经验主义实践观的抵制。经验主义因为对理论的排斥和封锁而将教育实践建立在经验、直觉和习惯的基础上，对经验的坚信使其形成一种主观化的实践行动，从而在自身中与错误的（也就是压制别人的、盲目的，甚至是暴力的）实践发生了关系[④]。理论

① [英]奥克肖特. 经验及其模式[M]. 吴玉军，译. 北京：北京出版社出版集团，2005: 249.

② 吕寿伟. 论教育博士的实践逻辑[J]. 高等教育研究，2014(4): 29-34, 65.

③ 黄志军. 实践哲学视野中的辩证法[J]. 现代哲学，2015(2): 33-37.

④ [德]阿多诺. 道德哲学的问题[M]. 谢地坤，王彤，译. 北京：人民出版社，2007: 4.

实践是对教条化的理论主义和主观化的经验主义的矫正。理论实践关注的不是理论认识的起源等问题，而是教育实践的方法问题。①

第四节　认可“自主”与悦纳“听话”：理智与情感间的矛盾

价值渗透于人们生活的各个层面，而且人们每做一件事几乎都涉及价值选择（有时意识不到做了选择）。社会成员对规则的启用具有文化性依赖②，即社会规则的运行顺畅与否必然与其文化特征相联系。求得价值认知与情感、价值认知与行动上的一致是西方人的态度特征，但相互依赖的东方文化对此一致性并不太看重。中国人在价值冲突时仍有可能保持行动上的一致性和价值一致时行动上的不一致。③中国社会拥有异常发达的日常生活世界，社会的实际运行法则不只是制度、法规（这是强加于其成员的部分），社会成员会因自身生存与发展而策略性地调整、改造乃至滥用社会的正式规范。

幼儿园是国家规范与教师实践较易产生冲突的领域。在幼儿园，中国传统和西方理性的冲突与融合并存，感性化风俗习惯与理性化现代制度共在。④作为国家主流话语的现代理念、价值、制度等作用于教师专业实践时，教师会处在传统文化与现代理念的共同作用之中。中国的社会运行和个体生存皆依旧远离现代性，尚未与现代性建立本质的关联；现代性本质上的“不在场”和“无根基”状态在于它遭遇到顽固的传统文化的阻滞力。⑤任何“官方”制度的顺利运行都要靠该社会成员的价值观支撑。幼儿园教师的内心有两股不同价值观形成的力量——“听话取向”的师定目标与“自主取向”的法定目标在缠斗。在理智上（价值理性）“自主”这股“西风压倒了东风”，在情感上“听话”这股“东风压倒了西风”，体现出理性化使命与情理性传统间的张力。

一、理智上认可“自主”的文化传统

“幼儿自主”对教师来讲，是一个“异己价值”。舍勒（Scheler）认为，

① 刘莘．阿尔都塞：理论实践与实践理论 [J]. 晋阳学刊，2011(1): 79–83.

② 翟学伟．耻感与面子：差之毫厘，失之千里 [J]. 社会学研究，2016(1): 1–25, 242.

③ 翟学伟，屈勇．中国人的价值观：传统与现代的一致与冲突 [J]. 江苏社会科学，2001(4): 136–142.

④ 陈氚．重返感性选择——理论应然中的现实困境 [J]. 社会学评论，2016(5): 3–14.

⑤ 衣俊卿．中国日常生活批判的理论视野 [J]. 求是学刊，2005(6): 8–14, 28.

“实现一个异己价值的行为要比实现一个本己价值的行为具有更高价值”[①]。教师支持幼儿的自主是道德善的、道德正确的，但这是他们以“为人”作为指向，其行动理由与行动动机之间存在着张力。[②]

自主包括自我主张、自我依靠与自我控制三个维度。自我主张是指能够相对自己做主，不受别人支配；自我依靠是指主要依靠自身的力量，不经常求助他人；自我控制是指能够克制自己的不合理欲望，调节自己的行为。[③]自主与中国文化中的“自制”“自强”“自立”之间有一定的亲和关系。

中国人在达成“克己复礼”目标时，通常并不按照自己的感情、意愿行事，而是依情境所涉及的“礼”来做事。可能知觉到“控制来源”是外在的，中国文化又强调“自制”“自强”与“自立”。

自制是指时常检视自己，使自己在任何场合的言行合乎情理，包括自省（自我评价、批评、检讨）、自爱（爱惜自己的身体与名誉）、自觉（自己主动去做应该做的事情）、自知（依照自己的实力行事）。自觉是中国人在“自制”中的“主动性”成分，“慎独”要求修身时要自觉而非示人。[④]“自制”主要与自主中的“自我控制”相契合。杨丽珠等人认为，幼儿阶段正是自我控制发展的关键期。[⑤]自我控制是个体抑制优势反应而执行劣势反应的能力，是个体依照社会期望行事的能力[⑥]，包括顺从要求、延迟特定行为、根据他人期望调整自己行为等方面[⑦]。马文（Marvin）和约翰（John）认为，自我控制由抵制诱惑、控制冲动和延迟满足三个维度构成。[⑧]一些研究者把自我调节等同于自我控制，如科普（Kopp）等认为自控包括制订和完成计划、抵制诱惑、抑制冲动、延

---

① [德]舍勒．伦理学中的形式主义和质料的伦理学[M]．倪梁康，译．北京：商务印书馆，2011: 166.

② 杨国荣．理由、原因与行动[J]．哲学研究，2011(9): 64−72.

③ 邹晓燕，杨丽珠．3−5岁儿童独立性结构的验证性因素分析[J]．心理科学，2005(1): 225−226.

④ 杨国枢，陆洛．中国人的自我：心理学的分析[M]．重庆：重庆大学出版社，2009: 66−67.

⑤ 杨丽珠，沈悦．儿童自我控制的发展与促进[M]．合肥：安徽教育出版社，2013: 21−25.

⑥ EISENBERG N,DAMON W. Handbook of Child Psychology: 6th ed.: Vol. 3: Social, Emotional and Personality Development[M] New York: Wiley, 2006: 99−166.

⑦ KOPP C B Antecedents of self−regulation: a developmental perspective[J]. Developmental Psychology, 1982, 18(2): 199 −214

⑧ MARVIN B W, JOHN C H. Forstering Goodness: teaching parents to facilitate children’s moral development[J]. Journal of Moral Education, 1999, 27(3): 371−390.

迟满足、行为方式与社会情境适应五个方面。[①]实质上，自我调节比自我控制的内涵更宽泛，是更灵活和更自觉的调控形式。它除包括个体对自我行为的约束或控制外，还包括个体对行为的筹划、调整以及反思。[②]

自强包括自立（依靠自己去奋斗）、积极向上等。自强是一种主动进取的精神，是个体健康成长、努力学习、成就事业的强大动力。自强是在自爱、自信的基础上，积极进取，勇于克服困难，做生活的强者，是个体尊严与价值的体现。“人人皆可为圣”的理念构想暗示个体成败取决于自己的恒心与努力，在“成圣”之路上有相当程度的自主性与自由度，金耀基称之为“以自己为中心的自发主义”（self-centered voluntarism）[③]。因此，中国传统文化中，个体没有追求“自选目标”的自由，但在实现目标的方法、途径上可以发挥自主性。

自立是中国传统文化中特别重视的自我之维度，它与自主中“自我依靠”相契合。自立是个人摆脱过去曾经依赖的人、事、物而独立的过程，也被作为人格概念来使用。自立人格最初由黄希庭于 2001 年提出。与独立性相比，自立表现为人际取向，强调道德特征，并暗含相互依赖的因素。儿童的自立是为有效解决其基本的生存与发展问题，在其心理发展所涉及的领域表现出的自我决断、自我行动、自我负责的水平。有研究发现，自立程度较高的儿童，其自我概念更积极，自主和独立程度更高，更倾向内控，更能有效地进行自我调节等。[④]乌登伯格（Uddenberg）研究发现，场依存的程度指示了不成熟和自主缺乏；德夫（Durff）认为，场独立的一个特征是人际自主；理查森（Richardson）指出，有许多研究都把场独立当作学生自主的恰当指标；黄希庭等人发现，场独立性认知倾向者有更多自立的特点，能更独立地做出自我判断，自控、责任意识更强。而场依存性认知倾向者更被动，更缺乏主见，更不自立。场依存性—场独立性认知方式可能是影响儿童自立行为发展的因素之一。[⑤]

自立的内容和结构是一个动态的。随着年龄的增长，个体需要面对不同的生存与发展任务，这就决定了个体自立的内容和结构的流变。自立的领域维度

---

① KOPP C B Antecedents of self-regulation: a developmental perspective[J]. Developmental Psychology, 1982, 18(2): 199-214.

② BAUMEISTER R F, VOHS K D. Handbook of Self Regulation: Research, Theory, and Application[M]. New York: Guilford Press, 2004: 167-189.

③ 杨国枢，陆洛 . 中国人的自我：心理学的分析 [M]. 重庆：重庆大学出版社，2009: 63.

④ 凌辉，黄希庭 . 场依存－独立性认知方式与儿童自立水平的关系 [J]. 中国临床心理学杂志，2008(4): 384-386.

⑤ 同④。

通常包括一般领域、日常活动领域、学业领域、道德领域和社交领域；功能维度一般包括自我决断、自我行动、自我负责。在道德领域，自我决断的发展水平远高于自我行动和自我负责水平。儿童虽然知道“该”怎么做，或怎样做是对的，但不一定落实到行动中并为其行为负责。

也就是说，儿童有道德意志，它体现在决策与执行两个阶段：儿童的决策可能是指向善或道德目的的，只是执行时遇到困难而可能放弃。儿童在日常生活与交往中具备基本的自我监控与管理能力，但自我主张与自主选择的意识和能力相对发展滞后。这说明儿童自立行为不同维度、不同成分的发展不平衡。①3～6岁儿童自立行为发展的领域主要是日常生活的自理方面。②进入幼儿园后，教师对儿童提出了较以往更高的要求。让他们独自完成某些日常活动，如独立上厕所、吃饭、收拾玩具、自己穿脱衣物等。到了5～6岁，大多数儿童已经能独立进行基本的日常生活料理。于是，成人对儿童提出了更高的自立要求，如使他们“会自己叠被子、铺床”③。

二、情感上悦纳“听话”的现实情境

情感主义者认为，“行动和对象的道德价值是人类情感的投射”④。人是理性的存在（既拥有理论理性，又拥有实践理性），也是具有丰富感性因素的整体之人。舍勒（Scheler）认为，单纯用理性规定人格的本质是远远不够的，⑤还应包括情感与意志。中国社会对做人、做事不单从理性、逻辑思维和条文制度的角度来考虑，还考虑具体情境和个别性（常会导致意志软弱与道德软弱），如“于情于理”“合情合理”“通情达理”“酌情处理”是人们看待问题、为人处事的框架。⑥幼儿园教师的“听话”目标（“师定”目标）常奠基于日常的伦理、风俗、习惯、常识、有声望者的意见以及个人情感等。

每个老师都喜欢乖孩子、听话的孩子。……老师会奖励、夸奖乖的孩子、

① 凌辉，黄希庭. 6-12岁儿童自立发展特点研究[J]. 心理科学，2009(6): 1359-1362.

② 凌辉，张建人，钟妮，等. 3-6岁儿童自立行为结构的初步研究[J]. 中国临床心理学杂志，2014(6): 1037-1041, 1132.

③ 同②。

④ [美]科尔斯戈德. 规范性的来源[M]. 杨顺利，译. 上海：上海译文出版社，2010: 57.

⑤ [德]舍勒. 伦理学中的形式主义和质料的伦理学[M]. 倪梁康，译. 北京：商务印书馆，2011: 542.

⑥ 翟学伟. 人情、面子与权力的再生产——情理社会中的社会交换方式[J]. 社会学研究，2004(5): 48-57.

听话的孩子。……老师平时在对待不同类型的孩子上不会表现出明显的差别。但不出事还好，一出了事，“乖”孩子的“优越性”就体现出来了。老师对于乖的孩子（出事），着急得不得了。对尿床的孩子，生活老师就很积极地帮他处理，对大便在床上的孩子就不管。（J幼儿园大班实习生小苗）

舍勒（Scheler）认为，任何情感行为都具有自己的意向性，它们必然与某种价值相关。他力图把道德生活建立在人的情感体验之上。[①]幼儿园教师喜欢“听话”的幼儿，反映出情感体验的助力效应比理性认知的引导功能更强大，但这会导致资源（物资、情感、权利等）的分配不公。虽然国家教育的主流价值观以及相关的权威制度（由掌握话语权的权威建构）作为“大气候”，给幼儿园教师设置了专业实践的基本背景，规训和控制着他们的专业实践，不断强化着现代理念（如幼儿自主）在他们专业实践中的力量，但是教师专业实践的过程并非完全遵循“大气候”（外在的事件、法规），有时是“小传统”[②]在起支配作用（如希望幼儿听话）。幼儿园班级中的“小气候”“小传统”的实践源于个体的内在意念、个性风格、成长历程、专业成长过程中遇到的重要他人以及专业实践的地域文化传统。[③]“大气候”与“小传统”并不是一种线性引领关系。“大气候”源于代表普遍理性的权威，“小传统”是教师本人常用而不知的（具有缄默特点）一些传统、习俗以及个人化的知识。教师能在实践中我行我素并策略性地维系着“大气候”与“小传统”的某种程度之平衡。

幼儿园的实践被新的理念包装，但是穿上“新衣”的实践仍然无法超越自身的固有惯性，这种惯性既体现了“小传统”对“大气候”的不适应或抵制，又说明“大气候”由于种种原因而对“小传统”影响乏力。幼儿园教师专业实践的“小传统”与体现“大气候”的国家主流价值观一直在彼此适应、冲突、融合中互相塑造，教师的实践逻辑是在“大气候”和“小传统”的博弈过程中生成的。[④]实践逻辑看似是纯粹动态的、情境性的，但如果要产生积极功效，其依然符合确定性的、普遍性的规律。可能行动者并没有意识到此情况，或无法分析起效的真正缘故。

---

① 李革新 . 康德与舍勒伦理学的三大差异 [J]. 浙江学刊 , 2005(6): 54–60.

② 大传统 (great tradition) 和小传统 (little tradition) 概念是美国人类学家芮德菲尔德（Robert Redfield）在研究墨西哥乡村地区时提出的。他认为，在一个文明中，存在着一个具有思考性的少数人的大传统和一般而言不思考型的多数人的小传统。

③ 申卫革 . 教师专业实践的大传统与小传统——教师专业实践逻辑的思考 [J]. 教育发展研究 . 2014(24): 51–57.

④ 同③。

幼儿的自主性更多的是一种话语的建构，未能以行为图式、组织体制、文化精神等全方位地扎根、渗透到幼儿生存和幼儿园运行之中。它只是以碎片、枝节、萌芽的形态或方式出现在教师或其他成人的意识中，出现在教育活动的某些方面或某些侧面，而没有成为幼儿园教育的深层结构和内在机理。

此外，一种价值在“实践空间”中的切实意义受限于人们的现实利益、思想感情和行为方式。幼儿园教育实践中的情景频繁切换（上课、晨练、游戏、如厕、饮食、睡觉），需要教师依情景而行动，这就为教师的专业实践留出了一种较宽泛的自由空间。教师的实践知识与技术理性起着实质性作用。在现代技术理性的影响下，专业化的过程被不少教师认为是熟练掌握制度、规则、技巧的过程，这些技术或常规被视为提高教师工作效率，产生良好效果的基础。幼儿园教师似乎有一种技术崇拜，他们更喜欢成为技术执行者，在运用技术理性的同时，很容易在活动中导致无计划性。

波斯纳（Posner）认为，教师的专业成长是“经验 + 反思”的结果。叶澜指出：“一个教师写一辈子教案不一定成为名师，如果一个教师写三年的反思有可能成为名师。”也有学者说：“没有反思，就没有进步；没有深刻的反思，就没有明显的进步；没有反思的意识和习惯，就没有持续的进步。”[①]反思是立足于自我之外考察自己行动的总结与批判过程。总结和批判同等重要、不可或缺。反思要求教师及时总结值得肯定的经验和借鉴先进的教育理念，“更重要的是要求教师以科学的精神和研究的态度，对需要否定的、抛弃的观点和经验及时进行批判。……目前，许多幼儿园教师极为欠缺批判和质疑的主动性”[②]，“而是靠他们储存的大量熟悉的例子和主题，即舍恩所谓的‘经验库’（repertoire），通过比照以前的经验相似地看着（seeingas）和相似地做着（doingas）……”[③]幼儿园非常重视“总结”，经常让教师回顾和反思自己的工作。北京市丰台第一幼儿园园长朱继文说：“幼儿园个人总结门类繁多，五花八门，有日总结、周总结、月总结、期末总结，有专题总结、区域游戏总结、家长工作总结、个人成长总结……总结已经成为园所最为寻常的活动之一”，可是“教师在总结里空话、套话连篇，虚论浮谈的观点、清汤寡水的描述、空洞无物的事例堆砌”，总的来说，“总结大会现场情况一般是，教师眉飞色舞地说着自己班级的事情，其他教师在画漫画、刷手机、窃窃私语、走神于教师的服装与服饰、频繁进出卫生间；表现稍微好一些的教师没准在写篇教

① 刘庆昌 . 反思性教学的两个问题链 [J]. 课程 . 教材 . 教法 , 2006(8): 13–17.

② 陈红梅 . 幼师为什么越培训越茫然 [N]. 中国教育报 , 2017–02–05(2).

③ 李莉春 . 教师在行动中反思的层次与能力 [J]. 北京大学教育评论 , 2008(1): 92–105, 190.

案或教育笔记”。[①] 许多教师不喜欢总结、懒于做总结且不擅长总结，总结仅仅停留在事件回顾与浅层抽象层面，只是从形式上经历了反思的行为，并不必然是有效的。

教育理论工作者具有理性反思和理论构建能力，他们关注的是“发生了什么”“为什么发生”“将来可能发生什么”等问题。他们可以对教育实践情境进行预先假设、重复播放、滞后反省，构建理论后还可以推翻重来，置身于实践的“紧迫感”之外。身处实践场域中的一线工作者则常回避分析、拒绝深度反思，他们关注的是“我现在怎么做”、“我接下来应该做什么”等问题，其要直面情境的“当下性”与“紧迫性”。一线工作者认为，当下发生的教育事件不会重来，它们只能对后期的实践起警醒作用。[②] 幼儿园教师更在乎的是教育理论的操作性内涵，他们把教育实践的合法性建立于当下的有效性之上。这致使他们很难用超越的眼光追寻终极的价值。

幼儿园的教育活动与教师是如此的切近，他们所面对的是幼儿园实践境遇下所出现的各种问题，并且要为之找到“有效”的解决方法和路径。而且，教师的视域空间拥有内在的连续性，其着眼点是具体的经验与事件。这令其不易拉开距离来审视这样的生活，在很大程度上迟滞了其反思的意识和质疑的动力。况且，“反思不是一系列单纯的思维技巧和活动，它是整合了理论与实践的理性思考与行动。反思必须依靠理论知识和教师对自身教学实践的透彻了解……教师要具备一定的理论知识，并且运用于实际反思中，只有这样，有效的反思才能发生。”[③] 因此，无暇反思、回避反思与反思的必要条件缺乏都阻碍了幼儿园教师从“技术熟练者”到“反思实践者”的转变。

小结

幼儿园的教育不只是一种技术性的活动，更是一种价值实践。“顺从”“听话”的价值在实践中流淌着。教师利用幼儿对家长制社会下年长决策者的崇敬、对与天地君亲齐位的教师之敬畏，在此种幼儿“集体无意识”的背景中实施“听话教育”。“听话教育”往往是在“爱”的名义下进行的，这让幼儿天性层面的“淘气”、思维层面的独立、道德层面的“失范”统统被压制，自主

① 朱继文．年年总结，究竟谁在听 [N]. 中国教育报，2018-02-04(2).

② 王海英．在“教育理论脱离实践”的背后——一种社会学的追问 [J]．湖南师范大学教育科学学报，2005(5): 5-8.

③ 苏贵民．经验、反思和教师专业发展之间的关系 [J]. 教育理论与实践，2008(12): 37-38.

性发展受到阻滞。“听话教育”培养出的是依附性人格，“中国人的自由大半断送于其中”。[①]

但“听话教育”并非一无是处，它在维持群体秩序方面的价值不容忽视。批判“听话教育”并不意味着完全否定成人在儿童成长过程中的重要作用。[②]成人毕竟有着比幼儿丰富的生活经验或社会阅历，在知识储备与实践能力上有着幼儿无法企及的优势。他们能给幼儿创造自我选择的条件、机会，教会幼儿自己做出选择并承担相应的后果，帮助幼儿提高自我控制意识与能力。这是成人的重要职责与积极作用。

“自主”已成为中国幼儿园的“新贵”。它具有绝对价值[③]或是“自在善”[④]。“自主”目标的提出与倡导既体现了适合人性的社会合理性，又反映了时代精神[⑤]对中国幼儿园教育现代化进程的价值诉求，但在践行“自主”理念的过程中，其遭遇了传统文化模式的阻力。韦伯（Weber）认为，任何一项伟大事业的背后，都存在着一种支撑并维系这一事业成败的、无形的时代文化精神。[⑥]当一种全新的事业在制度安排和实际运行中停滞不前时，很可能是原有文化模式阻碍了新文化精神和文化模式的生成。[⑦]

某种教育范式很难因道义上先进于社会传统而“迅速成长”，但它能在一个社会中萌芽，反映出一定有滋养它的“文化土壤”。自主哲学思想之所以能够在中国幼儿园的场域中生长，一定有适宜的文化生态为其发生和发展提供可能和保障。“自主”对我们并不是一种“全新的文化精神”。中国文化重视自我依赖、自我控制，这与“自主”的内涵部分契合，但我们常轻视甚至压制自我主张——自主的核心精神。如果把自主的三个维度视为鼎之三足，那么在中

---

① 梁漱溟 . 中国文化要义 [M]. 上海 : 上海人民出版社 , 2005: 220.

② 程伟 . “听话教育”的批判性反思 [J]. 中国教育学刊 , 2016(11): 96–100.

③ 汉斯·莱纳 (Hans Reiner，德国哲学家、教育学家，20 世纪现象学运动的成员之一) 把价值分为绝对价值与相对价值。相对价值是一种相对于享受主体而言的价值，是与某人形成的某种实在的关系，而绝对价值是一种自在的价值——其本身就具有价值。见：陈水长 . 道德善恶与道德正误——关于汉斯·莱纳的现象学价值伦理学的研究 [J]. 现代哲学 , 2017(2): 76–83.

④ 亚里士多德在《尼各马可伦理学》中将“善”划分为“自在善”和 “对某人的善”两种。

⑤ 美国社会学家麦休尼斯 (J. J. Macionis) 指出：现代文化的一个共识是人们应该掌握自己的生活。引自：[美] 麦休尼斯 . 社会学 [M]. 风笑天 , 等 , 译 . 北京 : 中国人民大学出版社 , 2009: 727.

⑥ [德] 韦伯 . 新教伦理与资本主义精神 [M]. 黄晓京 , 彭强 , 译 . 成都 : 四川人民出版社 , 1986: 3.

⑦ 衣俊卿 . 论中国现代化的文化阻滞力 [J]. 学术月刊 , 2006(1): 8–16.

国的文化脉络中，自主处于两足长、一足短的“失稳”状态。因此，在中国，“自主”本质上处于“偏心”或“根基不稳”状态。

吉登斯（Giddens）指出，任何制度都兼具制约与使动之结构二重性。行动者和制度双方并不是彼此独立的两个系统（某种二元论），而是体现着一种二重性。[①]“自主取向”与“听话取向”在中国文化中都有一定的基础，幼儿园教育实践者知晓哪种取向更正当，能更好地促进幼儿健康发展，最大限度地让幼儿获得幸福。但他们常表现出选择性的亲和：教师在价值理性上认可“自主取向”的法定目标，也会辩证地对待“听话教育”，可是有时欲罢不能地进一步强化“听话”，用“乖孩子”的形象来取代孩子本身（这是一种符号的异化统治）。当某种意愿与个体确信的价值原则冲突时，即使此意愿出现于个体意识中，也难以成为个体行动的现实理由。[②]教师运用各种形式的控制技术，把幼儿培养得“温驯而有用”[③]。因为乖孩子“好管理”“很省心”，在管理者的视野中，“乖孩子”也会成为他们达到某些目的的“工具”，如在提供给上级检查[④]的或对外宣传的材料中，有幼儿“配合”教师“摆拍”[⑤]的“美图”“靓照”。听话的孩子能增添教师的“职业快乐”，因为幼儿“听话”对教师有充实本己需求的价值[⑥]；“不乖”的幼儿让教师“实在没办法”[⑦]，产生了“习得性无助感”，让教师情感上疏离之。有时，我对“听话教育”也会产生认同感，但我清楚，幼儿园的生活世界在中国文化规范体系与解释体系的浸染中，不可避免地经历

① [英]吉登斯.社会的构成[M].北京:生活·读书·新知三联书店,1998: 89.

② 杨国荣.理由、原因与行动[J].哲学研究,2011(9): 64-72.

③ 金生鈜.保卫教育的公共性[M].福州:福建教育出版社,2008: 86.

④ “公开检查”是上级权力实现的手段之一。

⑤ J幼儿园大班实习生小苗说：“我们班拍照就是为了备用，害怕交材料嘛，就是摆拍。幼儿园临时有什么检查，老师就找几个小朋友，告诉哪个孩子做什么、站在哪个位置、露出什么表情，然后老师拍照。因为每样材料都得配照片作为佐证，但是那些照片不具备真实性，都是摆拍的。”

⑥ 德国哲学家汉斯·莱纳(Hans Reiner)将相对价值区分为充实本己需求(eigenbed ü rfniserf ü llende)的价值和充实异己需求(fremdbed ü rfniserf ü llende)的价值。例如，某人自己品尝美食，那么美食的价值就是本己－相对价值；如果让他人品尝这种美食，那么美食的价值对某人而言就是一种异己－相对价值。引自：陈水长.道德善恶与道德正误——关于汉斯·莱纳的现象学价值伦理学的研究[J].现代哲学,2017(2): 76-83.

⑦ 不少成人把“乖”“听话”误以为是某些幼儿与生俱来的自然属性，把不顺从教师的幼儿看作无法驯服的“淘气包”，难雕之“朽木”。实质上，这两类幼儿成长于社会历史性的建构之中。

了合理化过程，主导价值观向主流价值观的转化是一个长期、动态的过程，具有时限的模糊性。

中国的幼儿园教育改革虽然指向对旧有观念、原则与方法的批判，但如果以激进的、革命者的姿态对“旧世界”进行猛烈的挞伐，可能会使具有内在道义性的改革“搁浅”。因为我们仍需顾及幼儿园教育自身的历史连续性与现实性。幼儿园教师是历史主体、实践主体和价值主体的统一体，他们有时知道应当如何行动，也愿意如此行动——他们对“自主”目标可能有理性的审察、情感的认同、意愿的接受，但出于现实利益的考虑而不能实施。他们每天面对的是一大群活泼好动、自制力不强、处理突发事件能力不足的幼儿，始终紧绷着“幼儿安全”这根弦。幼儿的“安全”与“自主”孰缓孰急、孰轻孰重，教师的心中有杆自己的秤。他们的实践就是判断价值观是否内化于心的依据。

第二章　安全第一与自主“失宠”：幼儿园教师的价值排序

多亚尔（Doyal）和高夫（Gough）在《人的需要理论》中指出，身体的存活 / 健康和个人的自主是任何文化中的个人行为之前提条件，所以它们是最基本的人类需要。① 自主与安全也是人类追求的两种道德善，罗克奇（Rokeach）等人认为，两者皆具有终极价值。但是，有时人们需要在这两种价值中选择其一并付诸实践，必须进行价值排序。凯克斯（Kekes）指出，在解决道德冲突时，需要引入“价值排序”的范畴与方式，这样才能够建立价值秩序。② 即便如此，当人们在终极价值间选择时，还是会陷入“选择困境”。伯林（Berlin）认为，选择一些终极价值而牺牲另一些终极价值，是人类困境的永久特征。③ 罗尔斯（Rawls）说过，不得不在各种被珍视的价值之间进行选择时，我们面临着这些价值孰先孰后的巨大困难，这些困难看起来并无明确的答案。④

价值排序既依据价值类型的特性，又受制于道德主体的价值取向。在幼儿园中，如果让教师在“听话取向”与“自主取向”之间做选择，他们可能会“左右为难”“言不由衷”，但如果要把“安全”与“自主”做个排列，他们会毫不犹豫地把幼儿的安全排在首位。这反映出保护幼儿“安全”是他们的重要态度⑤。不少

---

① ［英］多亚尔，［英］高夫．人的需要理论 [M]. 汪淳波，张宝莹，译．北京：商务印书馆，2008: 69–70, 72.

② 张彦．当代西方价值排序理论的范式演进：从舍勒、哈特曼到杜威 [J]. 学术月刊，2013(2): 62–69.

③ ［英］伯林．自由论 [M]. 胡传胜，译．北京：译林出版社，2003: 49.

④ ［美］罗尔斯．作为公平的正义：正义新论 [M]. 姚大志，译．上海：上海三联书店，2002: 342.

⑤ 价值观与态度密切相关。价值观对行为的导向、预测作用需要通过态度这一中介来实现。价值观比态度更广泛、更抽象——态度是情境性的，而价值观是超越情境的。引自：金盛华．社会心理学 [M]. 北京：高等教育出版社，2005: 174.

学者发现，重要的态度与人们的价值观念、切身利益和行为密切相关，且不会被说辞撼动。①

第一节　“首选”安全的价值考量：经验优先

发展心理学的研究表明，儿童喜欢冒险，并且在整个童年时期，儿童的风险偏好行为呈递增趋势。② 如果让幼儿“按自己的意愿行事”，往往会存在人身安全隐患。幼儿园教师肩负“在紧急情况下应当优先保护幼儿的人身安全”之责任，他们感觉到了支持幼儿自主与保护幼儿安全间的紧张。在与教师交谈时，我让他们对“自主”与“安全”做出排序。所有教师都把“安全”排在了“第一”，有的教师还用毋庸置疑的口吻回答“当然是安全啦！”“肯定是安全嘛！”由此可见，教师对幼儿“安全”的态度是强烈而清晰的，③ 他们似乎忘记了“紧急情况下”这个前提，或者说泛化了此前提；“自主”在幼儿园不具有道德上的优先地位，或者说它还不是主流价值观。如果一种价值观尽管很合理、先进，但它仅仅为一少部分人所持有，尚未成为绝大多数人所认同的共同利益和意志的自觉表达，甚至在实践中还离不开政治和行政权力推行的时候，就还不能说是完全意义上的主流价值观。④

道德价值逻辑是幼儿园教育实践的首要逻辑。离开了道德价值的引领或以错误价值予以引领，幼儿园教育实践就极易误入歧途。一个社会中一定存在着由多种价值构成的价值体系。密尔指出，没有任何一个伦理系统能免于发生义务互相冲突的情况。⑤ 任何一套价值体系当付诸应用时都存在一个主次序列问题。比如，即使说真话将导致恶而非善，我们也必须始终说真话吗？安全被视为主类原则之一，但安全原则是绝对的，还是准绝对的？可不可以在充分且正

① ［美］泰勒，［美］佩普劳，［美］希尔斯．社会心理学 [M]. 谢晓非，等，译．北京：北京大学出版社，2004: 172.

② 中国教育报社．南京大学：测量儿童风险偏好行为获得进展 [N]. 中国教育报，2016-03-26(3).

③ 强烈而清晰的态度是态度与行为保持高度一致的重要条件之一。引自：［美］泰勒，［美］佩普劳，［美］希尔斯．社会心理学 [M]. 谢晓非，等，译．北京：北京大学出版社，2004: 171.

④ 李德顺．当前的价值冲突与主导价值观到位 [N]. 学习时报，2010 -03-30(3).

⑤ ［英］穆勒．功用主义 [M]．北京：商务印书馆，1957: 26.

当[1]的理由下违反呢？匈牙利诗人裴多菲用诗句“生命诚可贵，爱情价更高，若为自由故，两者皆可抛”给出了自己的答案，历史上有许多人为了捍卫自己的和别人的自由而甘愿放弃自己的生命。从幼儿园教师决绝的回答中可以看出，他们似乎把“安全”视为了绝对原则。

我们可以从“逻辑优先”与“经验优先”两个概念来理解教师的选择。举例来说，从逻辑上讲，善良原则应居于首位，因为道德归根结底就是善，任何社会在建立道德体系时，必须假定这是一条根本原则，在逻辑上优先于其他原则。然而，根据经验感觉，如果人没有生命，就不可能有道德，就不可能去实现任何有价值的目标，这是显然的经验事实。这两条原则在任何道德体系中都必不可少。因此，这两条原则被定为首要的或主类原则，[2]属于道德体系中的“第一梯队”。此类原则中包括公正[3]、诚实、个人自主。蒂洛（Thiroux）和克拉斯曼（Krasemann）强调，此类原则并非在任何情况下都要优先于主类原则，三种次类原则的优先性也不确定，需依特定情境而定。例如，恐怖分子滥杀无辜肯定违反了生命原则，是错误的或不道德的，那么受威胁者本人或其他人就有权采取必要的措施阻止他。如果没有更好的手段，甚至可以先杀死他。这就是善良原则优先于生命价值原则。又如，只要不严重妨碍他人，人们可以做自己想做的。这是自主原则优先于公正原则。

由以上可知，自主只是众多价值之一，安全原则一般要优先于自主原则，但其优先性只是相对的。教师是从经验优先的视角，把安全视为了绝对原则。

如果没有安全，你再强调自主，就感觉有点像空中楼阁一样。如果不强调安全，你这个人可能玩这一次游戏就没有了，你还……（L 幼儿园中班 L 老师）

幼儿园教师持此观点无可厚非。因为这在一定程度上符合中国社会的本土文化和本土伦理的价值取向，而且“对于每一个主体来说，他的价值和价值观念如何，总是由他的社会存在、地位、利益、需要和能力等客观条件所决定的，是与他的生存发展相关的选择和追求所在”[4]。生命安全价值虽然在价值高度上低于自主价值，但他们认为前者更具有“价值基础性”与“价值强度”[5]。

---

① 正当可以简单理解为“可允许的”“不是错的”。

② [美] 蒂洛，[美] 克拉斯曼．伦理学与生活 [M]. 程立显，刘显，等，译．北京：世界图书出版公司，2008: 155.

③ 因为大多数人类行为涉及两人及其以上，必定要进行某种利益分配，所以需要公正原则。公正就是人们各得其应得的利益或损失，如果得到其不应得的利益或损失，即为不公正。

④ 李德顺．当前的价值冲突与主导价值观到位 [N]. 学习时报，2010 −03−30(3).

⑤ “价值强度”原则最初由德国存在主义哲学家哈特曼 (Nicolai Hartmann) 提出。

这类似莱纳（Reiner）的观点：一个人的生存是实现其他更高价值的前提条件，就此而言，确保人的生存先于实现更高的价值。[①] 幼儿园教师在价值选择上的这种“理所当然”或“不言而喻”是如何被建构起来的？教师持此观点的背后还有其他隐讳的原因吗？

第二节　幼儿园的安全手段：预防与事件澄清策略

“安全取向”在幼儿园具有绝对的道德优势，“安全第一”是幼儿园教育观念建构和制度安排的首要基础。多数研究者认为，个体的价值观对其行为具有解释、预测和导向作用。[③] 教师会以“安全”为名论证自己行动的合法性，选择自己的行动路线。维持安全与秩序潜在地规定着他们的行为和认识，引导着其周而复始的日常生活。教师将维持“幼儿安全”的努力、方法和过程都视为“理所当然”，甚至变成了“安全唯一”。

老师的安全意识特别强，也就是千万不要出事。他们把安全放在第一位，为了安全，拿掉什么活动都无所谓（“无所谓”说了两次）。有一次幼儿园本来决定要安排小朋友出去郊游，已经准备好了，听人说 B 市有个逃犯，就没有出去了。（D 幼儿园中班实习生小邓）

我们班的一位老师，园长找她有“急事”，她就对我们实习生说：“你们给小朋友安排一些活动，什么活动都可以，只要不出安全问题，随便你们‘打整’[④]。”（J 幼儿园小班实习生小熊）

由此可见，当“安全”成为首要的甚至唯一的目标时，幼儿园的规范就有了任意性：只要能保证幼儿的绝对安全，怎么做都行。我们可以解释这种地方性知识。因为人们的感受、想法与行为产生于特定的背景中，要理解他们的感受和言行，就必须对这种背景进行仔细的观察和分析，尽量从他们的角度去理解他们的生活世界。

---

① 陈水长．道德善恶与道德正误——关于汉斯·莱纳的现象学价值伦理学的研究 [J]. 现代哲学，2017(2): 76−83.

③ 金盛华．社会心理学 [M]. 北京：高等教育出版社，2005: 170.

④ “打整”在四川方言中是“收拾”或“惩治”的意思。四川省 C 市的一位幼儿园教师说，她刚去幼儿园时，主班教师对她说，你只要把孩子“看好”就行，其他什么都不重要。她说：“‘看好’不就是保证幼儿安全嘛。”

一、安全预防：保障尽可能的安全[①]

（一）室内外场地、设施安全

我的三个研究现场，它们的操场都由塑胶跑道和人造草坪覆盖。场地和设施不存在以下危险：①机械危险。缝隙和开口引起的危险，转角、边缘、突出物和尖物（包括抛掷尖物）引起的危险，运动或旋转物引起的危险（D 幼儿园没有秋千、没有旋转平台）。②溺水的危险。D 幼儿园的“水景”处没有水，只有一座非常矮小的木桥；L 幼儿园的戏水池没有水，且周围加了 1.3 米左右的不锈钢防护栏，护栏上有一个加了锁的门；J 幼儿园的戏水池也没有水。③冷热危险。冷热表面引起的危险（滑梯都是塑料的，不存在冬天与夏天滑道太冷与太热的情况），燃烧的危险，热液体引起的危险。④用电危险。⑤药品和有毒植物（D 幼儿园里没有一棵树，操场没有种任何植物）引发的危险。

虽然幼儿园教师紧绷“安全”这根弦（三个幼儿园的老师都说园长几乎每次开会都会提醒安全防范问题），但他们对幼儿园的安全隐患并没有系统了解或及时排除，依然存在以下安全隐患：①器械稳定性不足引起的危险（D 幼儿园楼顶上有一个塑料篮球架，如果幼儿抓住篮筐，很可能会倾倒而砸中幼儿）；②高处掉落引发的危险（J 幼儿园有一面攀岩墙，可能的攀登高度超过了 2.5 米，但下面没有任何吸收跌撞能量的铺垫物）；③结构不完整引起的危险（L 幼儿园有一个小型塑料滑梯，专为小班幼儿配备，但滑道与其他部分已经分离）；④紫外线辐射的危险、化学物品中毒的危险（D 幼儿园与 L 幼儿园户外没有任何遮阳设施，D 幼儿园紧邻一个汽修门市，门市与幼儿园仅一墙一路之隔，与一楼有些教室的窗户距离不足十米，修理与保养汽车时能闻到刺鼻的气味）；⑤三所幼儿园没有专人定期（每日、每月、每季度，L 园的 Y 老师说，他们园每学期有一次对门窗、桌椅的检查）对场地、设备的检查与维护。检查与维护的频率应该考虑安装的牢固度、设备使用时长和使用频度、当地气候等。

比如，J 幼儿园的攀岩墙下没有任何吸收跌撞能量的铺垫物，而且没有划定 fall zone——这个区域在使用时不允许有其他幼儿和物品，以防止攀岩的幼儿跌落下来砸中并伤害下面的人，或跌落到其他尖锐、坚硬物品上时造成更严重的身体伤害。

① 我们应追求的是确保每位儿童自主意识与自主能力有机会得到最优发展所必需的最低限度的安全。

（二）安全教育与安全制度

三所幼儿园会定期、不定期地对幼儿进行安全教育。三所幼儿园都不允许幼儿在室内跑、打闹（J 幼儿园规定幼儿不能在操场上打闹、疯跑）、抛掷物品。D 幼儿园还组织幼儿参观过消防队。我正好在此园听过一次小班的安全主题课，老师用一个小孩夏天被闷死在车里的故事，让幼儿自由讲自己想到的危险。L 幼儿园针对农村特有的情况进行安全教育。（如防溺水，如何正确使用火。留守儿童可能趁老人干农活时或看护多个孩子时不注意，跑到门前水塘戏水，孩子们有可能接触灶台里的火）。J 幼儿园定期进行防震演练，还曾经专门组织幼儿认识幼儿园的一些安全标识，期间还发生了一个小插曲：

J 幼儿园的大班 Y 老师让孩子们看幼儿园楼梯间的符号——上下楼靠右走的小脚丫。亦亦（男，他们班的三个老师一致认为，他是班上语言表达能力最强的）听了老师的讲解与要求后，就说："为什么我们一定要靠右？我们走左边也行啊。"Y 老师说："你走左边的话，可能与上面下来的人撞在一起。"然后，他反驳说："你没长眼睛吗？怎么能撞得到？"经过几轮对话后，老师也无理由可讲了，不知道如何让他懂得这个规矩设置的原因，不知道如何才能说服他。

D 幼儿园 W 园长说，他们园每周一要重点检查幼儿身上是否有伤痕、青肿。如果查到有此类状况，就会询问家长与幼儿。如果确认是在家中所致，教师就会松口气。以前常带幼儿去郊游，现在如果打算集体带出，就要层层审批，上面也怕担责，可能不予批准。如果审批通过，园方会要求家长陪同，并签订安全责任书——如果出事，家长自行承担责任。

L 幼儿园在开家长会的时候，跟家长说明幼儿园只有"两教"，每班没有保育员，一层楼只有一个生活老师，对幼儿的生活与安全不可能面面俱到。

三所幼儿园的晨检、隔离、应急措施存在漏洞。D 幼儿园与 L 幼儿园早晨没有发烧、感冒、口腔检查，J 幼儿园的校医是行政人员兼任（听实习生小苗说，校医处理幼儿磕碰、流血等情况时，就一套模式。她怀疑校医的应急能力）。

教师在幼儿园经常提醒幼儿不要跑，以免摔倒受伤；幼儿园把户外场地整成平地，要么铺设塑胶，要么铺上假草坪。这些手段不但富有成效，而且占据道德高度，被认为是善意的干预。

二、事件澄清：教师维护"自身安全"的策略

幼儿的安全与教师的安全具有连带性。有些教师因为本班的幼儿出现了重

大安全事故而丢了“饭碗”（D 园的 W 园长就因为幼儿的食品安全问题而被免职）；有些担心吃官司，遭受经济损失（D 园的一个女生在幼儿园眉骨受伤，结痂后留下了印痕。眉毛可以遮住部分印痕，医生说半年后印痕处就能恢复原色，但家长要求幼儿园赔偿美容费之类的费用）；有些教师担心出现安全问题而得不到升职、加薪、荣誉、奖金（L 幼儿园年终还设了安全奖，奖励全年未发生安全事故班级的教师），无法正常晋升职称。这些事件与经历强化了教师的“安全焦虑”。有研究发现，任何有助于强化态度的事情，不论是从别人那里听说的或从书面资料中获得的，还是人们在态度对象上有直接经验，都会增加态度和行为的一致性。① 在处理安全事件时，他人与自身的经验教训驱动着幼儿园教师的行为，并时刻提醒他们应该如何做，不能怎样做。

（一）早说：及时向家长通报安全事件

“第一时间”传递信息是信息管理的重要举措。这不但能避免他人误信、误传不实信息，而且有助于当事人把握敏感事件的主动权，降低他人歪曲事实的概率，有效掌控有害信息的蔓延。此外，还能体现当事人处理事件的高时效性，为“受众”的后续行为提供决策参考。

当幼儿出现磕碰、打架、受伤、流血等事件时，教师会在事件刚发生、被局外人知晓（为人知）与理解（为人识）前，就向家长说明安全事件的原因。他们采取了哪些措施，绝不会向家长隐瞒（有位老师说，上课即使批评了幼儿，也要在家长接孩子时向家长说清楚，或让孩子自己当着教师的面向家长说清楚）。

即使是幼儿摔了一跤，没有受任何伤，老师都要和家长说。不过老师没注意到孩子磕碰了，孩子回去说了，和老师关系好的家长也不会找老师。（D 幼儿园中班 Y 老师）

假如有小朋友跟你说，他 / 她头上撞了个包，而你没有跟他 / 她的家长讲。回家后家长如果发现（孩子头上有包），就会质问你。但如果你跟家长讲了，很多家长都会说：“没事，小孩子打打闹闹的，很正常。”……只要是老师事先说了，家长就觉得没什么，很正常。如果老师没讲，他们就会觉得我的孩子在学校碰伤了，你们都不知道，就会觉得老师没有关注到孩子，（他们）就会很凶。（J 幼儿园小班 W 老师）

当安全事件发生后，幼儿家长获悉事实（事件本身的信息与教师的应对措

① [美] 泰勒，[美] 佩普劳，[美] 希尔斯．社会心理学 [M]. 谢晓非，等，译．北京：北京大学出版社，2004: 171, 172.

施）的强烈欲望会冲击他们对事件的认识，他们有可能来不及对事件做出任何判断，处于认知空白期。幼儿园教师第一时间通知家长，既满足了家长急于知晓事实的欲望，又可能引导家长对事件的理解。教师在报告事件时，把事件与解释一起传达给家长，对家长就会施加无形的思想影响。家长接受幼儿园教师的解释，需要事实佐证，最先介绍的事实就会产生先入为主的“首因效应”。因此，幼儿园教师以最快的速度表达了对事件的理解，引导了家长的思考。即使是家长后来获得更准确的事实，也需要一个“刷新思想”的过程。

（二）好说：挑选“好说话”的家长沟通情况

“好说话”的家长有两种：一种是有能力处置他者给自己和孩子的权益带来消极影响的情形，但并不这么做，选择了理解和宽容；另一种是没有能力干涉他者给自己和孩子带来消极影响的言行，只能被迫接受现状。幼儿园教师口中“好说话”的家长是指前者，他们一般会选择与这类“宽容”的家长沟通安全事件。

L 幼儿园 G 老师说，她儿子在私立幼儿园上学。老师知道她比较容易沟通，特别愿意和她交流，不愿意和他奶奶沟通。因为奶奶看起来特别凶，不是特别理解老师。如果她儿子出点事，老师一般就给她打电话，她会说：“没事，正常的。”她说，老师挑好说话的家长沟通，也是一种技巧。

但是，在农村幼儿园，教师与家长沟通安全事件时有许多障碍。例如，幼儿的监护人是祖辈，他们没有或者不会使用现代化通信设备或技术（如微信、QQ、短信）；幼儿园离家很远，监护人无法及时赶到，教师无法与他们及时沟通。因此，教师只能在家长接幼儿时，与他们做沟通，此时就无法选择沟通对象。

（三）会说：“巧妙”地进行责任规避

行为者有时会为了满足目的而“错择手段”。把责任归到受伤者本人，可以有效地平息对整个事件情境的控诉，这种办法是一种洗手策略（hand-washing ploy）。

指导老师提醒我，与家长沟通时一定要注意用语，千万不能把责任揽到幼儿园，所有原因要归咎于孩子自己，或者说和其他孩子玩时不小心弄的。J 幼儿园曾经有个孩子放学后，在操场玩吊环。吊环坏了，孩子掉下来，受伤比较严重。副园长看到后，把孩子送到了医院。后来，园方认为放学后老师已经把幼儿监护责任移交给了家长，是家长看护不力。家长有点不满意这样的说辞和处理结果。（J 幼儿园大班实习生小苗）

默顿（Merton）的行为偏差理论认为，在一个社会结构当中，对特定目标的过度强调可能导致一切有助于实现这个目标的方法（哪怕是极端方法）都会得到允许。① 幼儿园教师所使用的这些策略在具体情境中不断重复，当此策略的“生产者”离开情境之后，新来者依然会以相似的方式进行“再生产”，这体现出了情境中的“结构性”和“结构化”。人们在能动的共同实践中不断地再生产着日常生活的“结构”。社会结构并不是强加于人的外在客体，也不是个人的纯主观性投射，它是日常生活细节中的集体性成就。

第三节　户外活动：幼儿自主之喜与教师安全之忧

福禄贝尔（Froebel）认为，应该给儿童在户外自由探索的机会，他的课程就是基于儿童的游戏需要。② 为了鼓励儿童在自然中和谐成长与学习，他让儿童打理小花园。在花园里，儿童能够观察野生动植物，参加运动锻炼。福禄贝尔还通过创编歌曲与运动游戏来支持儿童进行户外游戏。③ 户外环境对儿童自主性的发展有重要影响。与室内相比，幼儿在户外可拥有更大的活动空间、更多的天然材料、更多样的地形地貌、更广的感官体验、更大的灵活性、更少的结构和约束、更多的挑战。所有这些都有利于幼儿进行自由的、自发的、无拘无束的活动。许多研究显示，幼儿在室内与室外环境中往往玩不同形式的社会与认知游戏，而且在室外游戏的时间更长。④ 幼儿也可以更自由地从事把场地弄脏、弄乱的活动，而这些活动在室内往往不被容忍。⑤ 教师有时喜欢带幼儿到户外玩，因为可以暂时逃避“上课”的压力（但如果在户外活动有“任务”，教师得布置场地，也不轻松），但他们担心幼儿在户外会弄脏衣物、身体，出汗后会感冒，更害怕幼儿在户外游戏中会受伤。

---

① [美]默顿. 社会理论和社会结构 [M]. 唐少杰，译. 南京：译林出版社，2006: 263.

② WELLHOUSEN K. Outdoor Play, Every Day: Innovative Play Concepts for Early Childhood[M]. New York: Delmar, 2002.

③ HERRINGTON S. Kindergarten: garden pedagogy from romanticism to reform[J]. Landscape Journal, 2001, 20(1): 30−47.

④ QUINN M D the development and application of design criteria for outdoor play environments for child care centers in iowa[D]. Ames, Iowa: Iowa State University, 1996.

⑤ 引自：WHITE R,STOECKLIN L. Children’s outdoor play & learning environments: returning to nature[J]. Early Childhood News, 1998, 10(2): 24−30. 成人往往苛求室内外的游戏场地永远保持整洁，但我们要知道那是儿童“工作”的场所，对整洁性的过度要求会束缚儿童的手脚与头脑。

一、户外活动：多数幼儿的偏好

如果不考虑幼儿的社会化程度差异，孩子们更喜欢去户外游戏。[①] 从儿童自己的报告与家长的陈述中可以发现，在户外游戏是儿童的偏好。有研究人员要求 100 个孩子画出自己喜欢的游戏地点时，只有 4 个孩子画的是室内。[②] 一项由宜家（IKEA）发起的国际性调查显示，孩子们最喜欢的活动是和朋友一起在户外玩耍。86% 的孩子说这比在网上打游戏好，89% 的孩子说这比看电视强。[③] 耶鲁大学辛格（Singer）博士等人发现，16 个国家中的母亲说自己的孩子最高兴做的事情是户外游戏（图 2–1）。2018 年 3 月 23 日早上 8 点多，我在公交车上从两位家长口中得知，当天幼儿园组织大班孩子在户外搞活动，一个孩子前一天晚上兴奋得睡不着觉，另一个孩子这天起得特别早，他们平时并非如此。D、J、L 三所幼儿园的教师也都声称，幼儿喜欢户外活动。

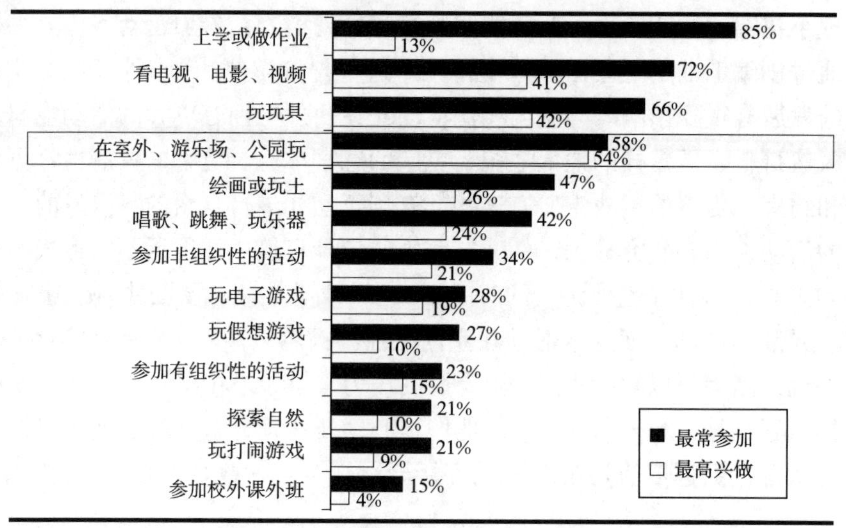

图 2–1　16 国母亲报告的孩子们最常参加与最喜欢参加的活动

---

① QUINN M D. The development and application of design criteria for outdoor play environments for child care centers in Iowa[D]. Ames, Iowa: Iowa State University, 1996.

② MOORE R. Childhood’s Domain: Play and Place in Child Development[M]. Berkeley, CA: MIG Communications, 1990.

③ DEWAR G. Lack of free play harms kids: The Evidence[EB/OL]. (2011–08–26). http: //blogs. babycenter. com/mom_stories/8–26–2011–lack–of–free–play–is–harming–our–kid/.

孩子们只要能到操场上，都很开心。不管是上课，或者是要求他们做一些挑战，他们都很喜欢。（L 幼儿园中班 L 老师）

只要让幼儿到户外，即使是让他们坐着，他们都很乐意。（J 幼儿园大班实习生小苗）

一说到户外活动时间了，（幼儿）马上很听话的。（我说）坐好，（幼儿）马上就坐得很整齐的。（我说）起立，（幼儿）马上就起立，把板凳放好。你不用声音很大，你就是小声点说，他们都会（这样）。……户外上课反正是比室内上课好得多。（D 幼儿园中班 Y 老师）

孩子们之所以喜欢在户外游戏，可能是因为他们把教室视为“学习知识”的地方，把室外看作游戏的场所。对幼儿来讲，教室多数时候具有统治、支配的意义，而户外大多时候具有娱乐性、非生产性。其他原因有户外为幼儿的游戏提供了更丰富、更刺激、更开放的环境支持，可以维持他们的注意和热情。大自然教育的提倡者哈蒙曼（Hammermann）认为，没有任何一个学习环境像户外那么宽广、有变化、吸引人。孩子们看重那些没有成人管控和具有归属感的地方。[①] 在户外，成人的监控减少或消失了，幼儿可以较为自由地选择游戏的元素，如地点、时间、玩伴、游戏类型、挑战水平等。

在户外，他们（幼儿）就可以肆意地奔跑，老师监管就弱一些。如果操场没有其他班的小朋友，我就放任他们跑，随便他们跑。（L 幼儿园中班 L 老师）

户外活动时，在保证幼儿安全的情况下，老师的监管就弱一些，几个班的老师也可以趁此机会交流一下，放松一下。

当幼儿局限于室内活动时，他们更易成为动画片[②]或教师传递知识的接收器，而不是独立的、自力更生的、有创造性的个体。相反，户外游戏活动倾向开放的，容许幼儿专注于活动，更少依赖成人。幼儿在户外游戏中也表现出了一些令人满意的效果，如更多的大肌肉活动、更多宣泄性的活动（如更乱、更吵、更需体力的）、更高的活动水平、更充分的语言表达、更广泛的社会行为。户外游戏也有利于幼儿自主性的增强。户外游戏中，儿童感觉能够控制自己的“领地”，能够更自由地表达自己的想法。在教室中，幼儿通常从教师指令和暗示中获知他们的期望，因而会为取悦成人、得到表扬而保持安静或忙碌的状态。

---

① BLINKERT B. Quality of the city for children: choas and order[J]. Children, Youth and Environment, 2004, 14(2): 99–112.

② 我有一次在 D 幼儿园大班作观察，当天下着小雨，幼儿画完画后，Y 老师要做其他事，就给他们放动画片《熊出没》，连续放了三集，从 10：45 一直放到 11：24（约 40 分钟）。

二、户外活动：教师的安全焦虑

（一）让幼儿在户外待的时间长了，有一种不安感

一天早晨，我观察 D 幼儿园一个小班的晨间活动。做完早操后，Q 老师把全班带到教学楼背后一处狭长的游戏场（有 1 个吊桥、2 个滑梯、1 个沙池）。批评并惩罚了三位男生，因为他们在做操时不听老师的“招呼”，没有认真做操，并剥夺了他们的游戏权。然后，Q 老师向全班示范如何走“吊桥”，接着幼儿们排队逐个过“吊桥”，通过后又自觉地排成一队。在这个过程中，有另外一个班的幼儿在玩滑梯。Q 老师走过去与这个班的老师聊了几句，Q 教师问：“还要好久？”那个老师说：“要会嘛，5 分钟。”Q 老师说：“我们一起要。”那个老师说“好，再要一会，时间久了，我怕张主任说，……”之后，她们压低了声音，我在“吊桥”边听不清了。5 分钟后，另一班整队，那个老师说：“要听话，下一次再带你们出来玩。”

从她们的对话中，我感觉到她们在户外待久了似乎有压力，没有“安全感”。要理解幼儿园教师的“不安”，就需要了解我们所处社会系统中的文化。在不少中国教师与家长的观念中，室外不是正式的教育场所，教室才具有生产意义——能让幼儿知书达礼。幼儿的“正规”学习多数时间是在室内进行的，因此教师更重视幼儿的室内活动。要发挥教室的生产功能，先要设定空间或生产空间。幼儿园教师花在设计户外活动的时间大大低于设计室内活动的时间，室内活动构成了幼教课程的主要部分。[①]一些国家把大多数的时间与金钱花在了发展儿童学业学习的设备上，而非花在户外游戏区。[②]苏贾（Soja，另译为索雅）认为，空间的生产是社会行为和社会关系的结果。[③]

家长认为，在他们子女的人生起步阶段，若是忽略或怠慢了这扇“机会之窗”（window of opportunity），就必然会让他们的孩子因此丧失夺标的先机[④]，他们先要保障的是幼儿室内的、“正规”学习时间，而非户外游戏。L 幼儿园

---

① HENNIGER M L. Enriching the outdoor play experience[J]. *Childhood Education*, 1993, 70(2): 87–90.

② FORST J, WORTHAM S, REIFEL S. *Play and Child Development*: 2nd ed.[M]. New Jersey: Pearson Education, 2005.

③ [美] 索雅 . 社会生活的空间性：迈向转型性的理论重构 [M]//[美] 格利高里，[美] 厄里 . 社会关系与空间结构 . 谢礼圣，吕增奎，译 . 北京：北京师范大学出版社，2011: 95.

④ KLUGMAN E,SMILANSKY S. Children's play and learning[D]. New York: Teachers College, Columbia University, 1990.

大班 T 老师说，有些家长，特别是老年人，觉得幼儿园不教写字、算术，自己交那么多钱，而幼儿园老是让孩子玩，还不如让孩子在家里玩。他们园流失了不少生源，听说到另一个新开的私立幼儿园了，那里要教幼儿读写算。

家长的观念反映了其对孩子“先发优势”的看重。他们希望孩子的优势（主要是学科知识积累、应试技能提高方面的）最大化，且隐藏着其对孩子知能落后或发展缓慢可能导致与“先行者”差距拉大、机会变小、成功（学业成功与社会成功）难度加大的一种恐惧。在美国，为了满足开端计划（HeadStartProject）的需求，3 ~ 6 岁年龄段的幼儿已经失去了应该享有的童年游戏时光，转而必须面对课业学习。迫于家长及社会的强大压力，许多幼儿园提供以教师指导为主的学科课程，借之取代以往以幼儿游戏为主的学习形态。

其实，室内和户外同属于一个整体的教育环境，家长、教师和管理者需以同等的态度看待室内和户外教育环境。户外是教师与儿童的“教”“学”环境，对户外环境，特别是户外的正式游戏场地，也要进行适当的计划、布置、管理、评估和投资，以适应儿童的发展。

（二）为了幼儿安全，尽可能地降低或消除风险

有学者指出，越来越多的研究发现，真正对孩子身心发展最为有益的是他们自发的、独立的、非结构性的游戏，尤其是户外的冒险与游戏。① 儿童喜欢冒险，并且在整个童年时期，儿童的风险偏好行为呈递增趋势。②

“风险”（risk）这个词经常被狭隘地赋予负面的定义，与危险（hazard）混为一谈。但风险游戏领域的研究者给它注入了更积极的内涵。风险指的是个体实施行为时可能会对自己或他人造成伤害（包括身体、心理、名誉、经济、刑事等方面）的情境。我们在生活中常需要在多条行为路径前做出选择，而结果是未知的，这就是风险情境。格林菲尔德（Greenfield）认为，危险是儿童看不见的，风险是结果不确定的，需要儿童去选择要不要冒险。在相对安全的游戏场景中，儿童可以面对挑战、选择冒险。风险未必就是需要避免的危险，而是需要管理的事情。所以，成人应该努力消除儿童看不到的或无法应对的危险，而不要妄想消除所有的风险。过度保护儿童，这会导致因噎废食。因为我

---

① [美]凯赫胥－帕赛克，[美]葛林考夫，[美]艾尔．爱因斯坦不玩识字卡 [M]. 台北：久周出版社，2005.

② 中国教育报社．南京大学：测量儿童风险偏好行为获得进展 [N]. 中国教育报，2016-03-26(3).

们极力想保护儿童，让其避免严重的伤害，往往会让他们远离那些对他们正常、全面发展很重要的经历。[①]

伍兹（Woods）说，知道如何管理风险，知道什么是安全的，什么是危险的，这对儿童相当重要。儿童通过经历风险情境，来提高风险觉察与风险分析能力，以便于做出更准确的判断。这些经历培养了儿童的风险管理能力，有助于他们以后的生存。

冒险是幼儿学习与游戏中的固有成分，有其积极的一面，所以不应与不可能被控制在幼儿的日常生活之外。但教师过度担心幼儿的安全，使"冒险"成了"必然导致危险"的同义语，似乎所有的"风险"都会带来无可挽回的后果。幼儿园为了创造更安全的环境，几乎消除了游戏场地应有的挑战性。有些学者提出，教育机构的游戏场地应具有挑战性。[②]当今，多数幼儿园的游戏场地的主要问题首先是缺少挑战。由于场地中的游戏设备缺乏挑战，幼儿有时会趁教师不注意，用不当使用器材的途径来增加游戏的挑战性。例如，把两股秋千绳拧在一起，放松后让秋千带着自己旋转起来，从滑道上逆行上滑梯，等等。其次是挑战缺少层次，幼儿园的设备通常仅有一种尺寸，因此仅能提供一个层次的功用。对于有些幼儿而言，它太难了，他们或不敢在上面玩耍，或多次尝试以失败告终，让他们产生了习得性无助感（learned helplessness）；对另外一些幼儿而言，它又太简单了。若是游戏场不提供有层次的挑战，会限制幼儿体验刺激经历的机会。此外，为了创造更安全的情境，幼儿园中各种有组织、有纪律的活动几乎取代了自由活动。

人们常把一些不赞同的行为与一些真实的危险当作对重要制度的威胁，于

---

① SANDSETER E B,KENNAIR L E. Children's risky play from an evolutionary perspective: anti-phobic effects of thrilling experiences[J]. Evolutionary Psychology , 2011, 9(2): 257-284.

② 赫林顿（S. Herrington）与兰斯美斯特（C. Lesmeister）提出了幼教机构场地设计的8C原则。8C是指character（独特）、context（背景）、connectivity（连通）、change（变化）、chance（机会）、clarity（清晰）、challenge（挑战）、conclusions（决定）。8C原则的提出是基于对加拿大温哥华的16个儿童保育中心（儿童年龄在2～5岁之间）的户外游戏空间（分为现代、有机、标准化、再利用型四类）的、持续了5年的研究。此研究由健康、干预、学习与发展联盟（the Consortium for Health, Intervention, Learning, and Development ，CHILD）资助，参与研究的人员包括：学者、幼教工作者、政府机构人员与相关专业人员。台湾学者汤志明也提出了学校游戏场地设计的7大原则，其中挑战性就在其中。7大原则包括：安全性（safety）、近便性（accessibility）、多样性（variation）、挑战性（challenge）、发展性（development）、创造性（creativity）、统整性（unification）。

是把它们编码成风险。[1]尽管重视幼儿自主性的教育可能比其他形态的教育拥有更为广阔的理论空间，“自主支持”也是法定的，但它并非硬性的评价指标，幼儿园也缺乏这方面的激励机制。教师并不会因为率先给予幼儿自主权，或者更多关心幼儿的自主和为幼儿自主努力而得到奖赏（特别是经济方面的），相反，谁在创新中“出问题”，谁就面临很大“风险”。因此，很少有教师愿意投入更多时间、精力致力于制度改进、教学改革，他们更愿意待在既有制度中。“安全第一”成了集体选择的结果。

（三）幼儿人数较多，担心无法保证幼儿安全

我研究的三个幼儿园中，只有 D 幼儿园的人数较少一些，有个大班的人数只有 30 人；J 幼儿园平均每个班有 40 多人；L 幼儿园现在小班只有 20 多个幼儿（原来 30 多个，流失了些生源），有一个大班最多的时候有 50 多名幼儿（有些农村家长只让自家的孩子上一年或半年幼儿园，认为这样既省钱，又能让幼儿与小学生活衔接），人一坐进去就感觉教室满了。而且 L 幼儿园没有专门的班级保育员。组织这样规模的班级开展户外活动，教师的压力可想而知。艾柯（Eco）指出，体制越庞大，体制内部的活动者耍花招越容易，而体制对他们进行控制的可能也就越弱。[2]如果有家长期望幼儿园教师能留意到所有的安全问题，能监控所有的幼儿，并避免所有的伤害事件，这显然是不切实际的。

我曾经在 D 幼儿园做了一次“违规试验”。小班的幼儿下楼时，要在教室门口排好队，然后在楼梯边上再次整队，之后老师拍一下幼儿的背或摸一下幼儿的脑袋，示意他 / 她可以下楼了。我获得了带幼儿在室外活动的机会。我对幼儿说“跟我走”，没有整队，也没有让幼儿一个挨一个下楼。我与幼儿一起下楼时，与老师要求“慢点”相反，我说“迅速点”。下了楼后没有在楼梯口整队，而是让幼儿在操场上排队。紧接着，我问：“小朋友们，今天我们可以选择玩四样东西——自行车、小推车、平衡木、攀爬架。”（我边说边用手指向了四样设备）“你们想玩什么就玩什么。”幼儿们似乎不相信可以自己选择，没有什么反应。Q 老师马上说：“张老师，这样不行吧？”她担心不集中看管幼儿会出现安全问题。我说：“没关系，我们现在有 4 个人，每人负责一个地方。”实际上有 6 个人——两位见习生、一位实习生、Q 老师、保育员，还有我。Q 老师勉强地说：“好吧。”我马上给见习生、实习生和保育员分配了看管任务。

---

① DOUGLAS M. Risk and justice[C]//Risk and Blame. London: Routledge, 1990: 29.

② [美] 费斯克 . 理解大众文化 [M]. 王晓珏，宋伟杰，译 . 北京：中央编译出版社，2001: 52.

幼儿们这时才说出了自己的选择，他们开心地在各自选择的设备上玩耍去了。后来，通过与实习生的谈话得知，Q老师认为我的做法不安全，因为老师人手不够，如果让孩子们自由选择活动内容与地点，就会“乱套了”。

虽然将班级规模、师幼比作为“过度安全保护”问题的解释有一种化约论的味道，但我们也理解——对于“局内人”来讲，发现幼儿园教育的文化性和历史性是较难的。这需要付出时间，需要参与批判和承担责任。

（四）缺乏遮阳避雨的设施，不能保障幼儿的健康

我的三个研究现场中，只有J幼儿园教学楼的一层是一个开放式的大型积木区，可以在下雨、紫外线强的时间玩，而D园（连一棵树也没有）和L园的幼儿在下雨和紫外线较强的时候只能待在教室里。

不是安排到户外的时间少，而是有些时候下雨。我们操场上铺着草坪，很湿。就算今天没有下雨，头一天晚上下了的话，草坪还是很湿的话，也不愿意带，不想带孩子下去……前段时间一直在下雨，将近两个星期都没有下去（中班在二楼）。孩子们下雨的时候也想出去玩。我也想过下雨天带他们下去，但是没条件，（操场）完全是那种开放的，但凡有个篷，我都可以带他们出去。幼儿园曾想在三楼再增加一层（能遮阳、遮雨的），最后没有做，不知道什么原因。老师也希望下雨天有个活动场所，能做一些热身运动，观察一下雨，雨小的时候，让孩子们感觉一下雨。下雨天他们特别喜欢踩小水坑。夏天的话，没有遮阳的，下午我们都不考虑让孩子们下去，太阳太大，害怕中暑。孩子们那个时候也想出去。（L幼儿园中班L老师）

气候和天气状况影响幼儿对户外场地使用的方式和时间。是否适应气候与天气是衡量场地合理与否的首把标尺。[①] 例如，寒冷的天气会使幼儿难以忍受长时间的户外活动；场地上的积雪或冰也会迫使幼儿待在室内；夏天里毫无遮挡的阳光会使地面和活动设备温度过高，幼儿无法使用；降雨会使排水不畅通的场地在数天后都存有积水，教师不愿意让幼儿在这样的环境中活动。因此，在进行户外活动空间的设计时，应充分考虑到微气候的影响，并尽量改善不佳状况，以便幼儿在刮风、下雨、曝晒和寒冷的天气中能继续在户外活动。

① ［美］西蒙兹．景观设计学［M］．俞孔坚，等，译．北京：中国建筑工业出版社，2000: 8.

第四节　家长对幼儿安全事件的态度：宽容与强硬并存

从总体上看，教师对幼儿的安全问题“过度焦虑”。L幼儿园的G老师说，她就是上厕所都要抓紧时间，担心在此间出安全事故（因为班里没有保育员）。J幼儿园小班W老师坦言：“家长对安全的重视会特别影响老师。我们每天觉得唯一让自己放松的就是放学时没有孩子受伤。”但教师也存在对不同幼儿的“焦虑差异”。教师对那些“凶”家长的孩子会格外担心，而那些被“大气”地带大的、其家长也“好说话”的幼儿，会不怎么焦虑。我问D幼儿园的G老师：“老师会不会对有不同安全要求的家长的孩子担心程度不一样？”她马上说：“肯定呀，肯定呀。”J幼儿园大班实习生小苗也说：“反正我有这样的心态：如果是其他孩子被打了，我就会想‘完了，家长来了看到孩子脸上青了一块该怎么办呀？’但只要是罗红被打的话，没多大关系，只要给他处理好（受伤处）就行，不会去想太多。”加芬克尔（Garfinkel）认为，行动具有索引性特征，索引性表达是参照特定的场合和情境做出的，受具体关系限制。[①] 幼儿的家长是否“通情达理”对教师来说就是一个线索，起着提供索引的作用，索引性导致的直接结果就是教师权宜性的行动。

一、“大气”的家长：宽容的合作者

“气”是中国古代哲学中的一个基本概念。“大气”在《现代汉语词典》中有“气度大，气势大（形）；不大方，俗气（形）；大的气度，大的气势（名）”之意。[②] 幼儿园教师口中的“大气”是形容某人有气量，能容忍与宽恕他者的（有意或无意的）不当言行。在面对孩子安全事件时，“大气”的家长在有能力干涉的情况下，会宽恕他者给自己或孩子的权益带来的消极影响。有时候，幼儿园教师对此有另一种解释：

农村家长的安全意识比较薄弱。有一次，我感觉已经比较严重了，而家长却觉得无所谓。他们的承受力比我们想象得要强一点。孩子在玩的时候，比如

① 郑晓娴．常人方法学实践行为特征分析——以食堂打饭为例[J]．青年研究，2007(2): 29−32.

② 中国社会科学院语言研究所词典编辑室．现代汉语词典：第5版[M]．北京：商务印书馆，2005: 850.

说摔到头了，弄到眼睛了，我们觉得很严重，因为这个可能会影响孩子以后的发展，家长却说“没事儿”。我还主动问家长要不要去检查，家长说“不用”。农村的家长大都这样。他们觉得小磕小碰很正常。可能因为孩子们在幼儿园玩一些游戏的时候，我们觉得很危险，可他们在家里面比我们玩得还危险。（L幼儿园中班L老师）

我部分认同L老师对农村家长“没事儿”态度的解释。因为我们并不能排除农村家长安全意识薄弱（不能准确判断危害的性质和程度）与高估幼儿能力[①]的可能性。但我宁愿相信这是他们对幼儿园教育工作者的宽容与理解。“大气”是由某种文化构成的图式，反映着某些人经验、理解与诠释世界的方式，以及他们如何指引自己的行动。“大气”意味着承担显在或潜在负面后果的“气度”，而非懦弱与无能。

也有特别讲理的家长，他/她孩子受伤后，还会宽老师的心，对老师说：“老师，你不要多想，没事儿。我们家里面四五个人看一个小孩子都看不住，你一个人要看这么多的小孩，你别想多了。”（L幼儿园大班G老师）

这些“大气”的家长运用移情与理解的方法，尽可能去贴近幼教实践者的立场。这些家长公正、审慎的理解会令教师感动。

有位家长有一天下午接孩子时发现孩子头上有个小小的红包，特别紧张地来找老师问原因。另一位家长跟我们关系特别好，特别理解老师，对自己的孩子也特别严厉，就跟那个家长说：“蚊子咬的嘛。”那个家长问了几个问题就走了。还有一次，一个小朋友对家长说，老师打了他/她。家长觉得自己的孩子从来不会撒谎，就来找老师问。有些刚送孩子入园的家长来围观，有几个家长就说：“老师怎么可能打他/她？”这些细节让我挺感动的。（D幼儿园中班G老师）

二、“小气”的家长：强硬的“复杂人”

“小气”是指某人度量褊狭，计较小事，也可表示吝啬爱财。[②]幼儿园教师说的“小气”是形容某人缺乏度量的意思。L幼儿园的两位老师都认为，农村家长与幼儿都“大气得多”，城市的家长与幼儿要“小气一点”。我认为，这与家长的城乡背景没有太大关系，而与教养风格、角色认知有一定的联系。

---

① 家长对幼儿能力认知积极偏向对幼儿的自主发展具有积极意义，但有时它可能使家长低估真实情境的危险性，阻碍他们即时采取回避或预防行动。因为幼儿运动能力与认知水平所处的低水平阶段与暴露于危险源的状况相结合，会导致他们遭受伤害的风险高于其他儿童或成人。

② 郝文华．“小气”和“小器”[J]. 长江大学学报（社会科学版），2013(10): 95−96.

（一）溺爱型的家长

这类型的家长往往强调孩子在幼儿园的受伤次数、受伤程度，与孩子在家的安全情况进行对比，有时会夸大孩子在幼儿园受到的伤害与不公。有的家长针对教师的一些建议所做出的反应令教师意想不到。

J 幼儿园大班的 Y 老师说，班上有个叫志志的孩子，是老师的“重点保护”对象。（他）喜欢打人，喜欢到处跑，他的家长也知道这个情况。老师有时在父母接孩子时，向他们反映志志的情况（但并不是总说他的缺点），建议家长跟孩子说，让孩子稍微约束一下自己。后来，家长就再也没来接孩子了，而是让幼儿园外面画室的老师来接。画完画后，家长把孩子从画室接走。Y 老师说：“志志在幼儿园没怎么受伤，有次在家里把额头和鼻子处碰掉了一大块皮，如果发生在幼儿园，肯定又要找我们老师。”

泽利泽（Zelizer）认为，孩子被视为一种“经济上一文不值，感情上珍贵无比”的存在。溺爱型的家长把孩子看得“珍贵无比”，恨不得把所有的时间、精力和资源投在孩子身上。要力保不让孩子出现安全问题，否则他们花在孩子身上的所有投入都可能会化为泡影。

我们正生活在风险社会中——几乎任何环境中都存在风险与伤害源。但是，不论东西方社会，有些家长高度反风险（risk averse），也越来越关注甚至过度焦虑孩子的安全。家长认为，幼儿的身体能力与认知能力较弱，既无法正确判断可能导致的风险，又无法躲避已经产生的危险。于是，不少家长形成了不合理的期望——让幼儿避免所有的伤害事件，他们对孩子采取过度保护的措施，让孩子变成了“药棉娃娃”（cotton woolkids）——家长恨不得把孩子包裹在无菌的、柔软的棉花里，把自己变成“直升机父母”（helicopter parents）——时刻监控孩子并随时准备为其提供保护。

家长认为，在如此的干预之下，儿童就不会受到任何伤害。殊不知，这样的手段可能为儿童的正常、长远发展埋下隐患。[①]2014 年 4 月的《大西洋月刊》在《被过度保护的孩子》中指出，在安全之名的过度保护下，孩子们的独立、探索和冒险精神已从童年中剥离出来，但是他们实际上并未变得更安全，尤其在心理层面，随着儿童自由玩耍时间的不断下降，他们的心理问题（尤其是情

① 美国的一项对 2700 多名儿童的公园观察显示，只有 13% 的儿童参加剧烈的身体活动，约 34% 的儿童只是散散步，52% 的儿童久坐。研究者 Myron Floyd 和他的同事们发现，只要不是监护人在场，孩子的活跃程度就会提高约 3. 67 倍，在越正式的、有组织的游戏中，儿童的活跃水平就越低。另一项研究显示，不能为儿童提供风险游戏的经历，会引发他们将来的健康、幸福与发展问题。

感障碍）逐年上升。成人在保护儿童的同时，剥夺了其解决现实生活问题与征服逆境的机会，培育了顽固而又脆弱的“茶杯”（teacup）式个体。

（二）“顾客”式的家长

现在越来越多的幼儿受到家庭外成员的照顾。有些父母工作都很忙，没有其他家长帮忙照看孩子，需要孩子在很小的时候进入托幼机构。有些幼儿园正是承办者为了抓住这种商机的产物，因此幼儿园也出现了商业化趋势。在商业化的幼儿园教育中，“家长即上帝”，教师成了服务员。D幼儿园小班的Q老师说，城市里的家长像“客户”。她在三亚的一所幼儿园上班时，幼儿家长大多是政府官员和有钱人，感觉他们像“上帝”一样。她在成都的一所私立幼儿园也工作过，她说此幼儿园教师的“服务意识”很强，给家长打电话像“银行的客服人员”。幼儿园专门请人对教师进行了与家长沟通的培训。幼儿园也特别注重幼儿的安全。有一次去动物园参观，为了降低安全风险，教师让幼儿一直走平地，不让他们走台阶。

商业化运作导致幼儿园教育的“商品化”。有些幼儿园收费较高，幼儿家长就认为应该享受与高付费相对等的“服务”。服务质量好的最低标准就是幼儿不出安全问题，一旦幼儿出现安全事故，必然招致家长的不满。这给幼儿园主办者、经营者带来了很大的压力，这种压力会转嫁给教师。

农村也有少数、个别家长对孩子的安全很焦虑，我们也会对他们孩子的安全特别关注，会把孩子安排在都是乖的小朋友那桌、那组，或者让他/她坐我跟前。（L幼儿园中班L老师）

下午上完课后，孩子们到户外自由活动，在家长接孩子前10分钟回教室。回来后，让孩子们喝水、擦汗，整理一下衣物。怕家长看到孩子衣服、头发凌乱、满头大汗，家长不高兴。（D幼儿园中班G老师）

只要“安全”实践得以运行的社会历史条件不变，只要“居安思危”的文化基础依然稳固，幼儿园教师的“安全第一”信念就很难受到实质性的挑战。

小结

每个道德主体的心中都有一套价值体系，人们往往无法在此体系的不同价值原则之间达成“理性共识”，如果要在不同价值原则中进行选择，有可能陷入道德困境。因为任何一种价值选择都不可能为其他的价值留下足够的空间，正如伯林（Berlin）所言：“我们在日常经验中所遭遇的世界是一个我们要在同等终极的目的、同等绝对的要求之间做出选择，且某些目的之实现必然无可避免地导致其他目的之牺牲的世界。”[①] 当幼儿园教师的第一实践逻辑为安全逻辑时，自主的空间必然被挤占。“安全”被教师看作首要和自足的目的，也是幼儿园的底线，牵动着家长与教师的心。我们尊重幼儿园教育实践者的自身逻辑与行动基础，因为一切价值和价值观的根基在于它是“谁的”“为谁的”。

当幼儿安全事件发生后，幼儿园与教师在舆论与现有法律面前成了“弱势群体”（他们似乎有了“无限责任”[②]）。因此，虽然有那么多包容的家长，虽然出现严重事故的概率很低，虽然知道幼儿有风险需求，且风险对幼儿的成长有积极的作用，但幼儿园依然紧绷安全之弦，不敢支持幼儿的合理冒险行为（幼儿园要防的是“万一”，准备面对的是“最难缠”的家长）。幼儿园追求的是风险最小、利益稳定；不求教育效果最好，而是避免最坏的利益（声望、经济等利益）受损。幼儿园教育实践者选择了能达到眼前目的（安全）的手段，但有损于长远目的（如自主、幸福）。[③]

教师虽对幼儿在园的生命权与健康权负有责任，但不是无限责任，也不是只有这两项责任。伊劳特（Eraut）认为，教师的责任至少包括以下方面：其一，服务于工作对象的道德承诺；其二，自我监督的专业责任与定期反思个人实践有效性的责任；其三，扩展个人知识库，反思个人经验与发展个人专长的责任；其四，贡献于个人工作之组织的服务质量的专业与合同式责任；其五，反思与讨论专业之于整个社会之改变的责任。[④]

亚里士多德（Aristotle）曾说过，教育作为一种实践必须帮助人趋于幸福。保证幼儿的身体安全与健康根本上是为了实现另一个更加长远的目的，即趋向完善的身心状态，成就他们的美好生活。然而，如果为了达到尽可能的安全，最终令教师与幼儿都束手束脚，甚至将安全作为教育活动的终极目标，那么教育者使用的手段就不能证明成立。

在安全问题上，即使幼儿园教师的目的是向善的，但如果教育的过程、手段是恶的，那么其教育的正当性则是不充分的——只具有道义上的正当性。道

---

① [英]伯林. 自由论[M]. 胡传胜，译. 北京：译林出版社，2003: 241.

② 拉兹（J. Raz）指出，人身安全的权利并没有要求其他人保护一个人免遭所有的意外或伤害。参见：[英]拉兹. 自由的道德[M]. 孙晓春，曹海军，译. 长春：吉林人民出版社，2010: 158.

③ 如果一个共同体强大到足以让决策者可以免受责罚与免受巨大的损失（经济与声望），它就会采取一项大胆的赞成风险需求的政策。

④ 卢乃桂，王丽佳. 教育改革背景下的教师专业性与教师责任[J]. 教师教育研究，2013(1): 1–5.

义具有群体性质，承载着人们的利益和价值取向，在社会过程中生成的道义会随历史的演进而发生变化。①

教师是处于具体社会和文化背景下的活生生的人，他们具有特定文化心理、生活经验以及既定价值观，因此在如何处理幼儿安全与幼儿自主的关系的过程中，体现出复杂的一面。例如，公共性活动和私人性活动在幼儿自主构建中存在着冲突。在幼儿园，教师希望幼儿自主、支持幼儿自主，但在家里，祖辈对幼儿能力的低估、对幼儿健康与安全的过度焦虑，使作为家中成员的教师，无法在育儿方面拥有主导权。L 幼儿园 Y 老师，在结束访谈后，与我闲聊时说到她家孩子的祖父母冬天怕孩子冷，给孩子穿得很厚，但孩子喜欢运动，穿着厚实的衣服运动更易出汗与感冒。她向孩子的祖父母建议给孩子穿少点，多一点自由活动的空间。但祖父母并不采纳，她很无奈。可见，教师意向行动的实施中包含关于教师自身、幼儿自身及其日常生活所处情境的复杂因素。要让幼儿的自主向前迈进，仅靠变革教师和幼儿生活方式背后的价值秩序是不够的。“自主”目标的达成，既需要幼儿园教师的理性认知，也与他们的意愿、能力相关联。他们希望在幼儿面前树立“权威”，让幼儿“又爱又怕”自己，以便于达到自己的“师定目标”和国家的“法定目标”，怎么做才能更好地趋近这种平衡呢？这要求幼儿园教师具备相当高的日常“实践智慧”去寻找一种“和平共存”方案。

① 刘庆昌 . 教育改革的正当性之思 [J]. 教育发展研究 , 2014(21): 1−12.

第三章 营造“又爱又怕”的“气场”：幼儿园教师权威实践的两难

幼儿园教育场域是教师进行资源分配与权威实践的意义空间，师幼关系在此中建构。幼儿园的日常生活呈现的不仅是教师和幼儿自身的惯习，更是由两者共建的且只对两者起作用的某种关系或规则。惯习既是外部条件的内在化（它受限于社会结构，是体现在人身上的历史），又是驱动个体行动的建构性结构（它具创造性）。人们的行为受惯习无意识影响或引导。皮埃尔·布迪厄（Pierre Bourdieu）认为，“惯习所导致的行为常常不是深思熟虑的结果，而是一种‘适得其所’的历史积淀和‘合情合理’的经验潜在”。[①] 他曾这样界定“惯习”：“一个场域由附着于某种权力（或资本）形式的各种位置间的一系列客观历史关系所构成，而惯习则由‘积淀’于个人身体内的一系列历史的关系所构成，其形式是知觉、评判和行动的各种身心图式。”[②]

幼儿园有“理想的规范”（如J幼儿园的门口写着“做孩子生命主动成长的陪伴者”），它更多地从形式的向度为行动提供外在根据或理由。但在教育实践中，教师有自己的思维与行动图式或“运作的规范”（如安全第一、听话取向），它在实质的层面为行动提供直接或内在动力。它与教师的教育哲学、价值取向、个人喜好、工作中的重要事件等密切相关。

① [法]布迪厄，[美]华康德．实践与反思：反思社会学导引[M]．李猛，李康，译．北京：中央编译出版社，1998: 175.

② 同①。

第一节　幼儿园教师的权威：令幼儿“又爱又怕”的“气场”

支配着幼儿园教师专业实践的不仅仅是或者甚至就不是带有宏大叙事特征的“大气候”，而是凭自己的经验，从讲座中听来的半生不熟的“理念”，以及对其他教师的模仿形成的一种“缄默”知识。教师们具有日用而不知鲜明习俗特征的“小传统”，他们运用个人化的、带有过去教育记忆的技能，创设活动情境、传授知识、对待不同类型的幼儿、控制自己的情绪等。

在与幼儿园教师的交谈中，我多次听到他们希望自己成为一个既让幼儿喜欢，又让幼儿害怕的老师。J园的一位园长曾告诉实习生小熊，“你要让小朋友又爱你，又害怕你”。他们也深知要实现这样的“愿景”很难，因为他们在与幼儿互动时，有一种“近之则不逊，远之则怨”的无奈。热爱幼儿是教师的职责与道德要求，教师也知道“亲其师，信其道”之理，但教师为何要让幼儿害怕自己呢？这体现了个体行为与规范系统之间的张力关系，也反映出个体行为内在的矛盾。这种对立是基于一定现实境遇的相对对立，并不具有绝对性。

“又爱又怕”是幼儿园教师的“身份目标”，也是一种“气场”。“气场”一词是我在与J幼儿园的H老师（女，有8年的幼儿园工作经验）交谈时听到的。她说：

我实习时，跟着主班老师的一天，就会觉得轻松很多，孩子们知道什么时间该干什么，纪律很好；而与副班老师在一起时，就会觉得辛苦一些，教室里会有点乱。可能是“气场”的原因——副班老师有点温柔，她即使发火，幼儿也不怕。幼儿之所以有这样的表现，是因为他们特别会看“气场”。

我觉得“气场”是一个有趣的本土概念。[①] 皮克·菲尔在其所著的《气场》（*Charismatic*）一书中对“气场”的定义：一个人的气质对其周围人所产生的影响。“气场”在梵语中是指环绕在人体周围的能量场，能体现出个体的心理及心灵修为，它可以通过修炼而获得。日常生活中人们所讲的“气场”是指个体因其外貌气质、言行举止、学识品德，使人觉得其有感染力与魅力。“气场”最初用来形容国家政要、商界精英、艺体明星的气质，后来泛化至普通

---

① 陈向明指出，本土概念可以是被研究者个人（或小群体）经常使用的特殊语言，不一定为被研究者群体独自占有，也不一定是此群体普遍使用的、大众化的用语。

人、事物、时代、场地等方面。本文所指的“气场”是教师对幼儿产生吸引与拒止的能量所形成的心理氛围，具有张力特性。教师通过其行为、表情、眼神、声音等引发幼儿整体的、直观的感受，如亲和、害怕、敬畏，进而对幼儿的言行产生显性的影响。

在教师与幼儿筑就的场域中起作用的是权威资本，教师是这种资本的主要拥有者（有些幼儿在班级中也拥有它），这种资本被幼儿所感知、了解和认同。教师的权威资本过于强大时（就是受访者所说的“很凶”①），教学活动中的师幼就构成命令与服从的关系②；教师的权威资本过于弱小时（就是教师们所说的“太温柔”），他们会面临权威危机——在教学活动中，就可能出现“管不住”幼儿，幼儿公然反抗和挑战教师权威的情形。能被幼儿真心喜欢，并由衷地想与之亲近且能与之亲近的教师，一定是将权威作用限度把握得较好的教师；而让幼儿感到惧怕，想与之亲近又不敢付诸行动的教师，一定存在过度行使权威的情境。③

幼儿园教师会有意运用印象管理技巧制造不同的“气场”。戈夫曼（Goffman）指出，人类互动的重要特征就是印象管理——为了使他人按照我们的意愿看待我们，而在他人面前努力地展示自我。印象管理有许多目的：欺诈、迷惑或打发别人。不管出于什么目的，行动者总是想通过印象管理更好地控制别人——诱导对方做出行动者所期望的行为，尤其是对方应对行动者的方式。④但他们是如何在特定的情境中制造“气场”，怎样控制“气场”的性质与强度呢？

第二节　自主支持：让幼儿爱上教师的实践智慧

尽管在特定的情境下，幼儿园的日常生活是重复或墨守成规的，但幼儿园教师的想象力与创造性实践并没有被完全排挤，他们的某些实践确实需要我们承认与鼓励。幼儿园教师的实践并不都是优秀的、卓越的或有美德的，有美德的实践被视为“实践智慧”。实践智慧不仅依赖对目的进行构思，也要依靠对

---

① 不过，有老师说，对幼儿太凶了也不行，因为担心幼儿回去向家长“告恶状”——幼儿在讲述事件时，有无中生有、夸大其词、片面地讲述事实等现象。

② 幼儿对教师的服从在很大程度上是源于社会制度的“规定”。

③ 刘晶波．谈师幼互动中教师的权威及其限度 [J]. 学前教育研究 , 2005(1): 53–55.

④ [美] 戈夫曼．日常生活中的自我呈现 [M]. 冯钢，译．北京 : 北京大学出版社 , 2008: 3.

实现目的的手段进行推理（亚里士多德称此“推理”为“慎思”）。实践智慧意味着一种蕴含着“目的—手段”模式的工具合理性实践[①]，它不可能没有工具或程式的色彩，或者说它常表现为某种工具主义或程序主义的实践理性。[②]有时，幼儿园教师强调实践智慧的手段之功，更甚于其目的之善。

因为人的意志往往与道德规范不一致，总是受到追求愉悦的主观功利的影响，而不是以善本身或者无条件的善为目的。人们总有自己的利益诉求，其目标常是自我利益与他人利益的统一。[③]教师的自主支持既能满足幼儿的自主需求，又能达成教师的“亲师信道”之目的。自主支持需要教师的实践智慧，实践智慧不能通过单纯学习和传授而获得。它不是理论的逻辑预设，也不是技能化的技术理性，经验在其中起了重要作用。

一、鼓励幼儿在生活方面的自我依赖[④]

2岁左右的幼儿就会以“不”“不要”等否定用语或反抗动作来表达“反对”态度，他们常表示要“我自己来（做）”，拒绝他人的帮助。这是幼儿“自我依赖”意识的体现。杰罗姆·凯根（Jerome Kagan）等人的追踪研究发现，个体在童年时期形成的依赖性会较为稳定地持续到成年期。[⑤]因此，培养幼儿的“自我依赖”意识与能力是不可或缺的教育目标。幼儿园通过各种制度设置不断强化幼儿在生活方面的自我依赖，教师们也较为认同。

上次督导评估检查的时候，要求2分钟还是3分钟内孩子们吃到饭。小班

① 李义天．实践智慧无须考虑行动目的？——亚里士多德主义美德伦理学的困难与回应[J].云南师范大学学报（哲学社会科学版），2017(1): 80-87.

② 徐长福．实践智慧：是什么与为什么[J]. 哲学动态，2005(4): 9-14, 58.

③ 易小明，吴昌强．意志、道德意志、善良意志[J].学术交流，2010(12): 8-12.

④ 幼儿园普遍重视幼儿的生活自理能力，但对于幼儿独立完成某项其他活动的重视程度不够。幼儿的很多活动是在老师的帮助下完成的。这主要是因为生活自理能力是幼儿每日生活所必须具备的，而且容易在重复性的日常生活中逐渐提升。幼儿在其他活动中的能力相对较弱，L幼儿园的园长说：“幼儿在游戏创作过程中一遇到困难，往往不会先思考，而是以最快的速度寻求老师的帮助。如果老师没有及时介入，幼儿就可能会放弃创作。幼儿不善于独立思考、寻找问题的源头和解决办法，需要老师不停地在旁边引导。”教师们出于活动完成的速度与质量考虑，他们往往缺乏必要的耐心，而直接帮助或替代幼儿完成，这样不利于幼儿自我效能感在此活动领域的形成。自我效能感是对自我胜任力的反映，幼儿只有将任务或活动完成归因于自我，才能产生自我效能感。

⑤ KAGAN J,MOSS H A. The Stability of passive and dependent behavior from childhood through adulthood[J]. Child Development, 1960, 31(3): 577-591.

的时候，一个老师要打 40 多份饭，而且要把菜和饭分开，用两个碗还是三个碗来装，然后把饭菜端到他们面前（声调变高，似乎有些激动）。我觉得没有必要，要求得太细了。比如，三岁的孩子你可以给他机会，让他自己过来端，让他自己尝试一下。虽然说有些小孩会摔倒，会端不稳，但是你要给他机会，给他时间，他慢慢会成长。（L 幼儿园中班 L 老师）

教师对幼儿“自我依赖”的行为要多支持。通过鼓励、示范与引导，让幼儿从尝试中学习。但有些时候，他们会低估幼儿的自我服务能力，担心幼儿做不好。

我们班孩子的生活自理能力特别强。从小班就开始训练了。有一次孩子午睡时，枕套还没有套好。我和实习生正准备去套，生活老师说“你们不要动，他们会。”我想我们班的枕芯很不好套，孩子们哪能套好。结果，只有极个别的小朋友需要老师帮忙，其他的孩子都套得挺好。（J 幼儿园大班 Y 老师）

约翰·杜威（John Dewey）说，“儿童生来就有要做事、要服务的天然欲望”。[①] 幼儿的行动并非只受其内心私欲的驱动，他们的行为动机既包括利己的，还包括别人期望的成分。绝大多数幼儿喜欢当值日生，许多家长也希望自己的孩子能担任此角色。如果孩子当了值日生，会被家长和幼儿作为“炫耀”的资本。[②] 因此，幼儿园教师也会用各种方法公平分配“值日生”这个资源。[③]

吃饭时有值日生发筷子、抹桌子。孩子们喜欢当值日生，但很少有孩子愿意做事，而且能把事做好。家长也希望孩子当值日生，如果发现孩子很久没有当值日生，就会问老师原因。每个孩子都要轮一遍值日生，不然家长会有意见。（J 幼儿园大班 Y 老师）

我们班的值日生主要帮我们看地上有没有垃圾，捡一下垃圾；去区角帮浇一下花。值日生不是固定的，比如说今天你表现得好，就让你当值日生，这被视为一种奖励。虽然值日生要承担劳动责任，但他们现在就喜欢劳动。有的孩子不喜欢劳动，他（她）不喜欢当值日生，坐着就不想动。我也不会刻意让他（她）当值日生，我会说“今天你表现得不错，选你当值日生好不好？”我会咨询他们的意愿。如果他们不想当，我就换一个小朋友问。如果孩子愿意，

① [美] 杜威 . 学校与社会·明日之学校 [M]. 赵祥麟，等，译 . 北京：人民教育出版社，2005: 143.

② J 幼儿园小班实习生小熊说：“当赵佑第一次当值日生时，举着值日生的小牌，激动地绕着桌子走了一圈。回家后，他爸爸给他拍了照，并发到了微信群里。”

③ J 幼儿园的一个中班，因为保育员总是指定“乖”孩子当值日生，这导致了资源分配不公，带班老师就取消了“值日生”的职位设置。

就让他（她）当值日生。而且每一天值日生的任务是不一样的，有些时候是给小朋友们发勺子，有些时候是给小朋友们发点心，有时候是去浇花。幼儿他（她）可能不知道下一个惊喜（任务）是什么，可能会更愿意当值日生。幼儿们特别希望有惊喜。（L幼儿园中班L老师）

幼儿们把“值日生”当作一种奖励与荣誉，也视其为一种“权利”。

佩佩（女，J幼儿园大班）一天早上正打算帮老师搬装着体操棒（做早操时用的）的筐子时，看见当天的值日生来了，她失望地说“欣欣，你今天怎么来得这么早！”原来，欣欣来了，佩佩就失去搬体操棒筐的“权利”了。

幼儿对自己行动负责的程度应与其年龄、经验相一致。低龄幼儿没有责任能力，但当他们长大一些、具有了理解力并能明确把握行为的重要性及正确性时，就应该负有一定的责任。我们对幼儿的奖励与谴责、赞成与反对，都是以幼儿的自由与责任为前提的。世界卫生组织提出，我们要逐渐把责任感灌输给儿童，由最简单的个人日常生活事务的责任，到更复杂地对别人应承担的责任。① 幼儿园教师应鼓励儿童从小事做起，给他们创设自己做事的机会，并对自我依赖的行为进行及时强化。

二、尊重幼儿个人事务领域的自主

基仑（Killen）、斯美塔那（Smetana）等人发现，儿童要确立自主性与独特性，他们需要在个人事务上有自由选择权。努齐（Nucci）把个人事务界定为个体认为只对自己产生后果，不属于对或错，而是属于喜好和选择的、超出常规和道德约束的一系列行为。② 裘指挥等人认为，个人领域是指主要与个体自身相关的、处于社会规则之外的、一系列涉己行为，是反映个人权威界限的行为。③ 比如，幼儿的着装、私人物品、隐私、择友、独处的时空喜好等，都属于个人领域范畴。总之，个人事务领域指的是个人偏爱的事物和应拥有的合理权界，是个人自主应具有的最低限度。研究发现，在儿童的观念中存有不同于社会习俗和社会道德的领域，他们声称此领域应由他们自己（而非成人）掌控。通过对个人领域的识别和控制，幼儿可以圈定自我与他人、群体的界限，形成“自我领地”。社会领域理论强调在个人事务领域，幼儿应该拥有充分的

---

① [英]多亚尔，[英]高夫．人的需要理论[M]．汪淳波，张宝莹，译．北京：商务印书馆，2008: 260

② 邹晓燕，曲可佳．学前儿童自主性的发展与促进[M]．合肥：安徽教育出版社，2015: 176.

③ 裘指挥，张丽．规约的限度与个人领域的形成——基于小学儿童对个人领域理解的视角[J]．教育研究与实验，2006(6): 46-49.

自由选择、自主决定和自我控制的机会。[①] 教师们会尽量了解并帮助幼儿确立与维护这块“自我领地”。

平时要关注到孩子们的兴趣与爱好。有些小朋友特别喜欢画画，我就会给他多一点时间去画；有些小朋友喜欢看书，那么就给他多一点时间看书；还有特别喜欢舞蹈、运动的孩子，那么户外活动的时候，我会给他们的任务难度不一样。同样的玩大型积木，垒高后从上面跳下来。有些孩子，我会用手去扶，因为他特别害怕；有些孩子，我会鼓励他，“你可以的，我相信你，直接跳下来，我接住你”。对不同的孩子要求不同。我能够了解大部分孩子的兴趣，玩游戏的时候，敢与不敢的幼儿，一眼就能看出来了。喜欢玩的、想玩的、兴趣点很高的，就会排在前面。比如，我说想玩这个游戏的过来排队，排在最前面的那绝对是（喜欢玩儿的、想玩的、兴趣点很高的），排在后面的就害怕。（L幼儿园中班L老师）

教师对涉及幼儿个人事务的判断、选择、坚持等看法，对幼儿自主性的培养和发展影响极大。[②] 涉己行为是不影响他人正当利益的行为，而不是对他人不产生丝毫（直接或间接）影响的行为。在面对幼儿的涉己行为时（在确保幼儿必要安全、健康的前提下），教师的不干涉或支持是正当的，他们把幼儿视为其行为的主宰者。幼儿喜欢能够尊重个体差异、满足自己欲望的教师。

一个大姐姐问一名刚满六岁的男孩，“你喜不喜欢上幼儿园？”男孩犹豫了几秒（可能因为别人通常的回答是肯定的），说“不喜欢”。大姐姐追问“为什么不喜欢呢？”男孩迅速回答：“我不喜欢吃幼儿园的饭。”大姐姐笑出了声，继续问“你喜欢哪个老师？”男孩说“胡老师”。大姐姐问“为什么喜欢胡老师呢？”男孩说“我中午不想睡觉时，她带我到外面走。”

幼儿有独特的认知方式、情感体验方式、表达交流方式，这些方式对他们而言有着特殊的意义和价值。裘指挥指出，幼儿已初步形成个人领域意识，呼吁幼儿园教育要凸显幼儿的个人领域，同时保持合理的监督、规约，二者间要保持合理的张力。当出于安全与健康的考虑，或由于活动场所、材料等客观因素的限制时，教师会侵入幼儿的个人领域。幼儿会表现出反抗意识和不顺从，他们在力争更多的自主决定权。这就需要教师展现出行动的正当性，如幼儿园教师应给幼儿更多的自由选择和表达自我想法的机会，并辅助其提高选择能力与表达想法的能力。

---

① 社会领域理论将儿童的生活领域分为道德领域、常规领域和个人事务领域。见：邹晓燕，曲可佳．学前儿童自主性的发展与促进 [M]. 合肥：安徽教育出版社，2015: 176.

② 闫敬华，邹晓燕．关于教师的幼儿事务自主观念的研究 [J]. 学前教育研究，2006(12): 44−47.

三、对幼儿自我控制的强化

在幼儿园，儿童的自我控制行为主要是能够遵守园中的一些规则，如上课有序发言、保持教室卫生、与他人友好相处等。教师们会让幼儿理解规则、记住规则、参与制定规则等，通过这些行之有效的方法帮助幼儿进行自我控制，并通过一些手段强化之。

（一）讲“道理”

幼儿园教师认为自己有责任约束幼儿的行为，并可以通过讲道理来“教诲”他们。[①]教师经常会给幼儿提供信息或者用逻辑推理的方法来让其“听话”，并在价值澄清的基础上将价值选择的权利交给幼儿。教师会借助负面后果来劝说幼儿“听话”，如“你不刷牙，就会有虫牙，医生就要在你的牙上钻洞洞，很疼的”，或者“你如果不穿多点，就会感冒，感冒就得吃药打针”，或者“你如果一个人出去玩，就会被坏人抓走，就再也见不到爸爸妈妈了”。还有一种有趣的现象，中国的成人会灵活地看待幼儿的身份“大”“小”。我们常会听到这样的话，“你这么大了还怎么怎么样，要听话嘛！”，或者“你还小，等你长大了再怎么怎么样，听话！”总之，成人会把幼儿当作“小大人”，让他明白事理，他们会以孩子“少年老成”而自豪；成人也会把孩子当成“永远长不大的孩子”，让他们在自己羽翼下成长。

现在的许多教师也认为应该鼓励孩子独立自主，让孩子做决定很重要，同时他们认为孩子还小，能力有限。幼儿自主的权界完全依赖教师对事件重要性与孩子能力的主观判断以及对效率与效果的考虑。即“不重要”的事情（衣服、玩伴、玩具的选择上）可让幼儿自己做主；重要的事情（如健康、安全、礼仪、品德方面）“不适合”幼儿自己做主时，幼儿要参考教师的意见；教师认为由己做主省时、保质、保量时，就不会让幼儿自主。由于关爱的延伸与安全的考虑，教师难以放手让孩子做他们自己想做的事。

教师的权力有时是通过改变幼儿的价值观来实现的。如果能够改变幼儿的思维方式与价值观念，使其能够按教师指定的方式去思考，即便教师不给予奖励或者施加威胁，幼儿依然会“自觉”地执行指令。幼儿的这种“觉悟”不是天生的，是教师通过日复一日、年复一年的说教及其他配套手段实现的——幼儿的头脑就是这样被形塑着，教师的威信也得以树立。威信表现在幼儿对教师

---

① BOND M H. Handbook of Chinese Psychology[M]. Hong Kong: Oxford University Press, 1985: 88-108.

权力的一种自愿的服从、认同和内化。有了威信，教师就不用许诺、操纵和威胁，幼儿会自觉执行并认同教师的决定。

（二）看“人家”

参照群体可被视为德性权威，它兼具规范与比较两大功能。前一功能在于树立一定的行为标准，并使个体遵从此标准，如受教师和父母的影响，幼儿在饮食起居、待人接物、学习、游戏等方面形成了某些观念和态度。后一功能在于个体把参照群体作为社会比较的“标尺”。中国的家长希望自己的孩子、教师希望自己班的幼儿成为别人眼中和口中的“人家”，让子女和学生成为自己炫耀的“资本”、面子的“支撑点”。在实际生活中，并非每个人对幼儿都具有同等的影响力，幼儿倾向于将自己与同辈群体、熟悉的其他人作为参照进行平行比较，认同他们的言行。好模仿是幼儿对待学习生活的突出特点。因此，成人经常以“邻居家的孩子”、高年级的哥哥姐姐、动画片中的人物作为“听话者”的榜样。动辄就说“你看XXX，人家多听话，你要多向人家学学！”中国传统文化理念要求个体“止于至善”，大人为孩子树立的榜样是无数的，在孩子做得比“某某人”好后，还有升级版的其他“某某人”等着孩子，孩子永远是“追赶者”，“没有最听话，只有更听话”。在模范人物被不断表扬的情境下，“听话者”就会觉得他们的行为很可靠，和他们的行为保持一致，心中就会产生安全感。如果幼儿做出异于“人家”的行为，就会受到家人与同伴的冷落、排挤、嘲讽等。无论是规范还是比较功能都体现出以一元化的价值观为基础的专制和强权。

（三）给“果子”

幼儿的重要他人（家长、教师等）往往掌握着幼儿所需要的资源，他们扮演着资源分配者的角色。他们从表达轻微不满到惩罚威胁都与幼儿的“利益”密切相关。幼儿的道德发展处于前习俗水平，他们常表现出利己主义倾向。幼儿作为“经济人”①，知道“不听话”是得不偿失的。在家不听话，就得不到自己想吃的、想喝的、想穿的、想玩的、想看的，就不能满足自己的感官之欲。在幼儿园不听话，教师也会剥夺或延迟满足幼儿想拥有的稀缺资源，如游戏、玩具、图书、代币物、礼仪标兵、组长、班长职位②、“第一名”去做某事的“特权”、各种“美名”等。因此，中国的教师和家长经常会提供或许诺，

① 追逐利益并不等同于理性化的行动，也有可能以感性的或者是非理性的方式来追逐利益。趋利避害应当同人类的基本人性相联系，不能将简单的逐利行为混同于理性选择行为。

② 幼儿园教师的规训权力有时通过班长、组长的层级监视来实现。这是在人际层面上赋权，让某些幼儿可以有更多影响他人的权力。

如“如果你们表现得好，我就让你们去玩”（D 幼儿园小班 Q 老师）或者“你们要是听话，我就多让你看会儿动画片”（“利诱”的手段）。

教师掌握着功利性权力。如果幼儿（权力客体）服从教师（权力主体）的意志和命令，教师就会向幼儿许诺某种好处，如物质奖励、授以职位等，通过“利诱”让幼儿服从。幼儿也知道维护既有权力格局、服从制度安排是有“好处”的。教师的这种权力有时会遮蔽幼儿园教育的人文性，但始终不能改变幼儿园教育活动中理想的探问、人性的陶冶、情感的化育。

教师会把一些荣誉分配给“乖孩子”。荣誉同时意味着优先的权利。处于荣誉等级上层的幼儿群体往往获得更多的偏爱和重视，而那些无荣誉的幼儿群体则经常被视为普遍存在，他们被认为在品德、能力、智商上是一般的或低下的，而且在价值上不被重视（只要那些调皮的幼儿不打扰其他人，教师会对其违纪行为视而不见。教师承认自己不可能因为个别的违纪幼儿而浪费其他幼儿的宝贵时间）。这是教师依据社会尺度，而非人性尺度行事的表现，是一种追求效率的表现。效率是“直接目的性”的存在，而非“终极目的性”的存在。教师的理性似乎显示出冷漠的一面。

教师也会“理性地”给予一些幼儿某类活动的特权，如筛选幼儿参加公开课。

早上做完早操后，老师选出一些比较听话的幼儿，带他们去舞蹈室适应环境，因为要上公开课了。剩余的幼儿就在教室最后坐着。（J 幼儿园中班）

幼儿园教师的公开课是一种迎合“观光客”审美情趣的风景营造。“日常生活批判理论之父”列斐伏尔（Henri Lefebvre）说，没有鲜花或树林装点的风景，固然会使游客们感到失望与沮丧，但花草树木不应让我们忘却：在大地深处还蕴藏着丰富而神秘的生活。[①] 不少教师在组织各种教育活动中，特别是上公开课时，让几个幼儿唱“主角”，其他幼儿成了“局外人”，只能观看教师与“主角”的表演。

四、“优秀生”帮助“后进生”

有些教师在教学时更多地关注那些处境不利的后进生，有些教师却认为教学时就应该更多地考虑那些优秀幼儿的学习需求。前者行为背后反映的原则是，缺少良好的遗传素质和没有较好家庭环境的幼儿（幼儿园课程与优势阶层家庭子女的精致性符码兼容性更强，而与家庭文化层次较低的儿童限制

---

① LEFEBVRE H. Critique of everyday life[M]. MOORE J, translated. London, New York: Verso Books, 1991: 87 .

性符码存在冲突），他们的不利地位是不应得的，这对他们来说是一种不幸；后者行为背后体现的原则是，优秀生拥有优越的先赋或自置资源，这是他们本人无法决定的自然事实，即便这些初始资源（自然禀赋、社会境况）不是应得的，其所有的权利（如对天赋及衍生的成绩、荣誉）也不容侵犯，因为这些资源不是通过侵犯其他幼儿的权利获得的。这隐含着一种“向才能开放”（向所谓的“聪明”“能干”者开放）的制度安排观念。这两类教师都是关注幼儿的未来发展前景的，只是侧重点不同。有些教师视优秀幼儿的学习天赋与衍生成绩为班级或幼儿园的共同资产，在教育教学与游戏时利用优秀的幼儿最大限度地推进活动。

在游戏方面，有些时候会让他们（幼儿）自己选择。……有时他们的选择不是很多，（老师）就一样一样来（满足他们的要求）。……但有时候，我们会选择那种声音比较大的、比较聪明的孩子说的游戏，因为他们具有带动性，能带着其他小朋友一起做。如果你选择了那种他自己都做不来的（孩子的）游戏，这个活动就不好开展了。（J 幼儿园大班 Y 老师）

（提问时）有的小朋友每次都举手，每次叫他 / 她起来回答，他 / 她都不会，以后我就会叫他 / 她想好了再说。……我会多叫那些语言表达能力强的孩子先发言，因为让他们把想法说出来以后，其他的小朋友才知道（怎么回答），有个示范作用。（L 幼儿园中班 Y 老师）

这些教师行为的目的是促成有组织的活动顺利进行，但涉及教育过程中的不公正，这会造成“马太效应”，更可能导致阶层代际传递或扩大阶层差距。

不过在针对“优秀生”帮助“后进生”的问题上，有的老师持谨慎态度。

有些聪明的幼儿能很快完成任务，并主动地帮助其他幼儿。比如，你叫他 / 她画画，画完画后，他 / 她就去看别人的画画情况，帮别人。（我问“老师是不是感觉很欣慰？”）但有些时候，还是让做完的小朋友回到自己的位子上，或者说让他们去玩区角，我才有时间看到哪些孩子发展得好，哪些孩子发展得不好。我会给做事速度比较快的幼儿一些选择，可以不用帮那些（速度慢的孩子）。（D 幼儿园大班 G 老师）

这些教师从了解幼儿的真实发展水平出发，在认同助人者的同时，辩证地看待问题，体现出他们对这类现象的反思与另类视角。

第三节　自主抑制：让幼儿害怕教师的权力运作

对幼儿自主的支持是一项“无限任务”，但教师的时间与精力是有限的，使教师的实践智慧呈现出“现实性”的内涵。幼儿园教师在承认“自主”目标的正当性前提下，仍有可能在手段的选择上出现偏差。也就是说，即便设定的目标是好的，也不能确保手段的正确性与规范性。行动目的越是正确，越不容易阻止或扭转行为者在手段选择上陷入歧途的危险。[①]

幼儿园教师往往会对那些有助于自己意图实现的行为，有意或无意地采取鼓励和扶植的态度，而对不利于自身意志实现的幼儿行为采取约束、控制甚至禁止的措施。这就是他们的权力运作。韦伯（Weber）将权力界定为控制资源、事件和反对者的能力，将其视为掌控、操纵和强制的工具。[②]集体教学活动中所教的知识以中性化、符号化的面貌出现，在吸引幼儿、愉悦幼儿方面不如叙事学知识，从而导致幼儿对它产生了一种消极的抵触态度。为了维持幼儿对知识传授的积极反应，教师有时运用刚性的手段来整顿秩序，而且常借口于被教育者的利益立场，以给“被教育者造福”为口号，用“先苦后甜”“为了幼儿将来好”等作为规训的辩护，实施着“处置身体、控制思想、过滤知识、形塑道德、进而安排未来”[③]的控制性行为。

一、刚性手段的运用

教师不仅凭借责任的约束和利益的诱惑来规定幼儿的角色，还通过显性的、带有强烈感情色彩的措施来警示与惩戒不听话的幼儿，以此操控、压迫、打压和消除异己的“权力”。基于理性的权力是互动双方经过理性思考的、交换的、博弈的产物，往往具有保守性和现实的辩护性，而基于感性的权力可能建立在无意识、非理性、诱惑、震慑的基础上，它更具有批判意义。[④]幼儿

① 李义天．实践智慧无须考虑行动目的？——亚里士多德主义美德伦理学的困难与回应 [J]. 云南师范大学学报 (哲学社会科学版), 2017(1): 80−87.

② [美]约翰逊. 见树又见林: 社会学与生活 [M]. 喻东, 金梓, 译. 北京: 中国人民大学出版社, 2008: 109.

③ 金生鈜. 规训与教化 [M] . 北京 : 教育科学出版社 , 2004: 31 .

④ 陈氚. 重返感性选择——理论应然中的现实困境 [J]. 社会学评论 , 2016(5): 3−14.

园存在的问题在于正式制度的理性化要求和幼儿与教师的感性化实践之间的矛盾。

（一）给“脸色”

幼儿似乎会吸纳周围环境中的一切，在与主要抚养人及教师的交往过程中更是如此。因此，教师不仅要考虑显性的因素（如语言、动作），也要考虑无形的因素（如面部表情、身体姿势）——成人很可能意识不到这些隐性课程或深谙此道。面部表情识别是幼儿情绪能力的重要组成部分，直接影响着幼儿的社会互动。伊扎德（J.A.Izard）与哈瑞干（C.E.Harrigan）的研究发现，儿童的面部表情识别成绩随年龄的增长而提高，6 岁时已达到了一个较高水平。[①] 幼儿对喜、怒两种表情的识别能力最强。幼儿园教师经常用表情来对幼儿的言行做出反馈。许多教师说，现在的幼儿察言观色的能力特别强。幼儿通常渴望使他们的照料者和教师高兴，看到教师不悦与生气的表情时，他们会对教师的表情进行解码（有一位幼儿园教师专门向幼儿传授察言观色的技能），推断继续行动可能产生的后果（幼儿在长期与教师接触的过程中已经知晓了教师的表情是某种后继行为的前奏），往往会做出教师期望的行为（有时是权宜之计，表面顺从教师；有时是认同教师，真心改过）。教师也希望幼儿在大脑中建立类似的 S–R 联结。教师仅仅是凝视幼儿，幼儿就会在如此威力之下成为其自身的监工。

当幼儿在户外活动中发生争吵时，我有时候会在旁边看，看他们怎么处理，有时他们会自己解决，有时冲突会继续。他们看到我望着他们了，就不吵了，就自己走开了。有时候老师在场，没有望着他们，他们还会争吵。如果老师望着他们，他们看到老师的眼神，就会停止争吵、走开。（L 幼儿园大班 T 老师）

教师会对幼儿的“非理想”状态进行“视觉驱逐”。他们不需要有形的暴力，仅仅靠凝视就能让每个幼儿在它的重压之下不再轻举妄动。在教师的耐心和凝视积累中，“眼色”转化成了对肉体的建构，从而使一种强加的规范转化为幼儿的自我约束。

（二）讲“方言”

在表达情绪时，教师除了运用面部表情之外，还会使用声调、身体动作和方言。方言是教师表达情感的重要符号。有的教师有意识地让幼儿理解方言所

---

① 王振宏，田博，石长地，等 . 3–6 岁幼儿面部表情识别与标签的发展特点 [J]. 心理科学，2010(2): 325–328.

代表的意思。它是对言内之意的情感加码，是保证教师流畅与准确表达的给力工具。

幼儿园教师会将方言意义化，他们使用方言是有语境关联的。D 幼儿园的 Q 老师曾在课堂纪律糟糕时，用方言对幼儿的行为进行控制，发现此方法并未让幼儿意识到教师的强烈情绪后，直接点出“你们没听到老师用四川话了吗？你们不知道这是什么意思吗？”“我用四川话说你们，就爽、就舒服？”几位老师在访谈中也表示，方言能准确地表达自己的意见与情绪，如果用普通话就弱化了效果，可能词不达意、词不尽兴。方言可被视为某地域人们的母语。一个人讲母语时不用费神，但如果讲普通话，就可能会费力地搜索适当的词汇、不时地分心校正发音，不利于表演技能的正常发挥与情绪的有力表达。教师们有时缺乏对幼儿本质性存在的反思，满足于从工具化中获得没有价值意义的技术进步。

互动各方收发的姿态、言辞、动作和其他信息在特定的情境中有微妙的意义，各方只有充分了解这些意义后才能使互动顺利进行。共处于幼儿园这个生活世界之中的人们，早已能够以一种基于特定情境文化的索引性的方式来彼此理解对方的行为。幼儿园世界是一个多元主体的世界，是一个多元主体基于语言为主的符号系统而进行相互理解的世界。师幼之间、幼幼之间的相互理解必须要依赖符号和语言形成共识。教师与幼儿互动存在着潜在共识，且这种共识往往会被行动者因习以为常而忽略。此结果是众多行动者基于各自的意志在极为复杂的交互影响过程中实现的。塞尔（J.R.Searle）指出，语言表达了言语者的一种意向、一种事态和一种人际关系。理解一种语言，就意味着理解与其联系在一起的特定的生活世界。

（三）用“威胁”

“不乖”意味着混杂的出现和边界的打破，教师或同辈就要采取行动，重新安排事物的结构，以此加强教室秩序的结构。对“不乖”的反应，是教师重新定义幼儿园活动法则和界线作用的基本社会机制之一。教师有时会用“恐吓”的方式让幼儿“听话”，主要有三种：声明要剥夺令幼儿愉快的刺激（“你们不乖，我就不给你们放动画片了！”“你们俩不听话，就把你们分开”）、声明要施加令幼儿不愉快的刺激（“我要开始照相了，把不乖的照下来发到微信里，让你们的爸爸妈妈看看”“再不听话，我就把你关小黑屋！”“让你去给小班的弟弟妹妹擦屁股”）、声明未来幼儿身体的负面变化（“坐好的话，小朋友们的腿会长成长腿、直腿，否则腿会变扭的”）。

你再不起来，我就告诉你的妈妈和外婆：

早上，梓梓（女，J 幼儿园大班）交了作业后，就玩起了角色游戏，其他幼儿也加入了，她当商店老板。一会儿，浩浩（男）也加入游戏。期间，不知何故他开始抢梓梓的玩具。梓梓去告状，但老师开会去了，她只能向实习老师投诉。实习老师让浩浩站到她旁边，他反而坐到了地上，赖着不动。实习老师请保育员过来处理，保育员说“浩浩，你再不起来，我就告诉你的妈妈和外婆。”听此言后，他立刻站起来，哭着对保育员说：“阿姨，你不要告诉我外婆，你不要告诉我外婆。”我私下问保育员得知，他最怕外婆和妈妈，因为她们一旦知道他在学校不听话，就不给他买玩具，也不给他零花钱了。

你再不回到凳子上坐好，我就拿剪刀过来了：

S 老师说，小哲（6 岁，J 幼儿园大班）有多动症。如果不允许他在教室里跑动的话，他就会尖叫。吃饭也是一个老大难问题。到了吃饭的时间，其他幼儿会主动去排队端饭，而小哲是老师让他去排队他都不会去，而是在教室里到处跑，最后 S 老师无奈地把碗端给他，但是他还是不会好好地吃饭。老师摆出严肃的脸，而小哲怕老师不高兴的情况下才会认真吃一些。……小哲不会按照老师教的步骤做手工，他都是看到什么做什么，他很难做到按指导逐步完成任务。有时小哲到处跑，S 老师又想要他回到位子上时，就会威胁他说“小哲你再不回到凳子上坐好，我就拿剪刀过来了。”然后小哲就会乖乖地回到凳子上。对于小哲害怕剪刀的这件事，我向老师了解到：因为有次手工活动上他用剪刀不小心伤到自己的手指，还流了血，从此后就非常害怕剪刀。虽然小哲这次听从了，但是下次他依旧会犯。

威胁也是一种控制技能。谢弗（H.R.Schaffer）和克鲁克（C.K.Crook）提出了“控制技能”的术语，把其定义为成人用以改变儿童正在进行的活动方式的行为，其作用是制止儿童的某些倾向，增强其另一些倾向，引导他们朝特定方向发展。[①] 教师们通过声称“即将发生什么”来制造威慑，引导幼儿服从“纪律权力”。但威胁的效果如何？正如赫尔巴特（J.F.Herbart）所说，“一方面有些本性顽强的儿童蔑视任何威胁，敢于做他们想做的一切；另一方面有更多的儿童，他们太软弱，以致不能承受威胁。在他们身上，恐惧反而会助长欲望。”儿童“表现出来的软弱与健忘使纯粹的威胁成为极不可依赖的手段”。[②]

---

① SCHAFFER H R,CROOK C K. Child compliance and maternal control techniques[J]. Developmental Psychology, 1980, 16(1): 54-61

② [德]赫尔巴特. 普通教育学·教育学讲授纲要[M]. 李其龙，译. 北京：人民教育出版社，1989: 24.

（四）夺“权利”

如果幼儿要在幼儿园得到其想要的资源（玩具、游戏权利、教师的认同、奖励等），那么他们就得依赖教师。教师作为资源供应者具有对幼儿的控制权。

J幼儿园的大一班幼儿喜欢上体育课，说最喜欢也不为过。“猴子哥哥”会带幼儿做各种各样的“冒险游戏”。每次总会有些幼儿因为在教室中表现“不乖”而被取消上体育课的资格。体育课一个月才上2次，而且时间较短。每次教师说结束时，幼儿们都是一脸意犹未尽的表情。（J幼儿园大班实习生小苗）

惩罚使幼儿被强行剥夺了自由支配其肉体与平等地参与教育生活的一些机会，让幼儿的公共性和私人性一并消失。当游戏的正当权利被剥夺后，有些幼儿可能自己“反省”并认同教师的惩罚，有些幼儿可能无法接受，进而产生强烈的负面情绪。

J幼儿园小班有一个男生，他经常因为坐不端正、多动、动作幅度大而被老师点名。每次活动课前，老师让幼儿自己玩玩具，他会把玩具组装成各种形状的枪，然后叫我和他玩，我用手指“开枪”打他，他毫不犹豫地倒地，假装被射杀的样子，演得特别逼真。上活动课时，老师用严厉的语气点他的名，他也习惯了，无所畏惧。由于表现不好，其他幼儿可以出教室玩，他常被留在教室里。我留下来陪他，我和他说话时，他不理我，眼神里充满了愤恨，手握得紧紧的，感觉有打人的冲动。（J幼儿园小班实习生小熊）

发言机会也是一种“权利”，教师会利用这类资源来形塑幼儿的行为，以期达到理想的行为。但如果教师没有兑现承诺，也会遭到幼儿的非议，甚至表达强烈的不满。

老师教幼儿儿歌《红砖墙》，指着黑板上的海报问幼儿问题。每次提问后，宇宇（男，L幼儿园中班）便在自己座位上大声地回答。老师说，“我只请坐得好、举手的小朋友回答。”他立即坐好，把手举得很高很高，可是老师一次也没有请他回答问题。他把头转向我，甩了个白眼，皱着眉头说：“讨厌”。

教师充满期待地提问，幼儿们争先恐后地回答、抢答，他们渴望和珍惜自由表达的机会，并想取得教师的关注、认同和表扬。当幼儿无法得到公开表达观点的机会时，他们的内心会充满失望与愤懑。

（五）造“隔离”

苏贾（Edward W.Soja）认为，有组织的空间是社会关系的体现，它产生于有目的的社会实践，[①]其中充斥着各种利益、矛盾和权力。建构空间是幼儿园管理手段中的一种有效治理技术。教师通过规定与众不同的空间实现对幼儿身体与意识的改造。规训性空间就存在于幼儿园之中。规训性空间的设置与使用的目的之一是让幼儿感到羞耻，有他人在场的情况下，或者是感觉到有外人在场，在此空间中幼儿或者被公开讥笑、排斥，或者幼儿自己感到被嘲笑，不管是哪一种，羞耻感都是一种有效的强制力。[②]（“君子慎独”要培养的是罪恶感，含有修养方面的内控性特征，建立道德标准并依靠它发展良心，即使恶行未被人发觉，也会心生不安）成人有时会鼓励幼儿“羞辱”不听话的幼儿，“羞人”者嘴里一边说“羞”，有时还配合着手势——用食指在自己的脸上轻轻地、迅速地扫几下，这样可以增强“羞人”和让别人“丢脸”的情感色彩。但在幼儿园并非以耻为主要强制力。

教师与幼儿对于幼儿园的不同地方、教室中的不同位置及其中发生的事情有时存在共识，教师会建构这种共识并加以利用。空间由权力所创造和组织，它是权力运作的工具，也是这一运作成为可能的条件。

1. 位子“污名化”

幼儿园教师拥有对空间的表征权力，不同的空间所具有的属性和规则通过一系列的奖惩机制使幼儿理解：有些空间具有消极意义，而另外一些地方则是美好的。空间有时介入了身份建构的框架中，表征空间体现了教师权力的生产与运作。不少幼儿园教师会把教室或室外的某个固定位置开辟为“惩戒处”，在此处对某些幼儿的“出格行为”（包括活动时间、语言表达、身体表现等方面）进行“规范化裁决”，这是一种内部的、小型的微观处罚方式。[③]

D 幼儿园小班的 Q 老师将不听话的幼儿安置在教室最前排、桌上标记有黑点的位置。她命令一位“屡教不改”的男生，上前坐到最前面的“黑点”位

---

① 林聚任．论空间的社会性——一个理论议题的探讨 [J]. 开放时代，2015(6): 135−144+8.

② 朱岑楼提出中国文化是耻感文化。有学者认为耻是对人的，罪是对事的；有人认为耻是非正式的，罪是正式的。中国典籍中有“道之以政，齐之以刑，民免而无耻；道之以德，齐之以礼，有耻且格。”“博学以文，行己有耻”“知耻近乎勇”“礼义廉耻”，从中我们可以看出“耻”在中国文化中的地位，以及“耻”未必是外控性的。通常在耻感文化中，害羞、不好意思及腼腆等是正面的，不害臊、脸皮厚、不识相是负面的；辱是外在的，耻是内在的，而内在的耻的激发往往来自外在的辱的刺激。翟学伟．耻感与面子：差之毫厘，失之千里 [J]. 社会学研究，2016(1): 1−25, 242.

③ 刘同舫，史英哲．人的解放与福柯的反抗权力策略 [J]. 华南师范大学学报（社会科学版），2013(5): 48−53, 207.

子，可一位女生误听为教师在喊她（他们两个名字有点相近，男生姓箫，女生小名叫笑笑）。她慢慢地起身，搬着自己的小椅子向那个位子走时，老师说“不是叫你”。她迅速地转身、蹦向自己的位子，高兴得把椅子都落到了地上。见此情形，几位实习生与见习生都忍不住笑了。

那个特殊位子的负面意义对幼儿来讲，已经是不言而喻了，能回“原位”似乎让她喜出望外。特殊空间（固定专座、“黑点”位子）只有依据构成它的对象和过程才能被理解。但是，我在观察和访谈时发现，这个特殊位子会随着时间的流逝而功效渐失。因为无论是处于“污点”位置的本人，还是其他幼儿，起初都会对此位子有较高的意识，但当教师与其他幼儿的关注焦点从受罚者幼儿身上移开后，他们在短时间内会“忘记”受罚者角色（除非被反复提醒）。

2. 拆散“小伙伴”

幼儿只有与他者建立情感关系，才能在主体间的互动中将自己视为独立的主体。他们试图通过缩短空间距离来拉近与他人的心理距离。空间位置能够部分地反映幼儿之间的情感关系。幼儿间的友爱具备亚里士多德（Aristotle）描述的特征：彼此的善意、双向性互动、相互的认知和共同生活。[①] 有些教师将坐在一起能产生巨大“负能量”的幼儿分在不同的组，尽量不让其相邻而坐。

调皮的孩子具有“传染性”。……我们班前面两桌的孩子比较乖，后面两桌是调皮的。后来老师觉得后面太吵闹——上课时他们发出的声音都盖过老师了，就调了一些乖的孩子到后面。结果原本很乖的孩子——永远是受老师表扬的那种，调到后面去以后就被“传染”了，变得特别调皮，上课讲话。每天都被老师批评，“你以前那么乖的，怎么调到后面这么调皮？”老师每次都是这句话。他们又难过，又觉得委屈。……以前不乖的孩子，对老师的批评已经无所谓了——已经是“老油条”了。（J 幼儿园大班实习生小苗）

教师分隔这些幼儿的目的是让他们陷入“孤立无援”的空间结构中，他们的身体往往处于非活跃状态。但是，“小伙伴们”一旦重聚（他们也会想方设法重逢），他们身上潜伏的能力便很快在互动中被激活，迸发出来，且有燎原之势。有些教师把“调皮”的幼儿放在“乖”的、文静的幼儿中间，以抑制“调皮”幼儿的躁动与“负能量”的扩散。因为如果两个行动者的经验、习性不同，那么交流就会相对困难。可是难免会事与愿违——“乖孩子”被“传染”。

① ［古希腊］亚里士多德．尼各马科伦理学 [M]．苗力田，译．北京：中国社会科学出版社，1999: 172, 176, 183, 185.

3. 隔离“异域化”

权力借助空间的物理性质发挥作用。在有些事件中，空间的转换也可能凸显出一种重要的影响力。“距离控制”使幼儿不能被他者聆听、看见或无法与熟识者互动。有的教师让违反纪律的幼儿待在自己身旁，让所有幼儿们意识到不听话的幼儿遭受了区别对待。另一层考虑是通过近距离达到增加控制力的效果，近距离空间使师幼和幼儿间的相互作用力增强。

几乎所有被访谈的幼儿园教师都承认他们或警告或真正实施了“隔离”手段，将“屡教不改”的幼儿“放逐”到另一个班（常常是隔壁班，有时是众所周知的“厉害”老师的班级中）。目的之一是让其在陌生的环境中减少不良行为（过度或不适的行为），反省自身行为的错误，也通过其他班级中师生异样的眼光，或“幸灾乐祸”的言语，让不听话幼儿产生羞耻之心、悔过之意（有的教师为了让幼儿“丢脸”，将“不听话者”置于低年级班，让“弟弟妹妹”羞臊[①]他们）。幼儿园教师将幼儿与本班同辈隔离，使“调皮”幼儿陷入孤单与孤独之中。“行动从来不可能在孤独中存在，孤独意味着被剥夺了行动的能力。”[②]

“异班隔离”将幼儿排除在作为合格的共同体成员而参与共同体生活的权利之外，通过身体控制的技术使幼儿陷入孤独的境地，从而暂时丧失了与他者交往的可能性，也剥夺了幼儿的基本情感需要。[③]但是，希林（ChrisShilling）指出“即使身处最不同寻常、最具压迫性的环境，（个体）也能至少在一定程度上改变其所处情势。”[④]以空间转换为策略的纪律约束有时只能规限问题出现的地点，不能阻止这些问题发生或者在别处再发生。对某些幼儿来讲，“异班隔离”起初有效，后来他们只把他班当作一个普通空间。那套不受“待见”的行为继续上演，但他们的行为不会直接或明显地干扰他班的幼儿，这也算此招的效果吧。如果把两个及以上的幼儿作“异班隔离”处理，效果会更差。因为结成对后，在他班时的不安全感会降低，而且他们有了互动的对象，“越轨”行为可能继续发生。此外，如果“受罚者”被送到他班后，他班正在开展有吸引力的活动（如看动画片），那么相当于给“受罚者”提供了福利，他可能会“乐不思蜀”。

① 美国人类学家菲斯克（Alan Page Fiske）等人发现，“羞臊”（shaming）是东亚社会中教育孩子时惯用的手段。

② [美] 阿伦特 . 人的境况 [M]. 王寅丽，译 . 上海：上海世纪出版集团，2009: 147−148.

③ [德] 霍耐特 . 为承认而斗争 [M]. 胡继华，译 . 上海：上海世纪出版集团，2005: 105.

④ [英] 希林 . 身体与社会理论 [M]. 李康，译 . 北京：北京大学出版社，2010: 216.

二、理解“刚性手段”

幼儿园教师之所以能实施“刚性手段”更多地因为制度安排。[①]在中国的文化背景中，社会赋予教师以传统权威地位，国家相关制度让教师成为了法定权威。在中国的教育传统中，教师被认为是传道、授业、解惑者，常被塑造成令幼儿顶礼膜拜、不可平视的对象。在这种师道尊严的文化氛围里，教师具有强权威性，而制度的安排更易让幼儿察觉教师权威的强制性、控制性。在两种合力下，教师的强权威性和学生的强服从性成为师生关系的突出特征。

刚性手段背后潜隐着幼儿园教师对“自主”支持效果的不确定[②]。由于教育效果的迟效性和幼儿的发展受多种因素的影响，在特定的时间里，教师既难以自信地预测自己“尊重自主”的功效，也很难得到及时、显性的反馈。而当教师不能或难以看到自己“创新”的效果或回报时，挫败感、无力感就不免侵蚀、弱化教师的自信心。[③]控制能给教师带来安全感和自我实现的感觉。律令主义指引下的一整套规范，既是对幼儿行为的严厉控制，也是对幼儿精神的控制；它既是一套身体控制术，也是一套严密的精神控制术。

刚性手段背后隐藏着幼儿园教师对“秩序”的偏好[④]与最小阻力路径的依赖。课堂秩序问题是身体的顺从与逾越规范的问题。规训身体的目的在于维持课堂秩序稳定。幼儿有着无限的活力与瞬间式能量。每位幼儿园教师要面对一个班三四十名（甚至更多）幼儿，他们忙于教学事务、幼儿的生活事务、参加评比、接受检查等活动。作为本质上是“凡人”的教师，往往希望幼儿都能乖乖听话，不要给自己的工作增加“额外”的麻烦，能让教育教学活动平稳、顺畅地进行。贝克尔（HowardS.Becker）提到过一位教师对建立期望的师生关系之看法：“你绝不能让他们占上风，否则你就完了。所以，我一开始总是表现

---

① 幼儿有时不听实习与见习教师的话，部分地因为幼儿觉得自己与他们并无直接行政隶属关系，他们不对自己有支配权力。制度安排让教师拥有了一些权力，无论他们是否会动用这些权力，这些权力都自动地包含在师幼关系中。

② 干预措施有效性的相关研究发现，干预措施可以帮助教师从观念上改变他们对支持自主型教学风格的有效性及可行性的认识。

③ 李润洲．实践逻辑：审视教育理论与实践关系的新视角 [J]. 教育研究，2006(5): 15–18, 29.

④ 可以这样理解“秩序偏好”：幼儿园可以有秩序而无自主，但不能有自主而无秩序。赵汀阳认为，“人们不仅需要有序的生活，而且更希望有好生活。尽管好生活通常是有秩序的，但仅仅有秩序远不足以造成好生活。”见：赵汀阳．论可能生活 [M]. 北京：中国人民大学出版社，2004: 34.

严厉。上新课的第一天，我就让他们知道谁是老板……只有一开始严厉，你才有可能逐步放松。如果你一开始就放任自流，当你想严厉时，他们就只会看着你并发笑。”[①]可见，教师们会小心策划自己的“表演”，以便使其对学生的控制游刃有余。

教师在对待幼儿时并不缺乏“家长式的爱”，欠缺的是平等的现代意识，是尊重幼儿自主选择其生活方式，让幼儿成熟并走向自治的理念坚守。所有教师都会犯错误，这或是由于他们缺乏知识、判断力和相应的能力，或是由于他们的偏狭和自私。即使教师有良好的意愿，教师间也会有正义观的冲突。在处理幼儿园事务中不可能获得完善的程序正义，因为同意一个程序比根本达不成协议更可取（如收看电视节目时，征求幼儿的意见，必定有些幼儿的意愿无法实现，教师会遵循多数裁决原则或“大声”原则）。有时教师的教育手段只具有道义上的正当性，而缺乏智慧上的正当性。他们常把“权威”与“威信”混淆。威信更多的是指建立在个人魅力上的精神性感召作用，而权威是个人相信自己施加影响的权力的合法性基础上要求别人服从的可能性。[②]

行为者有时会为了满足目的而“不择手段”。有的教师为维护班级整体的利益往往对个别幼儿进行更多、更强的约束。中国人思考问题与为人处事常以特殊性始而以普遍性终。费孝通先生建议将“心”等概念引入中国社会研究中，[③]这样能为理解人们的行动提供一个独特的视角。

第四节　隐性控制：让幼儿就范的无形之力

幼儿园教育是权力实践的重要领域，教师对幼儿的控制是通过分散的权力网络（微观的多元化权力）经由规范时间和空间而形成特定的社会情境来运行的。幼儿园教师会使用各种控制技术来达到自己的目的。弗拉维尔（Flavell）认为，控制技术是成人与儿童交往时的设计（塑造）、促进、引导、命令（监督）、制止等行为。[④]有些技术的“控制”意图是幼儿意识不到的，对幼儿来讲，是隐性的。教师的权力更多地是以温和与隐蔽的方式来发挥作用。

---

① [美]波普诺．社会学[M]．李强，等，译．北京：中国人民大学出版社，2007: 134.

② [美]约翰逊．社会学理论[M]．南开大学社会学系，译．北京：国际文化出版公司，1988: 6.

③ 费孝通．试谈扩展社会学的传统界限[J]．北京大学学报（哲学社会科学版），2003(3): 5−16.

④ 李冬晖，陈会昌，侯静．父母控制与儿童顺从行为的研究综述[J]．心理学动态，2001(4): 341−346.

一、建立常规

现代社会结构中的任何一个系统都会呈现“标准化”和“控制性”的基本运转方式，教学系统同样服从这样的秩序。[①]幼儿园的“规范”就是师幼行动的“模式”与“法度”。“规范”以“制度”与“非制度”的形式呈现，前者以规章、指令等明文或明言的形式展现，具有明确的、正式的、刚性强制的特征（内容趋于“精细”，因为笼统而含糊的要求形同虚设），后者包括社会结构中的“习俗”“惯例”“共同心理状态”等内容，具潜隐的、非正式的、柔性的约束特征，非制度的规范能够迎合幼儿园教育活动的灵活性、创造性和情境性。教师和幼儿对自身行动的规范化特征未必都保持高水平的意识。在“检查”“评比”或“课改”时，规范系统就显现出鲜明的规限作用。“评估指标”一旦以制度的形式出现，就会对幼儿园教育的实际形态产生广泛而正式的影响。处于行政体系上位的权威（如园长、主任），他们的公开“意见”、明确的指令也会成为具有“明言”性质的制度性规范。

常规教育是幼儿园教师有序、顺利开展活动的基本保障，无论是自主支持风格的教师，还是自主抑制风格的教师都会非常重视幼儿常规意识的建立，重视用常规教育来形塑幼儿的生活节奏与结构。科萨罗（W.A.Corsaro）指出：“‘常规’（routines）本身具有惯习性（habitual）、理所当然性的特点”[②]，常规教育常表现为反复进行的规范化训练，也是时间的技术。因为如果没有教师的耐心和时间的积累，“请求”或“要求”就无法进行并将规范化转化为身体的建构，从而使一种强加的命令转化为幼儿的自我认同。这样才能生产出易于控制且极具效能的个体乃至群体。

幼儿生活世界的主要内容：早操、集体学习、日常游戏、吃饭、喝水、如厕、睡觉、节庆活动。列斐伏尔（HenriLefebvre）认为，任何节奏都是生物节奏与社会节奏的结合体。[③]幼儿园的生活节奏作为社会节奏，有别于自然节奏或生物节奏，它对幼儿的生活具有支配性优势，其优势地位改变了幼儿的生物节奏——幼儿通过遵守园内、班内的作息时间安排，服务于幼儿园教育目标。

菲利普斯（D. J. Phillips）等人认为，“也许在教与学的过程中，没有比

① 董洪亮.形塑与创生——制度性规范与个体教学行为关系的社会学分析[J].中国教育学刊，2007(12): 51-55.

② [美]科萨罗.童年社会学[M].程福财，等，译.上海：上海社会科学院出版社，2014: 20.

③ LEFEBVRE H. Dialectical Materialism[M]. STUROCK J, translated. London: Cape Ltd, 1968.

如何看待和运用时间能产生更大的影响。”[①] 时间是人体验生命和感知世界的基础。钟表时间作为一种标准化、匀质化、公共性的时间，逐渐成为幼儿园的主导时间。它通过抽离自然情境和替代幼儿生物节律而成为新的固化制度。幼儿最初无时间概念，然后形成了事件化的时间观，最终要适应制度化的时间。时间已然成为幼儿存在与发展的秩序。

有学者指出“现代教育演化的过程正是测度时间观念在教育中逐渐占据主导地位的过程”[②]。制度化的时间是对生活情境的一种抽象和脱离，也外在于幼儿的生理节奏和心理意识。它束缚和制约了幼儿，使幼儿的身体和意识被规制于外在秩序之中。

幼儿的个人生活以幼儿园的制度化安排为基准，他们须在统一的时间内做相同的事，否则就被视为违规。这种制度体现出的是理性维度的秩序性，它较为重视幼儿的同一性，常忽视感性维度的多样性与幼儿的差异性。它促成了管理的便利性，服务于以知识传授为主要目标的传统教育模式。

教师通过时间表的制度安排，以及对幼儿身体与动作姿势的规定来控制幼儿的身体。规训权力常以“仁慈”的方式严密紧凑地作用于人体的各个部位。[③]“小嘴巴，闭闭好；小手，背背好；小脚，闭闭拢；小眼睛，看老师”、“把板凳坐满”（担心板凳倒了，幼儿会摔跤、受伤）、“坐好”、“回你的位子上去”，这是教师上课时惯用的语言。教师会不断点名表扬“表现”好的幼儿。幼儿的身体与行为被完全纳入权力的网络和程序之中，逐渐地被“秩序化”。教师弹奏的不同旋律与节奏的音乐，也参与了对幼儿身体的形塑，在日常的重复中也与幼儿的“规范”动作形成了固定的联结。

教师们似乎存有这样的意识：要发挥幼儿的生产性功能（如学知识、长本领），就必须对其身体进行严格的控制。上课时，如果教师没有“请你发言”，就“不要说话”。[④]

游戏结束后，幼儿们把桌上的玩具放回了筐里。娇娇（女，J 幼儿园小班）坐在自己座位上时发现地上有一个玩具，就马上说：“老师，地上有一个玩

---

① [美] 柯蒂斯，[美] 卡特．和儿童一起学习：促进反思性教学的课程框架 [M]. 周欣，等，译．北京：教育科学出版社，2011: 5.

② 杨一鸣．教育与时间——现代教育基本特征的初步研究 [D]. 南京：南京师范大学，2003.

③ 刘同舫，史英哲．人的解放与福柯的反抗权力策略 [J]. 华南师范大学学报（社会科学版），2013(5): 48–53, 207.

④ 但这使“我”（幼儿）的语言不再能够被其他幼儿和教师聆听，也就无法在相互的语言沟通中及时达成彼此间的沟通与理解。

具。”老师说：“请举手发言。”她立刻把手举了起来，又说了一遍刚才说的话。老师又说，“请你举手的时候不要说话，你把手举起来，我来问你什么事，你再回答。”娇娇按照老师的要求做了，老师才让她把玩具捡起来放回筐里。

教师根据幼儿具体、形象思维的特点，将幼儿的身体进行微分处理。通过一遍遍的重复使幼儿从权宜的服从转变为自我的约束，这种内化确保了对肉体的最高效能的征服。经过长期的训练后，教师与幼儿各说半句式的问答模式，会成为一种“条件反射”式的印刻。初入职的教师试图根据幼儿的特点，“巧妙”地利用各种身体和空间技术，频繁地“教育”每一个身体。J幼儿园大班实习生小苗说，她曾经做过一个实验，在幼儿正在做事时，她说了口令的上半句，幼儿立马接了下半句口令。还有，D幼儿园中班的G老师说，她经常听到班上的一位小女孩对着她这组的幼儿说“小嘴巴”，其他幼儿马上说“闭闭好”。惯习就是在高频的、重复性的服从指令下形成的，然后惯习又可实现对制度和权力的再建构。

权力还善于运用仪式性操演来自我赋权（self-empowerment）。仪式由一系列程式性行动所组成，参与者须按程序、步骤，各司其职或整齐划一地行动。仪式不仅是权力自我赋权的一种方式，也是权力展示的有效途径。[①]

D幼儿园每天早晨，有挑选出来的幼儿“标兵”，身上斜挎着写有“礼仪标兵”字样的丝带，在幼儿园门口迎接来园的幼儿，并说着“Morning，早上好，请刷卡入园。”本园的一个小班，在吃饭之前，有一个“仪式性”的对话。每个人都拿到自己的饭菜后，坐在自己的位子。老师说“小朋友们请”，幼儿们齐声回应“谢谢老师，大家请”，然后被要求安静地吃饭。

这些仪式虽外在于幼儿的家庭生活，像一种刻意营造的表演场景，但它们传达了某种价值认同（如统一行动，强化了既定的秩序和结构），有助于参与者增强整体归属感，至于他们的思想能否达成一致这是次要的。卡西尔（Ernst Cassirer）指出，仪式激起的是感情而非思想。[②]仪式虽然承载着价值或美德，但从管理的角度看，仪式似乎比信念重要。群体成员通过共同参与某事、某种程序，一起享用某种东西，以便于激发某种共同的情感，维护权力的稳定。[③]

二、生产空间

我国幼教工作者已对幼儿园活动室内的区角创设、物理空间重构给予了高

① 范可．权力与稳定 [J]. 江苏行政学院学报，2011(5): 58-64+75.

② [德] 卡西尔．国家的神话 [M]. 范进，等，译．北京：华夏出版社，1990: 27.

③ KERTZER D. Ritual, politics, and Power[M]. New Haven: Yale University Press, 1988: 68-69.

度的重视。活动室的设计遵循有利于教师“表演”与控制幼儿“表现”的内在逻辑，以降低管制成本与提高“教育”效率。而且，幼儿园领导会定期或不定期地检查，督促教师们进行环创，区角也成了集体教学区的补充。但是，对于活动室内空间的分隔和设备的安排应符合哪些原则，如何创设有助于幼儿产生我们期望的行为的活动环境等问题，还只是停留在经验的水平上。① 教师设置了区角，却缺少丰富、合理的材料与充足的空间，使区角形同虚设。但是，当某处空间被用物理障碍或距离标识出来，它便进入社会化的关系网络中。

幼儿园的空间是一种社会建构，师幼关系也是在空间中被建构的，不同的师幼关系会形成自身的独特空间，这种关系又通过特定空间的布局和建构得以巩固。这些都体现着权力的空间化。在权力空间化的过程中，话语发挥着重要的建构功能——限定着空间实践者的行动。②“自己的位子”“回到自己的位子”等符号，使表面自主的身体被限制在“法定”的私人空间中，于是幼儿便被“囚禁在一己的私人领地”。③ 虽然教师通过分组，赋予幼儿一种集体身份，但幼儿在班级这个共同体中的生活常常失去公共性这一基本属性。

幼儿园生活中的位置、场所、先后、次序等，往往包含着复杂的权利关系和社会文化意义。空间是幼儿园教师教育实践的中介，他们通过重组空间来分配幼儿看重的“稀缺”资源（如能坐在老师旁边也是一种资源，不过有时坐在老师旁边是一种惩罚，能起到临近控制的作用）。幼儿在表现上越趋近教师的要求与期望，在班中的社会地位就越高。这种社会地位体系拥有一种空间形式，地位分化和空间分化常常是相关的。有些教师会定期调换小组的位置，以确保每组有“长时段”靠近教师的机会，避免资源分配不公。教师也通过定期调换小组内幼儿的位置，让幼儿在空间变换中享有接近教师的公平机会。

但是，教室空间上的边缘区域不必然是功能上的边缘地区，空间上的中心地区也不必然是功能上的中心地区。教师心中的中心地区与幼儿的可能相反。师幼的中心和边缘地位不是由绝对位置决定的。幼儿也可以通过“下位”（离

① 朱家雄，郭宗莉．幼儿在不同空间分隔和设备安排的活动室内的行为的比较研究 [J]. 学前教育研究．1996(3): 44-46.

② 林聚任．论空间的社会性——一个理论议题的探讨 [J]. 开放时代，2015(6): 135-144, 8.

③ [美] 阿伦特．人的境况 [M]. 王寅丽，译．上海：上海世纪出版集团，2009: 39.

开座位)[①]或“乱走”打破这种固化形式。“乱走”的幼儿并不是纯粹移动的生命体，也许是带有“计划”的目的性存在——最起码在有些老师的眼中是这样的。舒茨(AlfredSchutz)认为真实是社会建构的——人们不是以自然的方式，而是以一种他们认为有意义的方式来描述世界。

我们班就有一个男生，4岁多。你怎么说他，他也不会听的。……感觉那个孩子，家长宠爱，管不住。父母也是离了婚的，父母也不管的，爷爷奶奶在带。爷爷比较宠他，什么都将就他，他犯错时爷爷还在维护他，跟我们老师讲的是“不是他的错”。这个孩子好像就学会了推卸责任这一点。感觉爷爷要保护她，我不怕，爷爷反正不会打我。然后，就要挑战老师的权威。(我问老师，孩子真的有这种意思吗？老师说“是”)你说什么，他不会听的。你叫他坐在哪，他不会坐，他到处走、到处爬，还到处去玩。我觉得特别无可奈何。(L幼儿园中班L老师)

教师将“管不住”的幼儿视为对权力结构的有意“挑战者”，而不是从幼儿内隐的冲动与快乐的追求方面来诠释。这与科萨罗(W.A.Corsaro)等人的观点相似:“儿童有挑战成人权威并获得自己生活控制权的愿望。”[②]

三、选择性反应

鲍姆林德(Diana Baumrind)指出，“反应”是成人鼓励幼儿个别化及自我主张，他们支持幼儿的需求，其“反应”的要素包括温和、互惠以及以幼儿为中心的讨论；而“要求”是指成人对幼儿以自己的期望和督导的方式与教养的效果来要求幼儿，并且对抗幼儿不适当的行为。其“要求”的要素包括对抗、督导以及持续坚持的管教。

幼儿在“局限而又具体的场景”中，需要动用自己的智慧、技能与意志来完成各项活动、努力克制自己的言行，这常被教师“捕捉”到。因为教师会关注和从事那些支持和再生产“有序课堂”的实践。教师会毫不吝啬地、高频度地使用“乖”“懂事”“你真棒”“你很聪明”之类的话夸奖幼儿。

但是，一个“乖”字、一句“你真棒”“你很聪明”的通用评价，常会掩

① 下座位会给教师带来麻烦。J幼儿园大班实习生小苗说：“……我们班老师就和我说过，有一次孩子们下座位，声音比较大，园长正好路过看到了，园长就说(批评)她‘教室闹哄哄，乱哄哄的，老师在干吗？’从那以后，老师就不允许他们下座位了。”园长把幼儿下座位的行为认定为教师的过失。

② CORSARO W A, EDER D. Children’s peer cultures[J]. Annual Review of Sociology , 1990, 16(1): 197–220.

盖幼儿的努力过程，并消弭了不同的“乖”“棒”的区别。而一旦幼儿的世界里充满了环境的投射，当外在评判标准不统一甚至矛盾时，幼儿就会失去自我。“教育中的个性赞许只能以自主能力的提升和精神品质的完整为目标，避免以单一的标准来评价儿童。所以，针对儿童个性成就的承认就应该是着眼于儿童潜在的可能性，采取开放、多元、弹性的评价标准。”①

Z老师（D幼儿园小班）在黑板前教幼儿如何画糖葫芦，如何上色，通过不同的颜色来代表不同口味的糖葫芦。示范结束后，Z老师给每位幼儿发了纸和水彩笔，幼儿开始自己画。Z老师四处走动，观察幼儿画什么、画得怎么样。

一位幼儿并没有按Z老师的要求画“糖葫芦”，Z老师过去提醒幼儿，“老师今天让你们画的是糖葫芦，你照着黑板上老师画的画糖葫芦。”然后Z老师离开了。但这位幼儿并没有听老师的话，还是画自己想画的。Z老师发现后，又走过来。握住幼儿的手画了一个糖葫芦，让她上色。之后，Z老师对类似的情况都采用此法“纠正”。到点评时，Z老师没有对未画糖葫芦的幼儿进行点评；对画了糖葫芦而又画了其他图案的幼儿，只对他们画的糖葫芦做了点评，对“额外”的创作“视而不见”；对完全听她的要求只画了糖葫芦的幼儿，Z老师表扬了他们。

教师采用设立常规的方式来维护活动的有序性，以将某些实践宣布为“违规”的、“不乖”的方式，或以某种幼儿理解的“姿态”来推动日常秩序的建构。米德（G. Mead）把身体在交往实践中构造的符号分为“姿态”和“语言”两种类型。②教师的身体发出承载某种社会性意义的符号，而这些符号被幼儿接收到，并根据符号做出相应的反馈，这一过程构成了实践关系的基本单元。其中，身体与符号的互动是整个过程的核心。“姿态”可能是教师为了刺激幼儿做出某种反应而产生的一种动作，也可能是教师对幼儿发出的符号的反应，或无反应。有时教师判断幼儿是为了寻求关注而破坏纪律，就会选择性地“视而不见”“听而不闻”，以免强化幼儿的“失范”行为。教师与幼儿都会依据对方固有的符号表现习惯来做出调整，以维持和谐或促进效率。

姿态是符号的低级形式，但是这并不代表它的作用比“语言”符号低。它在意义的传达上跟语言一样具有举足轻重的地位。因为它比语言更直接、真实，甚至深刻地反映了幼儿与教师内心的某种态度。如果教师仅仅依靠语言与

① 金生鈜. 承认的形式以及教育意义 [J]. 教育研究, 2007(9): 9–15.

② [美] 米德. 心灵、自我与社会 [M]. 霍桂桓, 译. 北京: 华夏出版社, 1999: 14.

幼儿进行互动，那么幼儿就很难调动所有能量来理解符号的真正意义。当教师对鼓起勇气回答问题的幼儿用一种不屑的表情或否定的手势来回应时，他/她是在制造一种“符号暴力”①。这样的情境会对幼儿的热情产生不可估量的消极的影响。幼儿很可能就会因此而一直用被动的、漠视的态度来对待教师发出的各种符号。

教师有时通过满足幼儿的物质需求来麻痹其思想，幼儿因此成了沉溺于身体物质享受的“单面人”而不再具有反抗意识。

四、知识崇拜

福柯（M. Foucault）说，当代社会的权力在温和的外表下通过知识体系去实践，因为知识或者真理与权力紧密结合，相得益彰。真理与权力体系和权力的效应之间存在着循环关系：一方面权力体系生产和确认真理；另一方面真理吸引权力，而真理的统治地位也因此而延展。②在幼儿园，知识的教育价值和道德价值是被看重的。教师常凭借温和的、细致入微的柔性控制，使教育活动成为通过传授知识而处置幼儿的机械过程。把幼儿的未成熟状态仅仅视为缺乏发展，使知识成为幼儿的唯一或者是极为重要的规定性和本质，以“知识人”的塑造为目的。无论教师还是幼儿仿佛都有点“知性傲慢”，以能背儿首诗、能做四则运算、能识多少字为骄傲（“聪明”是教师评价幼儿的另一个标尺，“聪明”的幼儿往往是受教师宠爱的，受其他幼儿羡慕的），教师的知识似乎是先天为真而且先验有效的。把幼儿丰富的人性简化为单一的认知本性，实施的是一种知性教育或知性德育，这导致了教育所承载的“为人性”价值旁落。哈耶克（F. A. Hayek）曾言，“大凡能以极高的代价获得之财富，知识可能是其间的最为重要者”③，极高的代价之一就是幼儿个性的丧失。“教育必须走出以牺牲人的个性来换取知识、以人的异化为结果的怪圈。”④

教师秉持着成人社会的优越感和对幼儿未成熟的忧虑，对幼儿施加显性强制或隐性控制（诸如满堂问、假对话的教学等），使幼儿应有的主体地位无法确立。教师沉醉于刺激—反应和输入、输出、反馈回路的行为科学技术，本应有的文化批判性被精密的教学预设所吞噬。他们把获得知识和开发智力视为幼

① 苏启敏．教学活动的实践逻辑 [J]. 中国教育学刊，2013(9): 27–31.

② 周慧．福柯三角：知识—主体—权力 [J]. 现代哲学，2013(5): 67–75.

③ [英]哈耶克．自由秩序原理 [M]. 邓正来，译．北京：三联书店，1997: 726

④ 侯素芳．秩序中人的发展与教育 [J]. 外国教育研究，2003(7): 15–17.

儿园教育主要的评判标准，并不看重幼儿是否真的理解知识，也不看重知识对幼儿人生的真正意义，而在乎幼儿能否再认与再现知识。本应成为幼儿发展脚手架的知识具有了本体论价值，本应成为目的的幼儿变成了学习知识的工具。

有些教师认为获得知识可以帮助幼儿提高自主能力，但幼儿园教育可能滑向“唯智主义”。“科学知识和科学世界是学生生活和幸福生活的可能的理想世界之一，科学知识当然可能是有意义的，但在教学中，这种意义存在的前提是不以科学知识的学习而遮蔽学生的幸福生活；换句话说，知识的学习仅是帮助幼儿探究有意义生活的工具而非幼儿生活的终极目的。”①“教育并不是一件‘告诉’和被告知的事情，而是一个主动的和建设性的过程。”②

五、孤立“不乖者”

除物理空间上的隔离外，幼儿园教师还会制造社会空间的隔离——隔断“不乖者”和其他幼儿之间的社会联系。个别教师有冷暴力行为，如对幼儿不友好，甚至拒绝或排斥一些幼儿（有位老师对实习生、见习生和其他幼儿说，不要理某位幼儿，其他幼儿也如此说）。这形成了源自教育共同体内部的排斥，剥夺了同伴的友爱和教师的关爱，否定了儿童的情感需要。“被爱”构成了幼儿参与教育共同体伦理生活的必要前提，也是他们健康发展与走向成功的情感条件。③幼儿的发展不可能在“孤”“独”的环境中进行，而必须在与他者的交往中实现。社会空间的隔离不是强行限制幼儿行动的自主性，而是剥夺了幼儿与他者进行主体间交往的资格。自我本质上是面向他者的，爱作为来自他者的肯定性情感表达，让幼儿确认了他者接受自我的事实，也可能促使幼儿发展出基本的实践自我关系——自信。

“视而不见”是教师疏离幼儿的另一种方式。教师把某个幼儿视为可以忽略的存在，表达对其冷淡与漠然的态度，而将此幼儿推入私人化的生活中。

---

① 程良宏 . 控制性教学批判与超越 [J] . 全球教育展望 , 2008(4): 16−20.

② [美] 杜威 . 民主主义与教育 [M]. 北京 : 人民教育出版社 , 2001: 46.

③ 四川省 C 市的一位幼儿园教师告诉我，他们园有个中班的女孩，经常被老师送到她班。有一次，她温柔地问女孩（女孩的老师比较凶），为什么老是不听话、爱发脾气。女孩起初没回答，过了一会儿突然伤心地说：“妈妈不爱我，只爱弟弟不爱我”。这位老师说，听了这话后很心酸。女孩的爸爸是个军人，平时没时间管她，现在的妈妈是后妈，对她也不好。妈妈来幼儿园时，抱着弟弟，女孩落在后面老远，妈妈也不管。我听后心里也有点难过。

小结

自主的尺度很难把握，教师们要么让幼儿自主过度，导致他们无秩序、无纪律地恣意妄为；要么给幼儿的自主机会太少，难以培养他们的自主性和创造性。因为担心自主会导致价值虚无，教师们采用设定规范、规训、内化规范“三位一体”的权力运作模式，综合运用各种方法达到自己的目的。除了运用柔性的方法鼓励幼儿的自主发展，他们也运用一些刚性“控制技能”来抑制幼儿的自主。布迪厄（P. Bourdieu）认为，每一个具体的场域中都有“强势”与“弱势”、“整体”与“个体”间的各种排斥与对抗。[①] 幼儿园生活中的权力往往隐藏在温情和关切之中，显性的强制和激动的气愤只是不得已而为之的次要手段。只有当幼儿打破了原本“理所当然”的稳定情境——要么被视为故意的破坏者，要么被视为无心的添乱者时，教师才可能有意识地诉诸强制和隔离。教师对幼儿的控制不总是以纪律规训而显现出来，它常常只是通过幼儿园的日常实践而被隐性地、共同地加以生产和再生产的。

其实，无论“爱”还是“怕”都需要感情介入，都是为了让幼儿喜欢上自己（L 幼儿园的 L 老师说，“孩子们肯定喜欢宽松、和蔼一些的老师”），但维护教师的权威，更有利于教育的开展。尽管教师实践的方法遵循一种模糊的逻辑，但是同一类型的实践还是在各种偶然性和独特性中显示出某种程度的相似性，教师会运用“柔气场”（温和亲切、热情活泼）吸引幼儿，使其听话，达到“亲其师，信其道”的效果；教师也会运用“凶气场”（严肃、压抑、恐惧）震慑幼儿，抑制不听话行为，避免集体破坏规则与羊群效应。

“气场”的营造可以展现教师们的“实践智慧”，但智慧的不足往往也会导致良善动机驱使下的不正当行为。手段的第一要务是有效地实现目的。手段对于目的的服从或服务与手段的效率或效果，是选择手段时的首位要求。经验在潜意识中驱动着教师的行为，并时刻提醒他们应该怎样而不应该怎样。教师们可能按照“经验”千篇一律地处理问题。这种“格式刷”式的方法多数时候未必能真正应对变化莫测的具体情境。从有些教师的手段上可以推断，他们对幼儿自主性的培养仅仅具有“形而上”的模糊意识，自主似乎只具有批判功能，并未体现出建设性与实践性。幼儿园中的威权型管理目标直指幼儿的身体规训，看似有“立竿见影”的效果或教师自认为有效。但教师过度束缚幼儿的

① 闫兵，杜时忠. 教师道德敏感的生成性制约及其超越——基于布迪厄“实践逻辑”的视角 [J]. 教育发展研究，2016(18): 80-84.

身体行动，就无法获知幼儿的心理发展水平与即时的心理状态，[①]也可能会导致幼儿难以形成民主精神、平等意识，亦难形成自主意识（依赖性强）、权利意识及责任意识，出现缺乏客观判断力与削弱选择能力的趋势，最终限制了个体的自主性与创造性的发展。

如果从结构功能主义或冲突理论的视角，我们可以看到幼儿被控制的一面，但从互动论出发，我们可以发现幼儿园系统中的个体拥有一定程度与范围的行动自主。在教师们不同程度的自主支持下，幼儿有着自己的“生存智慧”，他们会展现出什么样的“众生相”呢？

---

① 德裔美籍哲学家卡尔纳普（Rudolf Carnap）指出，不与任何身体相联系的他人之心是根本不可知的。

第四章　幼儿的自主与教师的形塑：必要的反思

每一名幼儿都有独特的“习性”，“习性”中与自主有关的维度包括主动性①（动力系统）与自我控制力②（制动系统）。幼儿自主性发展的重要特征就是自我控制和主动大胆达到和谐与平衡。③陈会昌说，孩子成长的最理想状态就是这“两颗种子”都饱满。可是幼儿的自主面临着自身的两大挑战——缺少主动性与失去自制力。针对这两大挑战，教师的责任是激发幼儿的主动性与施加必要的限制。他们通过营造“气场”来施加教育影响与履行责任。当不同“习性”的幼儿遭遇到不同的“气场”时，就可能表现出不同的自主类型。主动性、自我控制力都强的幼儿更可能表现出“理想型”的自主；主动性、自我控制力都弱的幼儿更可能表现出“权宜型”的自主；自我控制力强、主动性弱的幼儿更可能表现出“赋权型”的自主；主动性强、自我控制力弱的幼儿更可能表现出“反抗型”的自主（图 4–1）。第一种类型属于张力平衡型，后三种属于张力失衡型，失衡往往会引发教师们的反思，这种反思也是必要的。

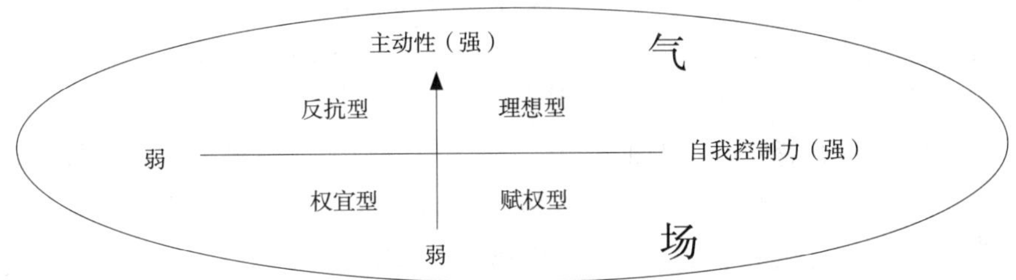

图 4–1　幼儿自主的四种类型

---

① 幼儿的主动性表现为在兴趣、好奇心或探究欲望的驱动下，做自己想做的事。

② 幼儿的自我控制力，即从幼儿约束自我的本意行为中反映出的遵从他人（特别是权威）的要求和期望的能力。

③ 邹晓燕，曲可佳．学前儿童自主性的发展与促进 [M]．合肥：安徽教育出版社，2015: 22.

不过，幼儿的自主是不稳定的，它既受幼儿自身优势领域[①]、情绪、教师“气场”的影响，又受物质环境、组织规章制度等方面的制约。幼儿在园的日常生活传达出了一种稳定性意象，可它又是短暂和不确定的；幼儿在园被时间控制的同时，还存有自然循环的节奏；当幼儿无法忍受幼儿园教学活动的惯常性时，游戏、节庆[②]、家长会（家长在教室开会，幼儿可以有较长的户外游戏时间）又带给他们愉悦；当其身处“凶气场”时，他们会被控制技术制约，变成权力的客体，但他们又具有一定的僭越能力；当在“柔气场”中时，他们变成意志与行动的主体，可能也会失去控制——因为幼儿的思想与行为原则是尽可能地增进他自己的福利与满足其欲望系统。幼儿在很多时候要涉及人际自主，他们如果不克制自己，就无法保持人际和谐。幼儿园的硬性规定也给了教师较大的压力，因此“柔气场”的持续时间，与幼儿“尽兴”所需的时间相比，往往有些短暂。幼儿的自主性也是一类存在，理想型自主在幼儿园极为少见，笔者在研究中并未发现此类自主，因此我只讨论其他三类自主与教师的相关反思。

第一节　赋权型自主：反思的机会与选择的保障

赋权是指帮助在社会生活中处于无权或弱权地位的个人、家庭、团体或者社区，提高其个人的、人际的、经济的或政治上的能力，从而改善他们现状的过程。赋权常与权力、控制、自我实现等问题联系在一起。[③]

“赋权”一词中的“权”，有“权力”与“权利”双重意义。如果幼儿能控制自己的活动，那么这个“权”就是“权力”。权力是个体影响他人思考、信念、感受、行动，并获得自己所需资源或达到自己目的的能力。它是个体为实现自己目标而筹措社会资源的能力，是一种控制力和影响力。赋权即重新分配权力，此为第一层意义。如果从控制减少或减弱带给幼儿的主观效能感以及活动质量的改善方面来讲，“权”可以被视为实然“权利”。权利是利益的容

---

① 多数时候，幼儿只有在其优势领域才具有较高程度的、短时性的自主。

② 幼儿园的节日活动可以让教师与幼儿的日常生活暂时脱离框架的控制，因此幼儿喜欢过节。节日也为幼儿的自主生活建立了缓冲区，可以在理性系统或结构之外还原幼儿日常生活的本质意义。

③ 范斌 . 弱势群体的增权及其模式选择 [J]. 学术研究 , 2004(12): 73-78.

器，[①]赋权即赋予权能与利益，权能是指利益得以实现的可能性，"利益是实现人的需要的社会形式"[②]，它是权能现实化的结果，这是第二层意义。幼儿的自主问题反映的是教育民主问题。自主首先是一个权利问题，其实对于处于"弱权力"或"无权力"[③]处境的幼儿，自主主要是一个权利问题（权力很少被移交）。幼儿的自主行为是其内心选择的表达，他们应享有实现自由意志，免受外人欺骗、控制、胁迫的权益与资格，这样才能体现对幼儿能力与积极性的重视，有利于激发幼儿的潜能，包括获取信息、制订计划、采取行动、评估结果和承担行动责任的能力。

一、教师"赋权"的动力

赋权既可能源于自下而上的利益表达，也可能源于自上而下的权力分配。前者体现出"弱者"的能动性力量，后者反映出"权威"的自觉性"让权"。

幼儿的身心随着年龄增长而逐渐成熟，他们也在不断地社会化。因此，幼儿一方面想满足自我需求，另一方面被要求遵守社会规范，内在能量与外部约束之间就会产生冲突。在社会规范力量较为强大时，幼儿的大部分时间和精力就会花在教师安排好的事情上。从活动观察与受访者的回应中发现，很少有幼儿提出自己的主张，部分原因是惧怕教师。

有一次，外面正下着小雨，D 幼儿园大班的 Y 老师正在娃娃家忙着布置环境，她让幼儿们集体观看动画片。我问正在折纸玩的晨晨（男，他不想看这个动画片）想不想出去玩，他说"想"。我继续问"你怎么不和老师说？"他回答"你说啥[④]"，说完又玩去了。

我猜测他不敢和老师说。一是因为 Y 老师的"凶气场"，二是因为幼儿的能力与资源缺乏。自主意愿通常"分散地"存在于个体身上，并无稳定的、公认的代言人及有组织的集中表达。在面对"强势"教师的安排时，他们往往保持沉默、顺从。有时候，他们在满足个人需求的欲望比较强烈时，就会通过语

---

① 唐代兴 . 从正义到公正的必然性和普适性 [J]. 伦理学研究 , 2015(6): 29–34.

② 陈尚伟 , 高永强 . 论人的需要及其合理性 [J]. 理论与现代化 , 2012(5): 38–44.

③ 海勒雅玛和塞廷戈克（Hirayama & Cetingok）认为，如果没有充足的资源，一个人就不可能对环境施加影响。塞拉诺－加西亚 (Serrano–Garc í a) 指出，经济和社会上的弱势者缺乏资源，因而他们缺乏权力。他们所讲的资源包括金钱、物品、认知技巧、身体能力、支持性社会网络等。无权是能力不足或资源缺乏的状态。引自：陈树强 . 增权 : 社会工作理论与实践的新视角 [J]. 社会学研究 , 2003(5): 70–83.

④ 在四川方言中，此处的"啥"表示祈使语气。

言与行动向教师明确表达出来。当导致集体性“请愿”或“反抗”发生时，教师就不得不考虑是否“让权”——做出让步，满足幼儿们的愿望。

不过，任何幼儿园教师在某些时候都会主动以“赋权者”的角色出现。因为教师们非常清楚幼儿喜欢自由活动，只有自由活动中才能看到本真的幼儿、开心的幼儿。他们会做出结构安排上的微调，明确给定权力范围（如指定活动空间、时间、使用材料的数量，禁止打闹，等等），以增加幼儿的控制感。这是个人层面上的赋权。

小朋友们喜欢自由活动，因为集体活动肯定受拘束。……小朋友们有些时候还是害怕老师，所以要给他们放松的机会，不要（让他们）天天绷得很紧，老师盯着他们的时候就活动不开。我能看得出来孩子们高兴不高兴，开心不开心……（L 幼儿园中班 Y 老师）

我是管得比较松的……因为我觉得要给他们自由。到了小学以后，他们自己会知道的（笑）。因为小学会管得严，要成绩。（L 幼儿园中班 L 老师，L 老师有三年的小学从教经历）

虞永平认为，即使幼童也有主动建构和解释自己经验的能力，这种自主发展的能力会对其行为产生重要的引导作用。[①] 教师们也知道幼儿能够（至少有时能够）在某种程度上思考、决定和指导他们自己的生活和活动过程，幼儿也有一定的能力顺利实现自己的意愿，而且教师们也同情小学生的“别样生活”[②]。因此，教师们会根据幼儿的能力、“习性”、具体的情境给幼儿“赋权”。

“赋权”暗含着师幼关系不是平等合作的关系，而是不对等的教育与被教育的关系。《儿童权利公约》对儿童进行了赋权，但这并未改变幼儿在现实世界中实质上无权的地位。作为权利主体的幼儿，不得不向成人让渡部分权利。[③] 赋权并非只是从外部输入权力和资源，更是一种参与、表达与行动的实践过程，要把“弱者”视为权力关系网络中的能动者。[④] 自主是一种在某一社

① 虞永平．幼儿园渗透式领域课程——社会 [M]. 南京：南京师范大学出版社，2005.

② 我问一名小学一年级学生（她入学不到一个月）：“幼儿园好，还是小学好？”她说：“小学好。小学下课铃一响就可以到操场上玩，想怎么玩就怎么玩。在幼儿园，老师让玩才能出去玩，不让玩就不能出去。”这是她心中的“别样生活”。这名小学生的第一次家庭作业就是回家向家长复述班主任的提醒与要求，家长做记录。其中就有两点：“安全重于泰山”“不要在操场上乱跑”。

③ MARRY B. Children’s Childhoods: Observed and Experienced World[M]. London: Falmer Press, 1994: 153 −166.

④ 黄月琴．“弱者”与新媒介赋权研究——基于关系维度的述评 [J]. 新闻记者，2015(7): 28−35.

会关系内的特权，幼儿的自主发展需要成人“返还”一部分权力给幼儿，给予幼儿恰当的态度和行为。因此，教师不能以“解放者”或“施恩者”的姿态自居，不能将自己简单地定位于权力“提供者”的角色，要对“赋权”的立场、过程与结果作审慎的思考。

二、教师“赋权”应有的反思

范梅南（van Manen）指出，教师“在与孩子相处的日常生活中似乎没有多少反思的机会——而这不是老师或其他人的错。这是与孩子打交道的生活的一个特点。”① 但刘庆昌认为，教师“什么时候都可以反思”——教学过程前、教学过程中、教学过程后都可以进行反思，反思的关键是意识和习惯，在技术上并不难。② 我们必须承认，教师们的反思层次各异。卡尔（Wilfred Carr）与凯米斯（Stephen Kemmis）等人依据哈贝马斯（J. Habermas）的知识构成兴趣理论，将反思分为三个层次：第一层次是技术层次，反思有效实现既定目标的问题。第二层次是实践层次，反思的问题包括假说、倾向、价值观以及由行为组成的结果。第三层次是批判或解放的层次，反思的问题包括伦理、社会和政治问题，关键是组织与社会可能压抑个人行动自由或限制他们行为的权力。③ 幼儿园教师往往是在“行动中反思”，是即兴发生的、浅层次的、常识性的、技术性反思（表 4-1、附录七）。深入、持久与批判性的反思需要一定的时间与心理空间。杜威（J. Dewey）说：“哪里有反思，哪里就有中止。”当我们要静心沉思时，需要中止现在的投入。④ 陈向明认为：反思者不完全被外在事物缠绕，内心有一定的回旋余地。⑤ 幼儿园教师需要花费较多的时间围绕目的与手段，对如下内容进行思考：

（一）幼儿达到什么样的水平才是自主的

幼儿自主具有一定的相对性和境遇性。在不同国家和时代中，幼儿自主的形式和性质各不相同，很难确立共同的标准来判定幼儿是否达到了自主状态。可是，如果只是笼统地提倡“自主”，这只能给行动者提供行动的最初动力与粗略的指导原则，无法指引他们具体应用它。《3 ～ 6 岁儿童学习与发展指南》

① [加] 范梅南 . 教学机智：教育机会的意蕴 [M]. 李树英，译 . 北京：教育科学出版社，2001: 132.

② 刘庆昌 . 反思性教学的两个问题链 [J]. 课程·教材·教法，2006(8): 13-17.

③ 熊川武 . 反思性教学 [M]. 上海：华东师范大学出版社，1999: 52.

④ 同①：134.

⑤ 陈向明 . 范式探索：实践—反思的教育质性研究 [J]. 北京大学教育评论，2010(4): 40-54, 188.

（以下简称《指南》）描述了幼儿要实现自主应该采取何种行动，这让具有“模糊性”的自主目标具有一定的操作性，如“自己能做的事情尽量自己做，不愿意依赖别人”、“遇到困难能够不轻易求助”（自我依赖）；“按自己的想法、兴趣选择并进行活动”、“与别人的看法不同时，敢于坚持自己的意见并说出理由”（自我主张）；“能主动发起活动”、“主动承担任务”、“在活动中出主意、想办法”、“遇到不会做、不知道的事情，自己愿意学”（主动性）。《指南》为教师们提供了评价幼儿自主的标准和范围，一定程度上可以避免自主支持中的无序与盲动。

（二）幼儿最需要的到底是什么

自主的核心是个体能最大限度地控制头脑、身体以及行动，即对心思与身行有更多的选择。陶行知先生曾提出过著名的“六大解放”：解放小孩子的头脑，撕掉精神的裹头布，使之想得通；解放小孩子的双手，摔掉无形的手套，使之有动手的机会，执行头脑的命令；解放小孩子的眼睛，敲碎有色眼镜，使之看清事实；解放小孩子的嘴巴，使之享受言论自由（特别是问的自由），可以“摆龙门阵”；解放小孩子的空间，使之从学校这只鸟笼里飞出来，到大自然中寻觅丰富的食粮；解放小孩子的时间，使之有空玩耍，有学习人生的机会。[①]这“六大解放”可促使教师思考——在目前的环境中，通过解放幼儿的身体与头脑，允许他们去过多样的、合理的生活；鼓励幼儿采取行动改善自己的生活，而不是接受现状；把教师自己视为幼儿改善现状的资源或倡导者。教师们要相信自己这样做是有价值的，而有些教师确实认识到了这点。

---

① 陶行知 . 陶行知全集 : 第 4 卷 [M]. 长沙 : 湖南教育出版社 , 1985: 524-527, 542-543, 569-570.

表 4-1　幼儿园教师的教学反思分析

原始教学活动反思资料	开放编码	集中编码		主题与假设
大班科学活动《沉与浮》教学反思	大班、科学、反思	类属	维度	主题
			年级	行动反思　技术有效性
教师：GFH（姓名做了处理）		标题要素	领域	课堂控制　时间控制
这节课的目标是让幼儿探索物体的	资料提供者		主题	纪律控制
沉浮现象，体会其中的乐趣，从而	探索沉浮	目标	资料类型	
对科学现象感兴趣，提高探索的积	体会乐趣　提高积极性			
极性。			认知	
在这节活动的设计中，我出示了一些			情感	
不同材料的实物、一盆水，还在黑板	物质准备	活动准备	态度	
上画了一张沉浮记录表。因为条件的	条件限制　教师演示			
限制，不能让每个幼儿都能实际动手			物质准备	初步假设
参与进来，只能由我来动手，带领幼	证实猜想　幼儿喜悦			
儿共同检证他们的想法。孩子们看到	说教方式　幼儿很少喜悦			
自己的猜测被证实时，那种成功的喜	玩中学　学中玩	教学方式		
悦洋溢在脸上，这在平时的课上是很	幼儿主动　积极		实验	
少展现出来的。这种小小的实猃活动，	气氛活跃　场面难控		讨论	
让幼儿在玩中学，在学的过程中又带	幼儿判断　动手实猃		讲解	
善玩的心，幼儿的主动性、积极性都	沉浮规律　材质关联			
很高，而且这节课的气氛都很活跃，		活动过程		
我都有点控制不住场面了。整节课的	集体归类		提出问题	
环节是由幼儿先猜测，然后我们大家			作出设想	
一起动手做实验证实，从而发现物体	幼儿猜想　验证　交流		验证设想	
沉与浮的秘密。通过各种不同的材质，			归纳总结	
让幼儿不断地大胆想象，最后再集体				
归类总结，哪些东西可以在水中浮，				
哪些东西会沉的。				
本次活动通过猜一猜、想一想、做				
一做、说一说几个步骤，经历了激趣、	成功　兴趣　学习			
思考、探索、交流的过程，让幼儿	幼儿自主性			
在成功中学习，在乐趣中思考，达				
到发展幼儿的自主性的目的。			目标达成	
但在活动中，带领幼儿做实检的实			活动环节	幼儿园教师的教学反思
间（应为“时间”）偏长，导致后来	时间偏长	活动总结	教学方式	主要针对教学策略使用
在做总结的时候就弄得有点仓促了，	总结仓促			的合理性，属于低水
在今后的教学中，还要合理安排整	今后打算			平的反思层次
个活动过程。（2015 年 5 月）				

我觉得这段时间我们班的孩子进步特别大。（我追问她“主要表现在哪些方面？”）

绘画方面。平时不允许老师画范画，这样会固定幼儿的思维。出于这个考虑，我就每天早上给他们发A4废纸，有一面是空白的，让他们自己想象着画。有一天我上美术课，让孩子画树时发现，我只出示了一张图片，告诉他们哪儿是树根、树干、树枝、树叶。就让他们发挥想象自己画。有个孩子画得虽然很抽象，不仔细看就不会看出来它是一棵树。但他会跟你讲，这是树根、这是树叶。他跟你讲，你就会觉得那是一棵树。我就觉得，真的不要去固定孩子们的思维，他们画出来的那些抽象画，反而比你画的那些具象画还漂亮。我没有刻意要求——天就是蓝的、草就是绿的。现在他们画出来的颜色丰富了，画面内容特别多，想象空间很大，特别令我们惊讶。以前，有些孩子只在A纸上画一小坨，就没有了。慢慢地你鼓励他多画一点，可以画其他的东西。通过语言的引导，他就能够把一整张纸画满。开始时，他能够画出来就很棒了，我就会表扬他。他们就想得到表扬。现在中班了，我会偶尔问他们画的是什么，他们就告诉我画的是什么。到了中班下学期，我就会问这幅画你要讲一个什么样的故事。慢慢地就把他们的语言表达能力锻炼了。我现在感觉到，明明只是绘画活动，但幼儿的很多能力都得到了锻炼。没想到，最初只是一个简单的事情，结果发现它可以渗透到五大领域（健康、语言、社会、科学、艺术）之中。一件事不是简单的事，做好了可能各方面都会好。通过这件事，我们就更有信心这样做了。现在我觉得，没有给幼儿画示范画，没有要求幼儿每天画什么，其实是对的。让他们自己想象、自己创造，而且出于兴趣去做这个事情的话，他的专注时间会更久。（L幼儿园中班L老师）

L老师对课堂中教学策略的有效性进行了反思。既有对过往经历的追溯性反思，也有指向未来行动的反思。她开始把教育的理论标准运用于教育实践，作出关于教学内容与方法方面的独立决策。[①] 她看到了幼儿是能动的，是具有学习力、思考力与行动力的主体。幼儿的身体与头脑是有自主性的空间，它不应成为权力与知识所建构的消极物。他们不应被视为等待激活和救助的对象。

① 麦伦（van Manen, 另译为范梅南，是现象学教育学创始人之一）提出了教学反思的三个层次：第一层主要反思课堂情境中各种技能与技术的有效性，在这个层次上主要反思教学主体目的的适应性和教学策略使用的合理性。第二层主要针对课堂实践基础的假说和特定的策略以及课程的结果。教师开始把教育的理论标准运用于教育实践，以便做出教学内容等方面的独立决策。第三层次主要针对道德的和伦理的以及其他直接的或间接的与课堂有关的规范性标准。引自：熊川武．反思性教学 [M]. 上海：华东师范大学出版社，1999: 2.

幼儿应该在主体间的运动中展开和维持其存在于世的意义结构。赋权并非只是赋予幼儿权力，还在于挖掘或激发幼儿的潜能。幼儿需要获得理性判断和自主行动的机会、能力，但他们所有的自主都必须以自身发展为前提，他们没有无所事事的自主，也没有危害自己与他人身心健康的自主。这就需要教师们的“智慧”支持、合理引导与适度规限。

（三）“赋权”的过程是否也夹杂着剥夺？

赋权的目的之一是减少不平等、不公正。现在幼儿园教育最大的问题是要求不同的幼儿去适应同一水平、同一模式的教育，很难顾及幼儿的个体差异。在访谈中，我常听到这类话语：“我不可能为了他一个人，就把我的整节课全部颠覆掉”（L 幼儿园中班 L 老师）、“不能因为你一个就单独教你啥[①]”（D 幼儿园大班 Y 老师）、“如果要求我放弃管三四十个孩子的时间专门辅导他一个，我觉得不现实。”（J 幼儿园小班 C 老师），等等。教师会权衡“场域”中的各种关系，其中的“大格局”即所谓的整体利益（小组和全班的学习利益）高于个人利益，即个体“小空间”。教师需要批判地思考“为多数人服务”、为获得“更多知识与技能”的思想，这是一种实现“最大多数人的最大幸福”与效率优先的功利主义倾向。教师们将数量作为重要的价值优先原则，这使“少数人”“缄默者”[②]的利益被忽视，他们的不发展或片面发展为多数人的所谓发展做了“铺垫”。如果少数人的利益可以被忽视，其逻辑结果就是任何人的利益都可以被忽视。因为多数人又可以分化出多数人和少数人，这样不断分化，最后谁都可能成为少数人。

（四）尊重幼儿的自主是不是只反映在口头表态上？

幼儿园教育改革，需要教师扮演理性权威的角色——给幼儿赋权：先让幼儿获取较多的选择机会或行动机会，减少对幼儿合理选择的干预，并为幼儿提供选择、指明可能的选择及其选择可能带来的后果。但“赋权”必须建立在双向沟通的基础上，它应是理解与合作的过程。幼儿只有在参与、合作中才能获得掌控自己相关事务的力量或利用机会的能力。

去 D 幼儿园的第一天早上 9：30，我坐在一个小班的教室里观察。Q 老师征求幼儿的意见，“现在我们上课画画，还是玩雪花片、橡皮泥，还是出去？自己讨论。”幼儿们对此并无明显反应。老师到了教室外，2 分钟后她拉进来一块黑板架，没问征求意见的结果，好像刚才她没有问一样，看到幼儿在说

① 在四川方言中，此处的“啥”含有事理显而易见的意思。

② 教师们有时认为，在相同的情况下，实现一个明确的需求比一个只是可能或预计的需求更符合价值优选原则。

话，她说“上课不能说话”。接着就进入教幼儿怎么画自己的手的环节，画画活动持续了30分钟。用琴声示意幼儿趴桌休息，5分钟后又问“想玩橡皮泥的举手，还是出去（到操场），举手的多就玩橡皮泥。尿尿举手”，然后几个孩子去了洗手间。2分钟后，Q老师又没有提幼儿的举手结果，直接说“乖的先玩，小嘴巴闭闭好（2次），再不坐好就不玩了，就让你们静坐……别的班的老师都说我们班的宝宝最乖。”[①] 保育员这时给幼儿准备了水，见习生帮忙分发水，Q老师说“抓紧时间喝，喝了水女孩子长得漂亮、水灵灵，男孩子长得帅气。”10：32时，Q老师又问幼儿“玩橡皮泥还是出去玩？自己选择（2次）”，回应者只有三四个，他们选择了玩橡皮泥。Q老师然后决定让幼儿玩橡皮泥，逐个叫幼儿的名字，让他们拿自己的橡皮泥。并要求“只能撕一个橡皮泥”。10：48开始收拾橡皮泥。

虽然教师通过语言表达（如用“自愿”“自由”“自己选”等词汇提醒幼儿思考与行动）增强了幼儿对自我控制的主观感知，但幼儿对资源的控制依然薄弱。这就造成了在没有实际改变权力的情况下，幼儿得到控制生活权力的假象。[②] 幼儿即便当时会产生“权力感”，但久而久之他们也会醒悟——教师的赋权并非真心实意。教师要使“社会控制”看起来合法，就需要将幼儿的部分利益或价值目标纳入自己的利益或目标中，做出一种妥协——使幼儿感觉到他们的诉求被听取，他们有影响教师言行的能力。权力似乎以一种循环的方式发挥功能：当个体对他人和环境产生影响后，他们会获得一种认可感或身份的“重要感”，反过来这种感觉会促进其形成积极的自我形象、身份和权力。这是一个个人与其环境之间连续互动的建构过程。[③]

三、赋权型自主游戏[④]

相对于集体教学活动来说，教师倾向于在游戏中给幼儿更多的自主选择权。有时教师会在幼儿做完“正事”（上课、做作业、帮大人做事等）之后，把游戏作为对其良好表现的“奖励”。于是，游戏变为孩子们的“奖品”，变成了赋权式的自主游戏。

① 教师有时为幼儿养成了他们所希望的听话、驯服的精神品格而沾沾自喜。

② 被支持者知觉的自主支持只是他们自己的一种主观心理感受，并不能完全代表处于权威或重要地位的人真正地表现出自主支持。那么处于权威或重要地位的人给予自主支持与被支持者主观心理感受的自主支持之间是否存在一致性，还有待进一步研究。

③ 陈树强．增权：社会工作理论与实践的新视角 [J]. 社会学研究，2003(5): 70–83.

④ 张国平．幼儿的自主游戏 [M]. 北京：中央编译出版社，2017: 206–211.

即便如此，此类游戏也有利于幼儿自主的发展。①

《3～6岁儿童学习与发展指南》建议，幼儿园应多为幼儿提供游戏和自由交往的机会，在开展活动时应鼓励幼儿自由结伴与自主选择。蒙台梭利（M. Montessori）教育幼儿学会自主选择活动，知道何时、何地、如何活动，根据自己的需要与进度决定活动时长。自主选择是指在个体对行动或方案集做出有理由的选择，并在实施选定的行动或方案集时未受限制。②没有行动自由，幼儿的选择自由也就变得完全无效。如果幼儿的选择自由被剥夺，或者被非正义的限制因素所阻挠，那么幼儿不可能得到、有责任去追求的终极善事物。蒙台梭利（M. Montessori）说，我们要做孩子精神上的仆人而非主人。“任何孩子（不管是特别有才能的还是没有才能的）的个人自主选择都是对孩子个性和独特性的见证。这种认知是所有教育工作者所应具备的。”③

为幼儿游戏提供选择自由的意义在于幼儿通过选择游戏机会集内的不同选项，可能形成实现某些目标的潜在能力，展现其个性特征，实现其个人价值；当幼儿依据自己的能力和兴趣在既定的游戏机会集中进行选择时，他们也会体验到自主感。而且，根据罗特（J. B. Rotter）的控制点理论，只有当幼儿有选择的自由时，他们才会积极探索和采取（控制）行动。幼儿需要花时间来学习选择，练习的机会越多，能力就越强。④根据自我效能感理论，幼儿只有感到自己有能力完成某项活动时，才会积极选择并付诸行动。幼儿一直在努力锻炼自己做选择和决定的能力，有时会对想做的事情说“不”，有时即便自己能力有限，也会拒绝别人的帮助。

幼儿游戏的自由度由可供其选择的机会集来体现。要实现幼儿游戏的选择自由需具备两个条件：一是游戏机会集由多类型与多水平的行动或方案构成，幼儿可以自由地执行或实施其中的每一个行动或方案，只有当幼儿在做他们实际上所做的事情时能够有其他选择，才能要求他们对自己做的事情负责；二是幼儿对游戏机会集拥有自主决策权，该选择决策以有理由选择为主，而不仅仅

---

① 在游戏中为幼儿提供言语鼓励、支持其自主活动，这也能提高幼儿的自我控制能力。参见：但菲．游戏对幼儿自我控制能力影响的现场实验研究 [J]. 心理科学，2001(5): 616－617.

② CARTER I. Choice, Freedom, and Freedom of Choice[J]. Social Choice and Welfare, 2004, 22(1): 61–81.

③ [加] 范梅南，[荷] 莱维林．儿童的秘密 [M]. 陈慧黠，曹赛先，译．北京：教育科学出版社，2004.

④ [英] 曼尼－莫顿，托尔普．游戏的关键期——0～3岁 [M]. 刘峰峰，常娟，赵志敏，译．北京：北京师范大学出版社，2010: 65.

是在机会集中随便挑出一个行动或方案。这取决于幼儿所掌握的信息和知识，对于幼儿无法控制的因素，只要其能够预先知道它们的存在，他们也可以设想可能的应付策略，并按照实际情况的发生来选择某个策略。一旦幼儿具有了选择意识与选择机会，他们迟早会学会对游戏实施控制，并通过控制来有效地满足其欲望和需要。

（一）游戏机会集容量

一般而言，幼儿会寻找机会游戏性地与他们的环境互动。布尔加特（G. Burghardt）把这种对刺激的需要解释成为“对无聊的敏感性”。为了对此适应，环境应呈现充分的刺激线索，即多种多样的游戏机会，这样才能维持幼儿的唤醒水平。

1. 游戏机会项数量。影响自主水平的变量之一是行为者拥有实施新的、重要行为的机会之数量。[①] 游戏机会项必须以技术可行性为前提，以个体适宜性为最终表现。同一个行动或方案对不同个体而言可能具有不同的机会，因此游戏机会项一定是指行动或方案对某一个体的机会项。比如，一个 1.5 米高的单杠对于 6 岁的幼儿是一个机会项，但对于一个 3 岁的幼儿也许就不是合适的选项；一副扑克牌能为 5 岁的幼儿提供游戏机会，但不一定能为 3 岁的幼儿提供游戏机会；一个普通的秋千正常的幼儿都可以玩耍，但一位坐着轮椅的幼儿就只能看着了。但游戏机会集提供的选择自由度由其包含的游戏机会项的数量决定，即机会集包含的机会项数越多，它提供的选择自由度越高；反之，机会集包含的机会项数越少，它提供的选择自由度越低。克里切夫斯基（S. Kritchevsky）及其同事发现，在公认成功的场地中，活动单元（即拥有足够施展空间的活动，如秋千前后左右最大幅度摆荡时的周边空间构成了一个活动单元）与儿童人数的比例或多或少都大于 2 ∶ 1。如此多的游戏机会项有利于形成自然的活动转换，与比例≤ 1 ∶ 1 相比，幼儿园教师在幼儿活动转换时就无须插手了。[②]

2. 游戏选项数量。自主游戏的障碍之一是缺乏资源。卡特（I. Carter）认为，选择自由度既受个体可以实施的机会项数量的影响，也会受个体不能实施的机会项（即受到外部限制而不能选择的选项）数量的制约。[③] 赋权的核心是通过提供资源以及培养能力，从而使个体控制自己生活的能力得到提高。[④] 因

① ［英］多亚尔，高夫．人的需要理论 [M]. 汪淳波，张宝莹，译．北京：商务印书馆，2008: 87.

② ［美］马库斯，弗朗西斯．人性场所 [M]. 俞孔坚，译．北京：中国建筑工业出版社，2001: 250.

③ CARTER I. The Measurement of Pure Negative Freedom. Political Studies, 1992, 40(1): 38–50.

④ 陈树强．增权：社会工作理论与实践的新视角 [J]. 社会学研究，2003(5): 70–83.

此，在给幼儿提供游戏机会时，既要考虑游戏机会集包含的机会项数量，也要考虑游戏机会全集所包含的选项数（图 4–2）。

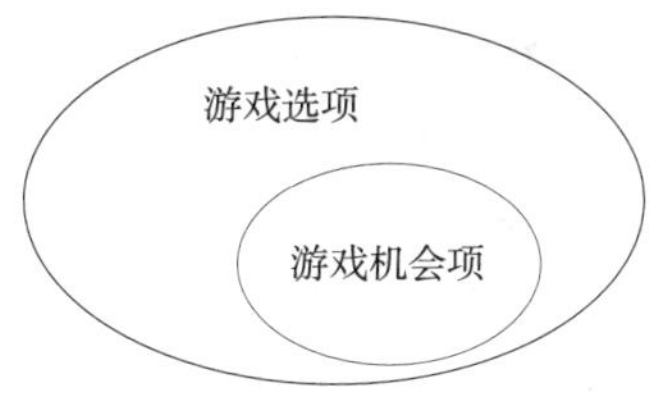

图 4–2　游戏机会全集

（二）游戏机会项价值

有价值的游戏机会就是把不同游戏机会项在价值上的差异考虑到选择自由中。游戏机会项的价值主要包括两个方面：教育目标价值与个人目标价值。目标价值是指达到目标对于满足社会与个人需要的价值。例如，为了发展幼儿动作的协调性和灵活性，可以鼓励幼儿进行球类活动。假设幼儿可以在两个机会集里选择：一个是｛大篮球、小篮球｝，一个是｛篮球、足球｝。如果仅从机会项数量和教育目标价值来看，两者提供了相同的选择自由度。如果从满足幼儿偏好且规范操作的角度来看，｛篮球、足球｝机会集则既能提供用手，又能提供动脚的机会来迎合个人目标，这可能有较大的自由度（当然，幼儿可以把篮球当足球踢，也可以把足球当篮球拍，此时两个机会集的自由度是一样的）。

再如，幼儿园如果把户外活动时间视为各年龄段幼儿相互接触的良好时机，那么过于细分的游戏场地就无法达到此目的。如果教育目标在于提供各种户外挑战的机会，为避免年幼幼儿被年长幼儿撞倒，或避免年幼幼儿在参加年长幼儿活动时体力透支，或为避免年幼幼儿在尝试高难度活动时产生挫折感，则给各年龄段的幼儿以自己的、分隔开的空间可能较好。但如果可能，在视线上使各自的场地相通。

（三）游戏机会项性质相异

游戏机会项性质相异性的总体水平实质是机会集里机会项的多样性。性质相异性可以从游戏机会的属性与价值角度来考查，不同角度的界定就会有不同的相异性。游戏机会的多样性并不必然与设备数量相关。例如，幼儿园即使有许多的积木，但如果只是一两种常见的积木，也并不有助于建构游戏的丰富性。如果幼儿园中有不同质地、造型的积木材料，就会增加建构游戏机会的相异性。再如，如果幼儿园能提供多种类型的游戏机会——从幼儿的认知发展来看，有运动游戏、结构游戏、角色游戏与规则游戏；从幼儿的社会性发展来看，有单独游戏、平行游戏、联合游戏与合作游戏；为了迎合性格各异的幼儿，活动环境包括了不同感官刺激、不同情绪、运动量和交往类型的空间。这些措施保证了游戏机会项的较高相异度。

（四）游戏机会的必要元素

一种元素如果从游戏机会集中被去掉，就会降低机会集的选择自由度，那么它就是必要元素。游戏机会集包含的必要元素种类、个数越多，机会集提供的选择自由度就越高。例如，每个人都有亲和需要与独处需要，如果去掉隐私性的区域，幼儿所有时间只能在群体中活动，那么当幼儿想一个人安静地待一会就没有合适的地方；幼儿喜欢接触自然，如果幼儿园只有人造的场地与材料，就无法满足幼儿亲自然的需求；幼儿喜欢玩结构游戏，如果只有专门性的材料，而没有松散物件（loose parts①），这不利于幼儿想象力与创造力的发展。教师应该扮演创设游戏环境的角色，在这个环境中，孩子们能从事满足他们需要的活动，并能保持各种活动机会的平衡。例如：为幼儿提供爬的机会应包括水平爬、垂直爬、里外爬；要有相对静止与耗能较高的活动；要有大群体、小组、双人、独自游戏的空间与材料；要有进行运动、结构、角色游戏的条件；要有手、上肢、下肢、全身运动的机会；要有刺激感官与思维的材料；要有自然元素与人造材料的组合；既有让幼儿练习已掌握的技能的机会，又有让他们尝试新挑战的机会。

个人或群体拥有的权力与权利是变化、发展的，无权或弱权的地位状况是可以改变的。②改革中生成的规范、制度或政策会对弱势群体产生形塑和增权作用。中国目前正大力提倡幼儿的自主游戏，以改变过去太注重教师组织的游戏之弊端。山东利津与浙江安吉的自主游戏改革可谓两个最为成功的典范，虞

---

① 尼尔森（Simon Nichlson）是松散材料理论（loose parts theory）的创始人。他认为使用松散材料，会增强儿童创造、发现与想象的能力。弗罗斯特（J. L. Frost）认为，松散材料对高质量的游戏体验是必需的。松散材料具有重量轻、可移动、便于携带的特点，可以被一名儿童或一组儿童操作、移动、搬运和组合，这会提高游戏的价值。松散材料既可以是人造物品，也可以是自然材料。人造物品包括容器类——盒子、小罐、纸箱子、桶、篮子、漏斗、瓶子、锅碗瓢盆；织物类——丝带、绳线、布料、毡垫、网、衣物；玩具类——积木、玩具车、戏剧游戏道具、球；建材类——边角木料、管子、砖块、料、海绵、轮胎、有色塑料片、螺钉等。自然材料有树皮、沙、种子、泥、石头、藤蔓、叶子、树桩、树枝、草包等。这些东西会随着时间发生无尽的变化，都是孩子玩耍时最好的材料。

② 范斌．弱势群体的增权及其模式选择 [J]. 学术研究，2004(12): 73-78.

永平教授给予它们“南有浙江安吉，北有山东利津”的美誉。此外，香港的教师曾秉持以教学游戏为主的理念，可现在被要求增加幼儿的游戏自由度；[①]北京市某幼儿园以主体性教育思想为指导，探索、开发与实践了幼儿自主发展的园本课程；[②]四川省有的幼儿园实施以儿童为本，以儿童经验活动为主的课程改革，形成了以儿童自主游戏活动为主的课程体系；[③]江苏省有的幼儿园教师让幼儿自己选择游戏主题、游戏方式，甚至幼儿一直玩同一种游戏，教师也不随意要求幼儿变换游戏，他们会不断添加新东西来支持幼儿游戏的发展；浙江省有幼儿园探索构建了一种兼有自主游戏、社会观察、主动学习、探索操作及主题教学为一体的课程体系。[④]

第二节　权宜型自主：权力的“松动”与幼儿的狡黠

福柯（M.Foucault）认为，统治阶层不可能控制社会中运作的整个权力网，[⑤]他提出抵制权力的一种策略——“局部斗争”[⑥]。局部斗争并不攻击权威人物、权力制度，而是针对与个体最接近的、直接作用于个体的环境。权力对个体的塑造并非绝对，它还取决于个体自己的态度，这种态度可能是对权力支配的技术偏离——不一定与权力技术的方向和性质相吻合。

幼儿的行动具有权宜性。《当代汉语词典》中“权宜”的意思是：“暂时适宜”“变通”。权宜是行动者在一些特殊情况下采取的变通措施，是对某项道德准则的暂时性背离，而非对其根本否定。[⑦]幼儿在面对渗透着权力的空间时，为了避免不必要的利益损失，除了做出顺从、沉默的反应外，还有拓殖的

---

① WU SHUCHEN, NIRMALA RAO. Chinese and german teachers' conceptions of play and learning and children's play behaviour[J]. European Early Childhood Education Research Journal, 2011, 19(4): 469–481.

② 柳茹 . 幼儿自主发展课程：北京市北海幼儿园园本课程的实践研究 [M]. 北京：北京师范大学出版社, 2014.

③ 曾琴 . 幼儿园自主游戏的思考与实践 [M]. 南京：江苏凤凰少年儿童出版社, 2015.

④ 徐丽娟 . 自主游戏怎样让幼儿充分自主 [N]. 中国教育报, 2018-04-01(3).

⑤ FOUCAULT M. The Will to Knowledge. *The History of Sexuality,* volume 1. London, 1988, 1: 95.

⑥ 另一种策略是“现代生存美学”。福柯提出个体不应只关注外在的权力技术，除同施加于他们的禁律作斗争外，还应以自身美学化的姿态与方式——自我塑造、自我转变、自我突破或自我创新，来应对权力技术的笼罩，撕开权力之网。

⑦ 贾新奇 . 论道德选择中的权变问题 [J]. 北京师范大学学报（社会科学版）, 2004(2): 82–87.

方式。拓殖是一种“日常斗争”或抵制权力的方式，它是幼儿在面对规训、压制、控制的权力之网时采取的一种战术，也是幼儿在权衡规则、教师要求和个人愿望后，以表面上的屈从为“幌子”，实现自己愿意的“隐秘”方式。拓殖不是暴风骤雨式的行动，不与控制体系中的支配性权力正面交锋。它具有沉默性与持续性，是“弱者”保护自己并达到目标的一种手段。戈夫曼（E. Goffman）认为拓殖是个体在总体性制度规划中保持自我不贬格的措施之一，①它成就了“顺从的抵抗者”。

一、权宜型自主的产生“背景”

幼儿园教师的权力弥散于幼儿的日常生活（做事的生活）、道德生活（做人的生活）与课堂生活（学习的生活）中，他们往往认为集体教学时间应是有序、高效、高质量的，幼儿的身体与思想应自始至终投入其中。教师将幼儿身体姿势“正确地”（违背作为自然身体的结构）、长时间地聆听各类教学内容视为“理所当然”，认为这样才是理想的课堂。于是，某些课堂规矩成为从幼儿身体中榨取时间和积累时间的艺术，教师想利用纪律权力获得一种高效率、高质量的课堂。这种弥漫化的权力影响着幼儿的思与行。教师的如此约束确实能起到一定的积极作用。依据皮亚杰（J. Piaget）的理论，四五岁幼儿的道德认知正从无律向他律阶段过渡，外部权威和规则能使他们的自控能力有所提高。

不过，“过渡环节”通常是师幼心中的“下课时间”，此时教师会相对放松对幼儿的直接管理，允许他们更自由地进行肢体和言语活动，除非有明显的肢体冲突与“告状”出现。幼儿园教师经常能容忍少数个体（特别是令他们“无可奈何”的“调皮鬼”）的消极与违规状态，这是统治秩序的安全阀机制。可是如果发生全组或全班的“越轨事件”就会遭到教师强行制止。

但是，有些教师的自主敏锐力与敏感性较低。他们常无法意识到幼儿的自主需求，也无法体会幼儿的自主召唤。如果他们组织的活动无法满足幼儿的多样需求，极有可能会招致幼儿油然而生的抵制。有的幼儿注意力不集中，有的幼儿不愿听讲，有的幼儿做其他“小动作”。有时这样的情形是“集体无意识的”，但这是幼儿能动性的表现，可以减弱规训权力对身体与思想的控制力度。有时，幼儿是有意不照章接受教师的指令，他们“聪明”地利用各种非对

---

① 石艳，田张霞. 作为社会空间的学校——基于西方空间社会学研究的新进展 [J]. 外国教育研究，2008, 35(7): 1–6.

抗性策略（如绕开正面冲突、钻空子、执行不到位等）来满足自己的需要，以达到自己的目的。“只要教师不注意或暂时从‘前台’退场，幼儿就会马上利用各种短暂的时间片段‘玩’。”[①] 因此，我们不应轻视幼儿的智力与能力。陶行知在《小孩不小歌》中写道：“人人都说小孩小，谁知人小心不小。你若小看小孩子，便比小孩还要小。”[②]

在玩民间游戏《木头人》中，当说到童谣最后一句时，幼儿摆出各种姿势不可以动。如果有人移动，就要让他停止游戏当作惩罚。游戏中幼儿的兴致很高，可是玩了几次后，我就发现飞飞带着他那组的小朋友改变了游戏的玩法。他没有让那些违反游戏规则的幼儿停止游戏，而是请他们表演节目。原来飞飞是担心那些停止游戏的幼儿不开心，所以擅自改变了游戏规则，大家都非常赞成他对规则的改变。……飞飞是个聪明的孩子，他乐意关心同伴，在游戏过程中善于发现问题和解决问题。（D 幼儿园大班 G 老师的观察记录）

日本京都大学河合隼雄博士说：在每个孩子的内心都有一个宇宙。它以无限的广度和深度而存在着。成人们往往被孩子小小的外形蒙蔽，忘却了孩子们的广阔宇宙。[③] 幼儿能够在被控制的缝隙之中构建一个可以被教师容忍的世界，或者构建一种让教师不易察觉的“后台生活”（虽然这依赖于环境所提供的可能性）。当近距离地观察幼儿时，我们对幼儿幼稚、被动的集体形象就会被打破，取而代之的是各具特色的鲜活个体与各种“生存策略”或更有技巧地表达反对的形式。“从理论上说，这标志着儿童自主能力得到了更好的发展，他们开始改变表达自主的方式。”[④] 这些“后台生活”为幼儿展示真我、掌控生活提供了一个暂时的安全领地，他们从中获得了对于“自我”能力的独特体验与感知。[⑤]

二、对特定空间的僭越

哈维（David Harvey）认为空间是社会地建构起来的。[⑥] 幼儿园的空间中蕴含着丰富的观念建构和实践意义。我们要把教室空间的布置看作教师控制师

---

① 林兰 . 儿童的“后台生活”：基于两所幼儿园的民族志调查 [J]. 学前教育研究 , 2017(5): 10−22.

② 陶行知 . 陶行知全集・第四卷 [M]. 长沙 : 湖南教育出版社 , 1985: 141.

③ [日] 河合隼雄 . 孩子的宇宙 [M]. 王俊 , 译 . 上海 : 东方出版中心 , 2010: 3.

④ 陈会昌 , 夏美萍 . 近 50 年来关于儿童顺从行为的研究 [J]. 心理发展与教育 , 2006(4): 119−123.

⑤ 同①。

⑥ 林聚任 . 论空间的社会性——一个理论议题的探讨 [J]. 开放时代 , 2015, 264(6): 137−146, 10.

幼互动与幼幼互动的一个基本环节。教师对幼儿的控制途径之一是对幼儿逐个定位，以实现对每名幼儿的监督并能让其同时学习、生活与游戏。另一途径是将空间区域制度化——教师会对教室进行功能性分割，按照专门的功用对空间进行区隔（室内与户外、游戏空间与教学空间、教师空间与幼儿空间等都被区分、隔断），并建立不同空间中必须遵守的规范（例如，某个区域只能有几名幼儿进入，放置床铺的区域非睡觉时间不能进入）。在幼儿例行化的活动中，教师不断提醒他们遵守各种规则，使幼儿逐渐内化这些制度，并印刻在自己的身体上与行为中。

一天早上，我去J幼儿园参加一个评选活动。活动开始之前，我进入一个小班教室。教室里只有三位幼儿，他们坐在自己的座位上搭积木。但20多分钟里没有离开过座位，即使他们并未专注于游戏。座位似乎有强大的“吸引力”，使他们无法离开。

由上可见，幼儿园的空间性与幼儿的社会性是相互建构的。教师形塑了教室空间与教室制度，空间中权力又规限了幼儿在区域中的行动范围，让幼儿暂时失去或隐藏了他们的能动力。幼儿从服从规则逐渐转变为内化生活常规，其行为包含了道德义务感。[①]教师空间管理的另一个策略是让幼儿在空间中可见，以确保权力对幼儿的控制，确保被训练的幼儿处于从属的地位。这些都显示出空间在实践中的工具性特征。[②]空间是支配者的权力工具，是统治、服从与抵制关系的具体体现。列斐伏尔（H. Lefebvre）指出空间生产中存在着矛盾与冲突。[③]教师试图组建一个无处不在的规训之网，将幼儿的一切纳入“前台”，压缩“后台”空间，也不介意让“后台”消失，使其尽可能具有最广泛的公共性。虽然教师划定了特殊空间，但幼儿园中的空间关系是辩证的、流动的、多变的，幼儿也有机会否定这个空间。空间中的群体流动会削弱空间的分化，幼儿个体的“越位”行动也在弱化空间结构。“下座位”即离开座位，也是一个频繁被幼儿使用的策略。当自己的请求得不到批准时，或当教师提出指令而自己不愿意执行时，幼儿就会采取各种各样的办法去实现自己的意愿，而又不让教师发现，或让教师发现后也找不到惩罚他们的理由。例如，他们故意把玩

---

① 但菲，刘凌，赵琳．幼儿秩序认知发展的特点及其重要价值 [J]. 学前教育研究，2013(7): 15–19.

② [美] 爱德华·W. 苏贾．后现代地理学——重申批判社会理论中的空间 [M]. 王文斌，译．北京：商务印书馆，2004: 53.

③ [法] 勒亨利·菲弗．空间与政治 [M]. 李春，译．上海：上海人民出版社，2008: 49.

具、书扔到桌下，趴到地上去捡；有预谋地将东西扔到床下，跑到洗手间拿扫帚扫出来；悄悄地跑到睡觉的地方玩“捉迷藏”。

快要吃饭的时候，馨馨（女，D 幼儿园大班）的头上撞了一个包，保育员发现后赶紧问“怎么回事？是别人撞你的吗？”馨馨说“是我自己跑的时候撞到的。”保育员再次确认“是你自己撞的，不是别人推的吧？”馨馨说“嗯”。保育员让实习生用冷毛巾给她敷。在敷的过程中，胡馨悄悄地跟我说“老师，其实我是听见他们说英阿姨来了，我害怕，所以不敢说是从卧室跑出来撞到的。”我问她“为什么不敢说？”她说，“因为英阿姨说了，不准我们到卧室去玩，只有睡觉的时候才可以进去。可是我们很喜欢在里面玩躲猫猫。”

馨馨向“我”透露了其“隐藏的文本”。斯科特（James C. Scott）用“隐藏的文本”（hidden transcript）概念揭示了支配者与受支配者公开和后台（offstage）的不同语言与行为模式。[①] 借此视角，我们可以理解幼儿抵制权力的“智慧”。正如布迪厄（P. Bourdieu）、吉登斯（A. Giddens）等人的主张——身体既是社会实践的被动接受者，也是其所处情境的积极创造者。[②] 教师企图洞察、掌控一切公共空间，但此空间里又潜藏或酝酿着幼儿各种形式的抵制。幼儿生活在一个活跃的竞技场中，他们有意或无意的能动性与有倾向性的纪律规定在这个竞技场中进行着不断的竞争。幼儿们在没有明显拒绝和改变“教室文化”的同时，却溶蚀着其中的规训。

三、对预定时间的否定

时间是人发展的空间（马克思语），也是权力的本体论维度。[③] 时间与权力、规范、纪律、控制紧密相关。控制是现代时间制度的核心，是出于可预见性与安全性的考虑。[④] 德赛图（Michel De Certeau）强调个体会拒绝归附于社会控制，他们会通过日常生活实践构成反规训体系，以此颠覆这种控制。幼儿在对待教师的指令时，会采用忽视[⑤]、弄虚作假、消极怠工、故意破坏等反规训策略，获得一点微观的局部权力。

---

① SCOTT J C. Domination and the arts of resistance: hidden transcripts[M]. City of New Haven: Yale University Press, 1992.

② [英] 克里斯·希林. 身体与社会理论 [M]. 李康, 译. 北京: 北京大学出版社, 2010: 223.

③ [法] 米歇尔·福柯. 必须保卫社会 [M]. 钱翰, 译. 上海: 上海人民出版社, 1999: 164.

④ 桑志坚. 社会时间: 重审学校教育时间的新视角 [J]. 现代教育管理, 2012(3): 16–19.

⑤ “忽视”被克加斯查（G. Kochanska）等人界定为消极不顺从行为（passive noncompliance），其他两类不顺从行为是反抗（defiance）与自作主张（self-assertive）。

早上9：30，游戏结束的音乐响起后（幼儿们已经能识别不同的音乐代表什么），（D幼儿园中三班，44名幼儿）多数幼儿立即停止游戏，收拾结构材料，另一部分幼儿或无视信号，或采取拖延、制造意外等策略。比如：有一部分幼儿仍然在继续玩耍。另外，有些幼儿在收拾玩具时，三五个集结在一起，把雪花片扔在地上，然后大家一起趴在地上去捡。有的幼儿还会把雪花片从两张桌子的中间漏下去，然后边叫喊着、笑着，边钻进去捡，在地上和桌下爬来爬去。后来经过教师的再三提醒与督促，幼儿们才把玩具放回原位。

区域游戏结束的提示摇铃响起后，幼儿们开始收拾玩具。其他区域的幼儿基本上已经收拾完毕，只有生活操作区的幼儿还在继续，而且越来越混乱。我过去了解情况后才得知是柳钰在收拾玩具时故意搞破坏，把其他小朋友收拾好的串珠、吸管等材料弄得满地都是，才导致生活操作区不能按时收拾好玩具。（L幼儿园中班Y老师的案例记录）

幼儿园中没有明确的上、下课铃声，但往往有时限或节点符号，如音乐、哨声等，这些是逐渐被群体认可的公共时间符号。但它是外在于幼儿的，是一种具有支配性作用的群体共享符号。它表征的是外在于个体幼儿的一种群体时间，它排斥了时间原初的生活意义。当幼儿园的限定时间不能满足幼儿的游戏所需时，幼儿肯定不愿意接受这个残酷的“事实”，不愿意放弃游戏机会。幼儿在时间面前具有一定的自主性，他们能够按照自身的意愿“增加能够体现自己生命本性的活动时间，从而为实现自我意志、生命意义创造条件。”① 他们的抵抗能够既不离开规训的势力范围，却又得以逃避规训。② 这就是幼儿在社会时间中的生存结构和发展状态。

而且，幼儿对教师制造的“气场”有着较为清晰的认识，他们能根据不同的教师、不同的情境，快速切换自己的行为模式，面对“凶气场”他们会“表现”出“乖”“听话”，策略性地表面顺从，而在“后台”抵制；身处“柔气场”他们会表现出“躁”“调皮”“不听招呼”等状态。

中午睡觉的时候，孩子们不听话、不睡觉，G老师会很无奈地说“我求求你们了，快睡觉吧”，孩子们还是不听。如果是Z老师的话，他们就不敢“开腔”（在四川方言中是“说话”的意思）。（D幼儿园中班实习生小邓）

---

① 杨耕，赵军武．关于“时间是人的生命尺度”的断想 [J]. 学术界，2008(2): 7-14.

② 石开斌．德赛图抵制理论的推崇与质疑——费斯克与鲍德里亚大众抵制思想之比较 [J]. 武汉理工大学学报（社会科学版），2012(2): 292-296.

幼儿们在与教师的互动中，逐渐“摸清”了每个教师的“习性”[①]与“容忍度”，然后做出“适度”的行为，获得一定程度或某种活动的自由。当赢得某种活动的自由后，他们会继续争取赢得新的自由。

四、对游戏规则的冲击

幼儿园教师拥有再生产和强化他们自己权力的关键资源，如时间、空间、游戏材料等，他们有时为了节约自己的“心理能量”（担心幼儿弄脏、弄坏、弄乱空间与材料）与“身体能量”[②]而控制这些资源（这具有“消耗最小”的技术合理性）。有时表现为限制幼儿使用玩具的数量，但幼儿有时会通过“背地里”行动使一个内隐的欲望变成一个有效的欲望，从而在某种意义上表达其自由意志。

课前自主游戏时，（J幼儿园小班）老师只允许幼儿拿一个筐里的玩具，并限制玩具的数量。还有很多筐的玩具不能完全发挥它们应有的作用。老师要求幼儿只能坐着玩。如果看见幼儿站起来玩，先提醒一次，再站起来玩，就会把玩具没收。有的幼儿因为玩具数量不够组装成他/她预想的模型，就会趁老师不注意时，去拿筐里的玩具；或者趁其他幼儿不注意时，偷偷地去拿别人的玩具。

幼儿的自主意愿虽然受到外在的约束或阻碍，但其意志的行使并无内在障碍。幼儿作为行动者不是规则和秩序的“傀儡”，不是毫无判断力的人，他们能在结构与秩序中寻找“空隙”，以期实现自己的意志，满足自己的需要。被规训、压制的幼儿针对强者的主宰，采取的反应主要是伺机而动。这种反应在约翰·费斯克（John Fiske）看来，是进行“权力的（在微观层面上的）再分配”[③]之有效方式。

---

① 四川省C市的一位幼儿园小班教师说，现在的孩子察言观色的能力很强。她班上有位本园教师的孩子。这位教师曾对她讲，孩子在家说哪个老师温柔，哪个老师“歪”（有凶、蛮横、霸道之意）。

② 实习生小苗说，她在J幼儿园实习了两个多月，才有一次集中区角活动。刚开学时，老师们担心家长接孩子时看到孩子傻坐着——这样不好，就让幼儿们去区角活动。但两天以后就不允许了。他们班的年轻老师说过：不愿意让幼儿去区角玩，因为幼儿们玩后不会收拾，增加了教师工作量。限制幼儿自主性发展的因素多半是教师怕麻烦。可见，教师们的行动伴随着他们对成本和效益的策略性计算。

③ [美]约翰·费斯克．理解大众文化[M]．王晓珏，宋伟杰，译．北京：中央编译出版社，2001: 169.

幼儿在成人的权威、团体的约束中学会追求个人权利，同时也学会了对自己的言行、情绪、想法进行控制。因为，有时他们会在规则和秩序面前显得无能为力，所以只能服从规范、在“教室文化”中行动。

每天早上到幼儿园后，有些幼儿在园吃早餐，其余的幼儿都自己拿玩具玩。早上我来到幼儿园后，看到曦曦（男，D 幼儿园小班）拿着 4 块塑料建构材料，独自在拼接模型。他每拼完一个模型，就告诉我他拼的是什么。他先拼出了“坦克”“甜甜圈”等造型。后来，他在拼一只“小白兔”时对我说：“老师，我还差一个玩具，这只小白兔才能拼好。”我说：“去拿吧，你需要几个就拿几个，到时候放回去就可以了。”于是，他便高兴地跑去拿回了几块建构材料。之后，他为了拼出某个模型，又多次拿了几块建构材料。

当 G 老师看见曦曦有很多建构材料后，生气地对他说：“谁让你拿那么多玩具！说了一个人只能玩四个玩具，赶快把多余的玩具放回去。”曦曦（委屈地）把玩具放了回去。此后，他基本上只是把之前拼过的模型重新拼凑一遍，没有再拼出新造型。

教师坚守着每个人只能拥有同样数量玩具的原则，而不理会某些幼儿基于能力与想象的特殊需要，这可被视为理性化的外部约束，因为他们选择的是资源分配的平等，遵循的是分配正义原则，而非罗尔斯倡导的差别原则。分配正义旨在解决资源的不平等占有，但自主支持重点不应是保证“物品配置平等”，而是容许幼儿有不同的生活。教师的纪律权力通过时间的耐心，使幼儿从权宜的服从转变为自我约束，这种内化确保了对幼儿的最高效能、最持久的征服。我们理解教师们对秩序的需要和依赖，但他们需要对经验和“潜规则”行事的行为进行自我审视。

第三节　反抗型自主：少数幼儿的“嚣张”与教师的反思

权宜型自主是一种沉默的抵制，只能使幼儿园“众生”暂时避开“权力的眼睛”，而不能改变自己的地位，也不能打破原来的体制（特别是不合理的体制）。此时，就需要一些“反抗者”来瓦解“掌权者”的控制，促进组织的改革。伯纳德·巴伯（Bernard Barber）指出“人不是生活在一个顺从的而是在一个抵抗的环境之中，生活在一个他必须不断努力加以控制的环境之中”①。社

① [美] 伯纳德·巴伯 . 科学与社会秩序 [M]. 顾昕 , 译 . 北京 : 三联书店 , 1992: 6.

会心理学的许多研究发现，当个体处于一致性的群体中时，其所面临的从众压力非常大。当群体中的意见不完全一致时，从众的数量会明显降低。甚至当群体中只有一个人与其他人不一致时，从众也会降低到正常情况下的1/4。无论这一位“持异议者”是谁、所持的“异议”正确与否，其降低从众倾向的效果都非常明显。①但是，在整个学步期和学前早期，直接反抗、令人讨厌地说“不”的方式在频率上是逐渐减少的，而且个体差异具有跨时间的一致性——学步期采用直接反抗等无技巧的不顺从策略的儿童更可能在5岁时采用相似的策略。②

福柯（M. Foucault）说“哪里有权力，哪里就有反抗”。权力系统有孕育反抗力量的可能性。阿尔贝·加缪（Albert Camus）认为，反抗不同于革命。革命是用暴力摧毁压迫，而暴力本身也是压迫；反抗限定在“正义”的限度内，为权利与“价值完整”而抗争。③反抗可能导致原有权力系统的失效或崩塌。

一、排异思维：“我们班如果没有这样的孩子该多好呀”

按自己的意志行事是自主的核心。④当幼儿的意愿与行为受到外部力量（有原因或无故、合理或无理）干涉时，在偶然事件对其动机和欲望的影响下，他们会做出较为强烈的反应，做出“纯偏好性选择”，尽力实现其欲望（有时成为自己嗜好的奴隶）。他们可能不会考虑被制裁的可能性和严重程度。

有一天，Q老师带幼儿们下楼玩。熊熊（男，D幼儿园小班）去玩滑梯、荡秋千。他喜欢尝试不同的游戏设备，不像其他幼儿一样在一种器械上玩得时间久。约半小时后，Q老师让幼儿排队回教室。我喊了他两次，他不愿意回去，后来Q老师和保育员也喊了他几次，他不回去。Q老师忙着照看其他幼儿，顾不上照看他。保育员也逐渐失去了耐心，不喊他了，直接一把把他从游戏器械上拉了下来。他不肯走，在地上打滚。保育员也不管他了，让我抱他回去。我和他讲道理无果，硬是把他抱回去，路上他一直反抗。我一把他放下来，（他）就往游戏区跑，要不就随地一躺——目的是让老师放他去玩。事后，

① [美]泰勒，[美]佩普劳，[美]希尔斯．社会心理学[M]．谢晓非，谢冬梅，张怡玲等，译．北京：北京大学出版社，2004: 227.

② 陈会昌，夏美萍．近50年来关于儿童顺从行为的研究[J]．心理发展与教育，2006(4): 119-123.

③ 陈彦均．顺从的反抗者——齐泽克视野下的意识形态批评与文本读解[J]．北京电影学院学报，2015(2): 49-55.

④ 孙绵涛．论人类生活方式的本质及其复归[J]．浙江社会科学，2003(6): 98-104, 190.

老师对我说，“我们班如果没有这样的孩子该多好呀！”（D 幼儿园小班实习生小徐）

幼儿的欲望具有生产性，它生产着自主性，也生产着任性。幼儿如此的反抗行为表达了主体的觉醒与主动意识，带有一些情绪化特征。当一个幼儿争取自己应有的游戏权利时，教师们会为了维持全班统一行动的模式或出于安全考虑，而制止幼儿的合理要求。当幼儿出现强烈反抗时，在幼儿园教师看来这是超越逻辑与理性经验的。但这种反抗客观上有利于幼儿自身权利的维护。他们在坚持己见中表达自我、保持自主，反抗外部事物与环境的支配、引导和限制。这是幼儿个人领域形成的前提条件。

教师与幼儿的行动是习性与社会空间（尤其是幼儿园教育场域）之间的无数相遇的非偶然的产物，它们既夹杂着非理性的偏好，又受到理性控制。幼儿园教师明知强计划性、高控制性不利于幼儿的自主，但依然懒于改变。因为任何改变都不可避免地涉及权力与资源的再分配，并会最终导致对既得利益（时间、精力、经济安全、心理安全、权力等）占有份额的调整。因而对大多数教师来说，最终决定他们是否以及在多大程度上参与或支持教育改革的主要因素，并不仅仅是对理念的认同，重要的是对利益分配的考量。倘若权衡利弊后，他们认为改革结果将削减自身利益，或认为改革很难在近期给自己带来（自己在乎的）利益，那么懒于变革、阻碍变革当属情理之中。他们想把影响原有秩序、固有状态的“麻烦制造者”驱赶出系统，以便恢复原来的“稳定”。而大多数教师并没有反思成人权威和团体规则自身的合理性，而是主要根据利益权衡结果来选择是否以及在多大程度上参与或支持教育改革。他们构成了足以推动、加速或者延缓、阻止教育改革的主力军。正是来自相关利益人群的外显抵制与内隐销蚀，制约着幼儿自主性的发展。

二、存异思维：“那个孩子可能只能委屈地待在我们班了”

不少教师在面对幼儿的自主行为时，也会反思现存状态本身的合理性。他们保有对 3 ～ 6 岁幼儿的年龄特征、个性及所处的文化背景的敏感性。他们会经常问：幼儿最需要的是什么？具体班级幼儿的需求是什么？班级中每个幼儿的需求是什么？

我们班有个男孩，4 岁多，你怎么说他，他也不会听的。你叫他坐在那，他不会坐，他到处走、到处爬，还到处去玩。我觉得特别无可奈何。……（我问老师“您有没有做过其他尝试，来改变这种状况？”）主要还是老师精力有限。……户外活动的时候，小朋友都在玩儿，他玩一会儿，觉得不好玩了。我说“你可以去玩旁边的”，（对）旁边的，他感觉也没兴趣。他的兴趣很跳跃，一会儿就不玩了，一会儿不知道走哪去了。……（我问老师“他喜欢在户外，还是在室内？”老师说：“室内室外都还可以。他喜欢到处去看，到处去玩。”我感觉是我们的刺激水平没有达到他想要的，他的兴趣点比较高。……我让他去其他班感受了一下。比起去小班，发现他较喜欢去大班玩。喜欢大班的玩具和材料区，难度系数大一点的，他喜欢去挑战。我感觉中班的挑战水平可能对他不够，但我不可能因为他一个人把我班全部材料（难度水平）提高。那个孩子可能只能委屈地待在我们班了。（L幼儿园中班Y老师）

这些“反抗者”在成人面前是弱者，他们的个性和创造力量在这种“低烈度”的反抗中得到了保持和延续。Y老师了解到这个孩子2岁多就去了成都，并在那里读过两年的幼儿园。她觉得这个孩子对本班活动与玩具材料的兴趣不高，是因为这些对他已经不新鲜了。她在尽力尝试用各种方法去发现“反抗者”的兴趣，试图为其提供适宜的刺激水平。虽然这类教师对“反抗者”的经历与个性保有理性的判断，把其视为一种不可忽视的力量，但又迫于情势（精力、班级规模、其他个人事务）的限制，无法满足幼儿们个性化的需求，从而产生一种“无助感”与内疚感。只有身处“反思困境”中的教师才能真切体会到这种感受。但有学者指出，许多教师常说“只能这样做”，客观原因是传统的巨大影响力和个体行为的自然惯性；主观原因是这些教师不具有反思的意识和习惯。[①]

三、矛盾心理：“老师说又说不过他，很烦他，对他又爱又恨”

幼儿的自主状态主要有两个层次：第一层是动作与行为的自主，如吃喝拉撒睡、攀爬、触摸等方面；第二层次是思维与行动的自主，如表达观点、探索、游戏等方面。这些层次的自主奠基于自然本性上，就算不够合理，也至少足够普遍（这是功利主义的视角）。[②]幼儿与别人的看法不同时，敢于坚持自己的意见并说出理由，这是其自主意愿与自主能力外化的重要体现，应该得到教师们充分的重视与应有的支持。

老师说又说不过他，很烦他，对他又爱又恨。其实他（曹亦，男，J幼儿园大班）长得很乖的样子。语言活动时，全班主要靠他与老师配合，缓解了

① 刘庆昌．反思性教学的两个问题链[J]．课程．教材．教法，2006(8): 13-17.

② 有些幼儿为了逃避睡觉的“任务”，会采取频繁上厕所的策略，这些策略会被其他幼儿竞相模仿，教师为了不让“破窗效应”持续，有时会剥夺所有声称“想上厕所”的幼儿的权利（失权），有时会“点名”让表现“乖”的幼儿去厕所。

无人响应老师的状况。上个月的时候，我们班组织符号活动，讲生活中的符号——交通符号，向幼儿传递符号能给人们带来很大便利的信息。他（亦亦）说符号没有好处。他说过马路的时候，你仔细看着车不就行了吗？有车的时候你就不要走，没车的时候你就走啊。就算没有符号你也可以走啊，你一定要看着符号才能走吗？如果一个地方没有人行道的标志，也没有其他的路，你就不走了吗？老师说，要尽量找一个有斑马线的地方走。他说，万一整条街很远很远才有斑马线呢？你一定要走很远很远才过去吗？老师都不知道该怎么说了。（J幼儿园大班实习生小苗）

教师们在支持幼儿自主发展方面，存在判断失误与能力不足两种情况。面对亦亦这样的“能言善辩”者，教师们似乎没有了招架之力，他们面临这样的困境：既想给趣味与想法在多数人中很难找到共鸣的少数幼儿一些空间，同时在支持幼儿自主方面的知识与能力又不足。对此类既“聪明”又坚持己见者，不能只是“又爱又恨”，应该努力去完成任务：减少控制（becomeless controlling，对语言、情感、行为方面的控制）、想支持自主（wanting to support autonomy）、学习如何支持自主（learn the “how-to” of autonomy support）。[①]幼儿园教师的工作是复杂的，需要高水平的技能、渊博的知识和广泛的能力，如有关于游戏与发展理论的广博知识，并把理论转化成课程设计、活动选择、教学方法和学习结果评价的能力。又如，如果幼儿园教师接受了“自主”这样的文化价值，他们得有能力将它转化为规则，[②]并通过奖惩等措施支持幼儿去自主思考与行动。有些教师即使被赋予课堂革新的权力，其承担随权力而至的责任意愿也不强，因为其不具备支持幼儿自主的能力。因此，只有具备了支持幼儿自主的意识、知识与能力，才能正确有效地运用外界让渡的权利，否则就会导致对此权利的忽视、滥用和践踏。

小结

幼儿园教师的“气场”主要有两种：专制权威型（authoritarian，低反应高要求）、开明权威型（authoritative，高反应低要求）。前者属于“凶气场”，教师倾向于以自己的逻辑标准来掌控、塑造幼儿的行为与态度，并拥有高度的权威感。他们认为服从是美德，喜欢用处罚和权威来阻止幼儿的意愿。后者属

① REEVE J. Why teachers adopt a controlling motivating style toward students and how they can become more autonomy supportive[J]. Educational Psychologist, 2009, 44(3): 159-175.

② 价值不能告诉人们如何应对所有可能的情境，一是因为价值缺乏支撑贯彻它们的具体路径和明晰法则，二是因为绝大多数情境涉及复杂的价值组合。

于“柔气场”，教师倾向于以讲理和就事论事的方式引导幼儿，并给幼儿提供富有刺激且具有适宜性（年龄、个性、时间适宜）的环境，让幼儿表达自己的主张，且不以强制或严厉的方式教导幼儿。

教师的“气场”虽有较为固定的模式，但并非刻板不变。任何教师都会根据情境权宜的实践，他们会灵活地营造不同的“气场”来进行“事态管理”——以便于让事态的发展在可控的范围内。当幼儿的“习性”与教师的“气场”在教育活动中相遇，既有可能出现契合，亦有可能产生冲突。当处于教师强调控制的场域之中，幼儿要么顺从教师的要求、命令，屈从于权威；要么会伺机而动，采取权宜型自主策略去实现自己的意愿。教师对“气场”的营造不能被简单地还原为结构性的运作，幼儿的能动性也不容忽视。幼儿园中每天上演着控制与反控制的角逐。幼儿常利用教师对服从的需要或者某些互惠的要求等途径获得抵制“压迫”的资源，从而在一定程度上控制自己所处的情境；幼儿有时会体现出一种“反抗型”的自主状态：直接违抗教师的指令，不留情面地展示自己的观点与行动，导致教师下不来台。当然，任何教师都会有纪律约束松动之时——有时会主动地赋予幼儿一些权利。赋权对于幼儿这样的弱势人群有积极的作用——幼儿会把自己看作改变生活与社会的行动者。

不论是赋权，还是控制，幼儿园教师都需要一种寻找问题根源的意识，对所做的那些声称是“为了孩子好”[①]的事情进行彻底反思。即使是对幼儿的赋权，也得基于幼儿原有的生活方式和关系网络，以此确保赋权是恰当、有限度的。幼儿自主是德性生成的自主，而不是消极地免除限制和不受引导的自主。幼儿园教师也应反思，在为幼儿追求福利时，是否随意闯入幼儿的精神世界、主宰了幼儿的思想与行动自由。在幼儿园教育实践中，只要是能促进幼儿理智和道德发展的自主，就是幼儿可以拥有的自主。

幼儿园的实践活动常受制于幼儿园或教师的“小传统”，也会受制于社会的“大气候”（问题植根于社会系统）。我们要理解师幼双方在组织结构中的无奈，也要看到他们各自的“执拗”与“狡诈”之处。幼儿园的实践活动一直处于生成性过程之中，其日常生活具有多维性、多价值性，这些都隐含着改变现实的可能。

---

① 教师有一种“为了孩子好”的行动理由，他们对学生抱有良好的期望，并以自认为“良好的”“恰当的”的方式影响学生。引自：[加]范梅南．生活体验研究——人文科学视野中的教育学[M]. 宋广文，等，译．北京：教育科学出版社，2003: 117；成人们急于让孩子长大，以至于歪曲了孩子内心广阔的宇宙，甚至把它破坏得无法复原。歪曲与破坏行为往往是在大人自称的“教育”“指导”和“善意”的名义下进行的。引自：河合隼雄．孩子的宇宙[M]. 王俊，译．上海：东方出版中心，2010: 3.

结 论

本研究意在描述幼儿自主与教师形塑之间的既对立又统一的张力关系，并解释围绕幼儿自主性发展的教育实践活动“何以如此”，而非规范其“应该怎样”。加芬克尔（H. Garfinkel）认为日常生活实践是行动者依照复杂的技术、方法完成的一项“成就”，并非可以借助规则一劳永逸地解决。[①]当重申这个目的时，笔者认为本研究主要有两点创新：一是挖掘出了幼儿园教师日常使用的一些“本土概念”，如“乖”“安全第一”“又爱又怕”等，并从传统文化、社会现实、当地习俗与互动背景等方面，分析了这些“敏感性”概念对他们教育实践的引导作用；二是提出了幼儿自主的三种类型——赋权型、权宜型、反抗型，这种分类突显了自主的关系特征与权力内涵。本研究运用日常生活世界理论来透视幼儿园境域，使人们更深入地了解与理解幼儿自主与教师形塑之间的张力。

质性研究既需要研究者冷静地观察（多数时候不能置身事外），又需要研究者和他者之间的对话。当笔者进入四川省 B 市的 D、J、L 三个幼儿园后，身临真实的幼儿园教育情境，观察到了一个多维、充满矛盾的幼儿园生活世界。在同教师们与实习生的交谈中，发现了教师们与自身不同的、有时是自身意想不到的见解，体会到了学术认识不能代替实践认识的道理。

实践唯有与社会所看重的价值原则一致，才具有正当性。自主是幼儿园教育改革的热点，在国家“大气候”的氛围中，幼儿园教师最起码要保证“政治正确”，他们“理所当然”地支持幼儿自主的发展。当幼儿园教师在价值体系中的三项原则——自主、顺从、安全之间进行选择时，他们决绝地做出了“安全第一”的“价值排序”。当他们把“乖”或“听话”当作评价幼儿的标准时，笔者看到了他们对“自主”与“顺从”的“习惯性排列”。这些对他们“不言而喻”的抉择是如何选择出来的？又是如何指导实践的？笔者通过幼儿园教育的文化性、实践性与生活性来予以解释。

① 郑晓娴 . 常人方法学实践行为特征分析 [J]. 青年研究 , 2007(2): 29-32.

文化会形塑沉浸于其中之人的价值选择。中国传统文化的关系主义、经验主义与官本位的特质使“听话”获得了“情理”支持，幼儿园教师会不自觉地选择“听话教育”，但幼儿自主的改革具有道义上的正当性，因此幼儿园教师不得不在两种价值选择中徘徊，表现出来的是他们的实践既有对传统生活的维持，同时也有对新变化的开放。可是，当他们在工作中支持幼儿自主时出现了幼儿安全问题，他们要面对的是问责（accountability）的家长，责问的不是“为什么没有支持孩子的自主？”而是“孩子为什么出了安全问题？”他们感觉到了现实的压力，可能因此而失去既得利益，这会危及自己的经济安全与声望安全。现实摆在眼前：他们不会因为支持幼儿自主（远期理由）而获得任何现实的好处，但如果不能保证幼儿的安全（当前需要），就必将遭受麻烦。一利一害之间，作为常人的幼儿园教师又该如何选择？“自利赋予了个人参与到一个道德体系的理由”①，幼儿园教师的行动源自对其具有规范性的私人理由，遵循着功利主义原则。他们可能或已经遭遇风险和困难，使处于现实中的他们常用一种固定的、模式化的“正确”做法来规避风险、降低阻力。

平衡自主与限制这对关系是幼儿园培养儿童自主性的关键。在理性与感性的支配下，幼儿园教师想的是既要让幼儿“尽可能安全”（选择“安全”，符合价值强度原则），又要让幼儿“听话”（它能充实教师的本己需求），还得尽量让幼儿发展“自主”（选择“自主”，符合价值高度原则），这是他们每天要直面的责任（responsibility）。他们在工具理性与以往经验的指引下，试图营造一个让幼儿“又爱又怕”的“气场”，以便能够达成“师定目标”与“法定目标”。在“柔气场”中，幼儿获得了“赋权”，他们的自我主张得到了部分实现，其生活自理能力得以提升，自我控制能力获得了发展。但教师不适宜的行动也不在少数，他们营造了“凶气场”，并遭到了幼儿的拓殖与反抗。这一方面是因为幼儿园教师自身理论的匮乏，存有贬低理论的态度。他们把理论当作静态的、抽象的概念体系，而把幼儿园实践当作是追求具体目的的行动过程。另一方面是能力之不足。针对既定的道德主体，道德目标实现的可能性取决于其能力的高低。D 园的 W 园长说，教师们之所以高控，是因为他们支持幼儿自主的能力较弱。

复杂的现实处境引发了幼儿园教师在道德抉择中的两难，它削弱了在哲学背景中依靠推理得出的道德准则的约束力。根据海德格尔（M. Heidegger）

① [美]克里斯蒂娜·科尔斯戈德. 规范性的来源[M]. 杨顺利，译. 上海：上海译文出版社，2010: 152.

的观点，哲学上的真知灼见只有渗透与转变日常状态，才具有生存论的影响力。[①] 虽然如此，“自主”理念在当前的中国社会中已得到认可和提倡，实现“幼儿自主”的目标注定幼儿园教育实践不会总停留于当下的事实世界，而会朝着理想状态迈进。

理想状态的实现需要幼儿园教师拥有实践智慧，即较好的慎思能力——能够确保目的为善（以幼儿的自主与幸福为最终目的），以及工具理性能力——能够正确地运用达到目的的正当手段。[②] 任何一个人要达到这样的要求都有难度，但这只是实现理想状态的必要条件，而非充分条件。这注定了幼儿的自主之路充满坎坷。

---

① [英] 彼得・奥斯本 . 时间的政治：现代性与先锋 [M]. 王志宏，译 . 北京：商务印书馆，2004: 263.

② 蒙台梭利发现，在教师的正确引导下，孩子们拥有了一种向外扩展的个性，他们做事积极主动，自主选择想要做的事并能坚持下来。遇到困难时，孩子们不逃避，而是努力用自己的能力，以乐观向上的心态去克服、解决这些困难。当孩子们克服了困难，他们会为自己的胜利而高兴，并热情地将喜悦的心情和成功的体验与他人分享。参见：[意] 蒙台梭利 . 蒙台梭利儿童教育手册 [M]. 蒙台梭利丛书编委会，译 . 北京：中国妇女出版社，2012: 93.

参考文献

[1] 储朝晖 . 中国幼儿园教育忧思与行动 [M]. 南京：南京师范大学出版社，2008.

[2] 方朝晖 . 文明的毁灭与新生：儒学与中国现代性研究 [M]. 北京：中国人民大学出版社，2011.

[3] 费孝通 . 乡土中国 [M]. 北京：北京大学出版社，1998.

[4] 高兆明 . 制度公正论：变革时期道德失范研究 [M]. 上海：上海文艺出版社，2001.

[5] 何友晖，彭泗清，赵志裕 . 世道人心：对中国人心理的探索 [M]. 香港：三联书店，2006.

[6] 金生鈜 . 规训与教化 [M]. 北京：教育科学出版社，2004.

[7] 金生鈜 . 保卫教育的公共性 [M]. 福州：福建教育出版社，2008.

[8] 金盛华 . 社会心理学 [M]. 北京：高等教育出版社，2005.

[9] 梁漱溟 . 中国文化要义 [M]. 上海：上海人民出版社，2005.

[10] 熊川武 . 反思性教学 [M]. 上海：华东师范大学出版社，1999.

[11] 杨国枢，陆洛 . 中国人的自我：心理学的分析 [M]. 重庆：重庆大学出版社，2009.

[12] 杨国枢 . 中国人的心理与行为：本土化研究 [M]. 北京：中国人民大学出版社，2004.

[13] 杨丽珠，沈悦 . 儿童自我控制的发展与促进 [M]. 合肥：安徽教育出版社，2013.

[14] 曾琴 . 幼儿园自主游戏的思考与实践 [M]. 南京：江苏凤凰少年儿童出版社，2015.

[15] 赵汀阳 . 论可能生活 [M]. 北京：中国人民大学出版社，2004.

[16] 张国平 . 幼儿的自主游戏 [M]. 北京：中央编译出版社，2017.

[17] 张诗亚 .“小皇帝”与“小奴隶”：析中国儿童自主性发展与畸变 [M]. 成都：四川少年儿童出版社，1996.

[18] 邹晓燕，曲可佳 . 学前儿童自主性的发展与促进 [M]. 合肥：安徽教育出版社，2015.

[19] [美]摩狄曼·丁·阿德勒. 六大观念：真、善、美、自由、平等、正义[M]. 陈珠泉，杨建国，译. 北京：团结出版社，1989.
[20] [德]T. W. 阿多诺. 道德哲学的问题[M]. 谢地坤，王彤，译. 北京：人民出版社，2007.
[21] [美]汉娜·阿伦特. 人的境况[M]. 王寅丽，译. 上海：上海世纪出版集团，2009.
[22] [英]彼得·奥斯本. 时间的政治：现代性与先锋[M]. 王志宏，译. 北京：商务印书馆，2004.
[23] [英]奥克肖特. 经验及其模式[M]. 吴玉军 译. 北京：文津出版社，2005.
[24] [英]伯林. 自由论[M]. 胡传胜，译. 南京：译林出版社，2003.
[25] [美]戴维·波普诺. 社会学[M]. 李强，译. 北京：中国人民大学出版社，2007.
[26] [法]皮埃尔·布迪厄. 实践感[M]. 蒋梓骅，译. 南京：译林出版社，2012.
[27] [法]皮埃尔·布迪厄，[美]华康德. 实践与反思：反思社会学导引[M]. 李猛，李康，译. 北京：中央编译出版社，2004.
[28] [美]唐纳德·戴维森. 真理、意义与方法[M]. 牟博，译. 北京：商务印书馆，2008.
[29] [美]雅克·蒂洛，[美]基思·克拉斯曼. 伦理学与生活[M]. 程立显，刘健，译. 北京：世界图书出版公司，2008.
[30] [美]约翰·杜威. 学校与社会·明日之学校[M]. 赵祥麟，任钟印，吴志宏，译. 北京：人民教育出版社，2005.
[31] [美]约翰·杜威. 民主主义与教育[M]. 王承绪，译. 北京：人民教育出版社，2001.
[32] [英]莱恩·多亚尔，[英]伊恩·高夫. 人的需要理论[M]. 汪淳波，张宝莹，译. 北京：商务印书馆，2008.
[33] [加]马克斯·范梅南. 教学机智：教育机会的意蕴[M]. 李树英，译. 北京：教育科学出版社，2001.
[34] [加]马克斯·范梅南. 生活体验研究——人文科学视野中的教育学[M]. 宋广文，译. 北京：教育科学出版社，2003.
[35] [加]马克斯·范梅南，[荷]莱维林. 儿童的秘密：秘密隐私和自我的重新认识[M]. 陈慧黠，曹赛先，译. 北京：教育科学出版社，2004.
[36] [美]罗伯特·费尔德曼. 发展心理学[M]. 苏彦捷，译. 北京：世界图书出版公司北京公司，2007.

[37] [美]约翰·费斯克.理解大众文化[M].王晓珏,宋伟杰,译.北京:中央编译出版社,2001.

[38] [日]高杉自子.幼儿教育的原点[M].王小英，译.上海：华东师范大学出版社，2014.

[39] [美]欧文·戈夫曼.日常生活中的自我呈现[M].冯钢,译.北京:北京大学出版社,2008.

[40] [美]科瑞恩·格莱斯.质性研究方法导论[M].王中会，李芳英，译.北京：中国人民大学出版社，2013

[41] [德]赫尔巴特.普通教育学·教育学讲授纲要[M].李其龙，译.北京：人民教育出版社，1989.

[42] [日]河合隼雄.孩子的宇宙[M].王俊，译.上海：东方出版中心，2010.

[43] [德]霍耐特.为承认而斗争[M].胡继华，译.上海：上海世纪出版集团，2005.

[44] [英]安东尼·吉登斯.社会的构成[M].李康,译.北京:生活·读书·新知三联书店,1998.

[45] [英]卡麦兹.建构扎根理论：质性研究实践指南[M].边国英，译.重庆：重庆大学出版社，2009.

[46] [美]德布·柯蒂斯，[美]玛吉·卡特.和儿童一起学习：促进反思性教学的课程框架[M].周欣，周晶，张亚杰，等，译.北京：教育科学出版社，2011.

[47] [美]科尔斯戈德.规范性的来源[M].杨顺利，译.上海：上海译文出版社，2010.

[48] [美]威廉·A.科萨罗.童年社会学[M].程福财,译.上海:上海社会科学院出版社,2014.

[49] [德]伊曼努尔·康德.道德形而上学原理[M].苗力田,译.上海:上海人民出版社,1986.

[50] [德]伊曼努尔·康德.实践理性批判[M].韩水法，译.北京：商务印书馆，2000.

[51] [英]约瑟夫·拉兹.自由的道德[M].孙晓春,曹海军,译.长春:吉林人民出版社,2010.

[52] [法]亨利·勒菲弗.空间与政治[M].李春，译.上海：上海人民出版社，2008.

[53] [美]简·卢文格.自我的发展[M].韦子木，译.杭州：浙江教育出版社，1998.

[54] [法]让–雅克·卢梭.爱弥儿[M].李平沤，译.北京：人民教育出版社，2001.

[55] [美]约翰·罗尔斯.作为公平的正义：正义新论[M].姚大志，译.上海：上海三联书店，2002.

[56] [美] 约翰 · 罗尔斯 . 正义论 [M]. 何怀宏，何包钢，廖申白，译 . 北京：中国社会科学出版社，1988.

[57] [美] 克莱尔 · 库珀 · 马库斯，[美] 卡洛琳 · 弗朗西斯 . 人性场所——城市开放空间设计导则 [M]. 俞孔坚，孙鹏，王志芳，等，译 . 北京：中国建筑工业出版社，2001.

[58] [美] 约翰 · 丁 · 麦休尼斯 . 社会学 [M]. 风笑天，常娟，赵志敏，译 . 北京：中国人民大学出版社，2009.

[59] [英] 朱莉娅 · 曼尼 – 莫顿，[英] 玛吉 · 托尔普 . 游戏的关键期——0 ～ 3 岁 [M]. 刘峰峰，常娟，赵志敏，译 . 北京：北京师范大学出版社，2010.

[60] [意] 玛利亚 · 蒙台梭利 . 蒙台梭利方法 [M]. 江雪，译 . 天津：天津人民出版社，2003.

[61] [意] 玛利亚 · 蒙台梭利 . 蒙台梭利儿童教育手册 [M]. 蒙台梭利丛书编委会，译 . 北京：中国妇女出版社，2012.

[62] [美] 乔治 · 赫伯特 · 米德 . 心灵、自我与社会 [M]. 霍桂桓，译 . 北京：华夏出版社，1999.

[63] [英] 约翰 · 密尔 . 论自由 [M]. 许宝騤，译 . 北京：商务印书馆，2010.

[64] [美] 罗伯特 · K. 默顿 . 社会理论和社会结构 [M]. 唐少杰，译 . 南京：译林出版社，2006.

[65] [英] 迈克 · 彭 . 中国人的心理 [M]. 邹海燕，译 . 北京：新华出版社，1990.

[66] [美] 丹尼 · 乔金森 . 参与观察法 [M]. 龙筱红，张小山，译 . 重庆：重庆大学出版社，2008.

[67] [德] 马克斯 · 舍勒 . 伦理学中的形式主义和质料的伦理学 [M]. 倪梁康，译 . 北京：商务印书馆，2011.

[68] [美] 爱德华 · W. 苏贾 . 后现代地理学——重申批判社会理论中的空间 [M]. 王文斌，译 . 北京：商务印书馆，2004.

[69] [美] 泰勒，[美] 佩普劳，[美] 希尔斯 . 社会心理学 [M]. 谢晓非，谢冬梅，张怡玲，等，译 . 北京：北京大学出版社，2004.

[70] [英] 克里斯 · 希林 . 身体与社会理论 [M]. 李康，译 . 北京：北京大学出版社，2010.

[71] [古希腊] 亚里士多德 . 尼各马科伦理学 [M]. 苗力田，译 . 北京：中国社会科学出版社，1999.

[72] [美] 艾伦 · G. 约翰逊 . 见树又见林：社会学与生活 [M]. 喻东，金梓，译 . 北京：中国人民大学出版社，2008.

[73] 陈宝良 . 中国官本位意识的历史成因 [J]. 中州学刊，2014（2）：5–9.
[74] 陈氚 . 重返感性选择——理论应然中的现实困境 [J]. 社会学评论，2016（5）：3–14.
[75] 陈会昌，夏美萍 . 近 50 年来关于儿童顺从行为的研究 [J]. 心理发展与教育，2006（04）：119–123.
[76] 陈尚伟，高永强 . 论人的需要及其合理性 [J]. 理论与现代化，2012（5）：38–44.
[77] 陈树强 . 增权：社会工作理论与实践的新视角 [J]. 社会学研究，2003（5）：70–83.
[78] 陈向明 ."本土概念"分析 [J]. 外语教学与研究（外国语文双月刊），2000（3）：196–199，239–240.
[79] 陈向明 . 社会科学中的定性研究方法 [J]. 中国社会科学，1996（6）：93–102.
[80] 陈小文 . 程序正义的哲学基础 [J]. 比较法研究，2003（1）：26–31.
[81] 程良宏 . 控制性教学批判与超越 [J]. 全球教育展望，2008（4）：16–20.
[82] 程路 . 乖孩子的背后 [J]. 人民教育，2015（5）：6–8.
[83] 程伟 ."听话教育"的批判性反思 [J]. 中国教育学刊，2016（11）：96–100.
[84] 但菲，刘凌，赵琳 . 幼儿秩序认知发展的特点及其重要价值 [J]. 学前教育研究，2013（7）：15–19.
[85] 丁钢 . 教育与日常实践 [J]. 教育研究，2004（2）：16–20.
[86] 董洪亮 . 形塑与创生——制度性规范与个体教学行为关系的社会学分析 [J]. 中国教育学刊，2007（12）：51–55.
[87] 方朝晖 . 中国人的思维方式与精神世界——关系本位、团体精神和至上的亲情 [J]. 人民论坛 · 学术前沿，2013（10）：6–34.
[88] 贡华南 . 节制的根源——中国传统哲学的视角 [J]. 社会科学，2010（8）：90–96，190.
[89] 桂亮 . 借用巴姆的对极性辩证法解读库恩的"必要的张力"[J]. 科学技术与辩证法，2000（3）：32–35.
[90] 郭芊，钱文，李俊刚 . 影响幼儿园教师教学风格的因素 [J]. 学前教育研究，2012（3）：38–41.
[91] 郝文华 ."小气"和"小器"[J]. 长江大学学报（社会科学版），2013（10）：95–96.
[92] 侯素芳 . 秩序中人的发展与教育 [J]. 外国教育研究，2003（7）：15–17.
[93] 黄娟娟 . 师幼互动类型及成因的社会学分析研究——基于上海 50 所幼儿园活动中师幼互动的观察分析 [J]. 教育研究，2009（7）：81–86.
[94] 黄勇 . 科学研究中"必要的张力"[J]. 读书，1983（12）：34–39.

[95] 黄月琴．“弱者”与新媒介赋权研究——基于关系维度的述评 [J]. 新闻记者，2015（7）：28–35.
[96] 黄志军．实践哲学视野中的辩证法 [J]. 现代哲学，2015（2）：33–37.
[97] 金生鈜．承认的形式以及教育意义 [J]. 教育研究，2007（9）：9–15.
[98] 金生鈜．论个人自由在教化中的地位 [J]. 教育理论与实践，2002（11）：1–5.
[99] 李德显，房磊．国外教学风格研究的可视化分析 [J]. 全球教育展望，2016（9）：62–76.
[100] 李革新．康德与舍勒伦理学的三大差异 [J]. 浙江学刊，2005（6）：54–60.
[101] 李娟．中国古代“官本位”思想文化解析 [J]. 求索，2004（10）：240–243.
[102] 李润洲．实践逻辑：审视教育理论与实践关系的新视角 [J]. 教育研究，2006（5）：15–18，29.
[103] 李松林．控制与自主——课堂教学的权力品性研究 [J]. 教育学报，2006（6）：79–84.
[104] 李太平，刘燕楠．教育研究的转向：从理论理性到实践理性——兼谈教育理论与教育实践的关系 [J]. 教育研究，2014（3）：4–10，74.
[105] 李醒民．善于在对立的两极保持必须的张力——一种卓有成效的科学认识论和方法论准则 [J]. 中国社会科学，1986（4）：143–156.
[106] 李义天．实践智慧无须考虑行动目的？——亚里士多德主义美德伦理学的困难与回应 [J]. 云南师范大学学报（哲学社会科学版），2017（1）：80–87.
[107] 林聚任．论空间的社会性——一个理论议题的探讨 [J]. 开放时代，2015，264（6）：137–146，10.
[108] 林兰．儿童的“后台生活”：基于两所幼儿园的民族志调查 [J]. 学前教育研究，2017（5）：10–22.
[109] 凌辉，黄希庭．场依存 – 独立性认知方式与儿童自立水平的关系 [J]. 中国临床心理学杂志，2008（4）：384–386.
[110] 凌辉，黄希庭．6–12 岁儿童自立发展特点研究 [J]. 心理科学，2009（6）：1359–1362.
[111] 凌辉，张建人，钟妮，等．3–6 岁儿童自立行为结构的初步研究 [J]. 中国临床心理学杂志，2014（6）：1037–1041，1132.
[112] 刘畅．学生自主学习探析 [J]. 教育研究，2014（7）：131–135，159.
[113] 刘畅．“述而不作”与官本位文化基因 [J]. 浙江社会科学，2015（2）：113–121，136.

[114] 刘晶波 . 谈师幼互动中教师的权威及其限度 [J]. 学前教育研究，2005（1）：53–55.

[115] 刘庆昌 . 教育改革的正当性之思 [J]. 教育发展研究，2014，（21）：1–12.

[116] 刘素玲 . 教师对幼儿自主学习的认知及指导现状调查研究 [D]. 北京：首都师范大学，2011.

[117] 刘莘 . 阿尔都塞：理论实践与实践理论 [J]. 晋阳学刊，2011（1）：79–83.

[118] 卢乃桂，王丽佳 . 教育改革背景下的教师专业性与教师责任 [J]. 教师教育研究，2013（1）：1–5.

[119] 吕寿伟 . 论教育博士的实践逻辑 [J]. 高等教育研究，2014（4）：29–34，65.

[120] 裴学进 . 论主导价值观和主流价值观及其转化 [J]. 求实，2016（11）：21–29.

[121] 亓学太 . 行动的理由与道德的基础 [J]. 学术月刊，2010（5）：48–54.

[122] 裘指挥，张丽 . 规约的限度与个人领域的形成——基于小学儿童对个人领域理解的视角 [J]. 教育研究与实验，2006（6）：46–49.

[123] 任增元 . 权力制约、资源依赖与公共选择：大学自治悖论的实践逻辑 [J]. 清华大学教育研究，2012（6）：111–118.

[124] 容中逵 . 论教学活动特质的阶段属性——一个引发新矛盾且需再澄清的老问题 [J]. 课程・教材・教法，2013（6）：16–21.

[125] 桑志坚 . 社会时间：重审学校教育时间的新视角 [J]. 现代教育管理，2012（3）：16–19.

[126] 申卫革 . 教师专业实践的大传统与小传统——教师专业实践逻辑的思考 [J]. 教育发展研究，2014（24）：51–57.

[127] 沈悦，杨丽珠，刘歌 . 早期儿童自我控制的发生 [J]. 学前教育研究，2015（5）：29–37.

[128] 石艳，田张霞 . 作为社会空间的学校——基于西方空间社会学研究的新进展 [J]. 外国教育研究，2008，35（7）：1–6.

[129] 苏贵民 . 经验、反思和教师专业发展之间的关系 [J]. 教育理论与实践，2008（35）：37–38.

[130] 苏启敏 . 教学活动的实践逻辑 [J]. 中国教育学刊，2013（9）：27–31.

[131] 王炳书 . 实践理性辨析 [J]. 武汉大学学报（人文科学版），2001（3）：270–275.

[132] 王海英 . 在“教育理论脱离实践”的背后——一种社会学的追问 [J]. 湖南师范大学教育科学学报，2005（5）：5–8.

[133] 王艇，郑全全．自我决定理论：一个积极的人格视角 [J]. 社会心理科学，2009（2）：11–16.
[134] 王喜海，李红英．教师主导与幼儿自主的对立 [J]. 教育导刊（幼儿教育），2005（4）：9–12.
[135] 王晓梅，丛杭青．自主概念的规范性构建 [J]. 哲学动态，2015（2）：78–84.
[136] 王振宏，田博，石长地，等．3 ～ 6 岁幼儿面部表情识别与标签的发展特点 [J]. 心理科学，2010（2）：325–328.
[137] 吴定初，曾文婕．教育研究疏离教育生活：现象透视与回归途径 [J]. 四川师范大学学报（社会科学版），2008（3）：49–52.
[138] 吴康宁．中国教育改革为什么会这么难 [J]. 华东师范大学学报（教育科学版），2010（4）：10–19，36.
[139] 吴康宁．自主创新：幼儿的天性、天能与天权 [J]. 学前教育研究，2002（4）：19–21.
[140] 项贤明．教育过程中人的异化及其扬弃 [J]. 社会科学战线，1997（1）：244–254.
[141] 熊川武，江玲．论学校教育与学生自主性发展——与西方学者汉德等人对话 [J]. 华东师范大学学报（教育科学版），2013（4）：1–10.
[142] 熊川武，江铃．论学生自主性 [J]. 教育研究，2013（12）：25–31.
[143] 徐长福．实践智慧：是什么与为什么 [J]. 哲学动态，2005（4）：9–14，58.
[144] 徐勇，杨华．试论社会构建主义、解释主义和定性研究的关系 [J]. 中山大学学报（社会科学版），2013（2）：163–168.
[145] 闫兵，杜时忠．教师道德敏感的生成性制约及其超越——基于布迪厄“实践逻辑”的视角 [J]. 教育发展研究，2016（18）：80–84.
[146] 杨耕，赵军武．关于“时间是人的生命尺度”的断想 [J]. 学术界，2008（2）：7–14.
[147] 衣俊卿．论中国现代化的文化阻滞力 [J]. 学术月刊，2006（1）：8–16.
[148] 衣俊卿．中国日常生活批判的理论视野 [J]. 求是学刊，2005（6）：8–14，28.
[149] 易小明，吴昌强．意志、道德意志、善良意志 [J]. 学术交流，2010（12）：8–12.
[150] 袁宗金．“好孩子”：一个需要反思的道德取向 [J]. 学前教育研究，2012（1）：18–22.
[151] 翟学伟，屈勇．中国人的价值观：传统与现代的一致与冲突 [J]. 江苏社会科学，2001（4）：136–142.
[152] 翟学伟．耻感与面子：差之毫厘，失之千里 [J]. 社会学研究，2016（1）：1–25，242.

[153] 翟学伟 . 人情、面子与权力的再生产——情理社会中的社会交换方式 [J]. 社会学研究，2004（5）：48–57.

[154] 张翠霞 . 民俗学“生活世界”研究策略——从研究范式转化及常人方法学的启示谈起 [J]. 民俗研究，2011（3）：107–117.

[155] 张洁婷，翟玉章 . 行动理由：基于欲望还是基于价值 ?——帕菲特对客观主义行动理由的辩护 [J]. 湖北大学学报（哲学社会科学版），2018（1）：22–27.

[156] 张良广 .“批判诠释论”视角下的“争吵”事件——一个国际项目实施中的冲突与转向 [J]. 社会，2010（3）：130–145.

[157] 张萍，梁宗保，陈会昌，等 . 2 ～ 11 岁儿童自我控制发展的稳定性与变化及其性别差异 [J]. 心理发展与教育，2012（5）：463–470.

[158] 张学广 . 社会主义核心价值观实践路径的分析——从价值理性、目的理性、工具理性到社会行动 [J]. 理论与改革，2015（4）：123–125.

[159] 周彬 . 教育研究中的常人方法学取向 [J]. 教育理论与实践，2001（10）：9–13.

[160] 周少贤，陈尚宝，董莉，等 . 3 ～ 6 岁幼儿独立性和自我控制的发展特点及家庭影响因素 [J]. 学前教育研究，2004（11）：42–45.

[161] 朱家雄，郭宗莉 . 幼儿在不同空间分隔和设备安排的活动室内的行为的比较研究 [J]. 学前教育研究，1996（3）：44–46.

[162] 邹晓燕，杨丽珠 . 3 ～ 5 岁儿童独立性结构的验证性因素分析 [J]. 心理科学，2005（1）：225–226.

[163] ARKSEY H, KNIGHT P. Interviewing for Social Scientists[M]. London: Sage, 1999.

[164] BAILEY C. A Guide to Qualitative Field Research[M].Thousand Oaks，London，New Delhi：Pine Forge Press，2006.

[165] BROWN S C. Philosophers Discuss Education[M]. London：Macmillan Press, 1975.

[166] DECI E L, RYAN R M. Intrinsic Motivation and Self–Determination in Human Behavior[M]. New York: Plenum Press, 1985.

[167] DWORKIN G. The Theory and Practice of Autonomy[M]. New York: Cambridge University Press, 1988.

[168] FROST S W, REIFEL S. Play and Child Development (2nd ed.).[M] New Jersey: Pearson Education，2005.

[169] KERTZER D. Ritual, Politics, and Power[M]. New Haven: Yale University Press, 1988.

[170] KLUGMAN E, SMILANSKY S. Children’s Play and Learning[M]. New York: Teachers College, Columbia University，1990.

[171] LEFEBVRE H. Critique of Everyday Life[M]. translated by John Moore. London, New York: Verso Books, 1991.

[172] LEFEBVRE H. Dialectical Materialism[M]. Trans by John Sturock, Jonathan. London: Cape Ltd, 1968.

[173] MARPLES R. The Aims of Education[M]. London: Routledge, 1999.

[174] MAYALL B. Children’s Childhoods: Observed and Experienced[M].London: The Falmer Press, 1994.

[175] MASON J.Qualitative Researching. 2nd ed[M].London: Sage, 2002.

[176] MOORE R C. Childhood’s Domain: Play and Place in Child Development[M]. Berkeley, CA: MIG Communications，1990.

[177] BROWN S. C. Philosophers Discuss Education[M]. London： Macmillan Press, 1975.

[178] WELLHOUSEN K. Outdoor Play, Every Day: Innovative Play Concepts for Early Childhood[M]. New York: Delmar，2002.

[179] AELTERMANA N, VANSTEENKISTEA M, KEER H V. Changing teachers’ beliefs regarding autonomy support and structure: the role of experienced psychological need satisfaction in teacher training[J]. Psychology of Sport and Exercise, 2016, 23(10): 64–72.

[180] AAAOR A, KAPLAN H, ROTH G. Choice is good, but relevance is excellent: autonomy–enhancing and suppressing teacher behaviors predicting students’ engagement in schoolwork[J]. British Journal of Educational Psychology, 2002, 72(2): 261–278.

[181] BLINKERT B. Quality of the city for children: choas and order[J]. Children, Youth and Environment, 2004, 14(2): 99–112.

[182] CARTER I. Choice, freedom, and freedom of choice[J]. Social Choice and Welfare, 2004, 22(1): 61–81.

[183] CHEN X, RUBIN K H, LIU M, et al. Compliance in Chinese and Canadian toddlers: a cross cultural study[J]. International Journal of Behavior Develoment, 2003, 27(5): 428–436.

[184] DECI E L, RYAN R M. The “what” and “why” of goal pursuits: human needs and the self–determination of behavior[J]. Psychological Inquiry, 2000, 11(4), 227–268.

[185] DECI E L, SCHWARTA A J, SHEINMAN L, et al. An instrument to assess adults’ orientations toward control versus autonomy with children: reflections on intrinsic

motivation and perceived competence[J]. Journal of Educational Psychology, 1981, 73(5): 642–650.

[186] ERLANGUNG Z. Self–directedness and resoluteness: the two dimensions of autonomy[D]. Berlin: Humboldt–Universität zu Berlin, 2013.

[187] FARCAS G A, Curelaru V. Support of autonomy behaviors in preschoolers. experimental educational intervention[J]. Scientific Annals of Alexandru Ioan Cuza University of Ias. Educational Sciences Series, 2010(14): 207–222.

[188] HAERENSA L, AELTERMANB N, VANSTEENKISTED M, et al. Do perceived autonomy–supportive and controlling teaching relate to physical education students' motivational experiences through unique pathways? Distinguishing between the bright and dark side of motivation[J].Psychology of Sport and Exercise, 2015, 16(3): 26–36.

[189] HERRINGTON S. Kindergarten: garden pedagogy from romanticism to reform[J]. Landscape Journal, 2001, 20(1): 30–47.

[190] KAGAN J, MOSS H A. The stability of passive and dependent behavior from childhood through adulthood[J]. Child Development, 1960, 31(3): 577–591.

[191] KOPP C B. Antecedents of self–regulation: a developmental perspective[J]. Developmental Psychology, 1982, 18(2): 199 –214.

[192] MARSHALL M N.Sampling for qualitative research[J]. Family Practice, 1996, 13(6): 522–526.

[193] MARVIN B W, JOHN C H. Forstering goodness: teaching parents to facilitate children's moral development[J]. Journal of Moral Education, 1999, 27(3): 371–390.

[194] REEVE J, JANG H S. What teachers say and do to support students' autonomy during a learning activity[J]. Journal of Educational Psychology, 2006, 98(1): 209–218.

[195] REEVE J, BOLT E, CAI Y. autonomy–supportive teachers: how they teach and motivate students[J]. Journal of Educational Psychology, 1999, 91(3): 537–548.

[196] REEVE J. NIX G, HAMM D. Testing models of the experience of self–determination in intrinsic motivation and the conundrum of choice[J]. Journal of Educational Psychology, 2003, 95(02): 375–392.

[197] RYAN R M, DECL E L. Self–determination theory and the facilitation of intrinsic motivation, social development, and well–being[J]. American Psychologist, 2000, 55(1): 68–78.

[198] SANDSETER E B H, KENNAIR L E O. Children's risky play from an evolutionary

perspective: anti-phobic effects of thrilling experiences[J]. Evolutionary Psychology, 2011, 9(2): 257–284.

[199] SCHAFFER H R, CROOK C K. Child compliance and maternal control techniques[J]. Developmental Psychology, 1980, 16(1): 54–61.

[200] SHELDON K M, ELLIOT A J, KIM Y, et al. What is satisfying about satisfying events? testing 10 candidate psychological needs[J]. Journal of Personality and Social Psychology, 2001, 80(2): 325–339.

[201] UJIE T. How do japanese mothers treat children's negativism?[J] Journal of Applied Developmental Psychology, 1997, 18(4): 467–483.

[202] WHITE R, STOECKLIN V. Children's outdoor play & learning environments: returning to nature[J]. Early Childhood News, 1998, 10(2): 24–30.

[203] WU S, RAO N. chinese and german teachers' conceptions of play and learning and children's play behaviour[J]. European Early Childhood Education Research Journal, 2011, 19(4): 469–481.

附　录

附录一　教师访谈大纲

受访者姓名：

工作单位：

访谈日期：

访谈地点：

开场介绍：

非常感谢您在紧张的工作之余接受我的采访。我想先用 1 分钟的时间给您介绍一下我在采访过程中要做的事情。我们的谈话内容将用录音笔全程记录，便于我在整理与您的谈话内容时，确保准确转录您提供的信息。逐字逐句转录的文本还希望您能过目，帮我检查一下是否如实、准确地记录了您所说的内容。不知您是否接受？我们的谈话内容只有我们两人知道，将来写成的研究报告中出现的所有人名、园名，我都会用字母代替，请您不要担心泄密问题。

虽然我已经通过电子邮件把要采访的主要问题发给了您，但在访谈过程中也许还要追问一些细节性的问题，这样能让我更准确地理解您所讲的内容，我们现在可以开始了吗？

您能向我说一点教学经历的信息吗？比如，自己所教的班级、教龄、有无在其他地方的工作经历等？

您能向我说一些参加培训、参加学术会议的情况吗？

主要问题清单：

（1）您最注重培养幼儿的什么品质或者能力？（目的是了解“自主”在教育目标中占有什么位置）

（2）您在哪些方面会让幼儿选择他们自己想做的事？（目的是了解教师会在什么领域、什么情境中给幼儿选择权）

（3）您是出于何种考虑给他们选择机会的？（目的是了解给幼儿选择机会的动机或目的）

（4）让幼儿自己选择时，会出现什么情况？（目的是了解幼儿在面临选择机会时有哪些表现）

（5）幼儿会主动提出要求吗？这样的幼儿多不多？您会答应或者拒绝幼儿提出的哪些要求？（目的是了解幼儿的自我主张情况，以及教师如何对待幼儿的自我主张）

（6）您会让幼儿独立完成什么样的事情？（目的是了解幼儿的自我依靠能力及其教师所给予的这方面的支持）

（7）是否有幼儿我行我素、不听从老师的指令或要求？（目的是了解幼儿的控制能力）

（8）有没有很听话的幼儿？他们主要有哪些表现？（目的是了解幼儿的服从性）

（9）如果要在“保证幼儿的安全”与“培养幼儿的自主”之间排序，您会把哪个排在第一位？为什么？（目的是了解教师的价值选择）

（10）家长如何对待幼儿园发生的安全事件？（目的是了解家长对待幼儿安全问题的态度）

（11）幼儿喜欢室内活动，还是室外？为什么？（目的是了解幼儿对室内、室外的偏好）

再次感谢您肯花这么长的时间向我讲述这么多有趣的人和事。我把谈话内容整理出来后，会通过电子邮件发给您，到时还得再请您帮我核对。可能我还会想知道另外一些细节，希望您能再次接受我的采访。再次请您放心，我会对我们的谈话内容绝对保密。

附录二　实习生访谈大纲

受访者姓名：

访谈日期：

访谈地点：

开场介绍：

非常感谢您抽空接受我的采访。我想先用 1 分钟的时间给您介绍一下我在采访过程中要做的事情。我们的谈话内容将用录音笔全程记录，便于我在整理与您的谈话内容时，确保准确转录您提供的信息。逐字逐句转录的文本还希望您能过目，帮我检查一下是否如实、准确地记录了您所说的内容。不知您是否接受？我们的谈话内容只有我们两人知道，将来写成的研究报告中出现的所有人名、园名，我都会用字母代替，请您不要担心泄密问题。

虽然我已经通过电子邮件把要采访的主要问题发给了您，但在访谈过程中也许还要追问一些细节性的问题，这样能让我更准确地理解您所讲的内容，我们现在可以开始了吗？

您能向我说一些实习和见习的经历或感受吗？

主要问题清单：

（1）老师们有没有比较喜欢的孩子？老师对他们有什么喜欢的表现？（目的是了解老师们对待幼儿的真实情感）

（2）有没有令老师们无可奈何的孩子？老师怎么对待他 / 她的不恰当行为？他们有什么优点？（目的是了解老师们对待这类幼儿的真实态度以及这类幼儿有何值得肯定的品质或行为）

（3）老师们如何看待安全问题？孩子们出了安全事件后，老师们如何处置？（目的是了解教师对待安全的态度，以及应对安全事件的策略）

（4）老师们会让实习生做什么事？（目的是了解实习生在幼儿园教育中承担的各类任务以及有没有老师想不到和看不到的）

（5）老师会给幼儿哪些选择权？（目的是了解教师会在什么范围、多大程度上支持幼儿的自主）

（6）孩子们喜欢室内还是室外？有什么表现？（目的是了解幼儿对待室内室外活动的偏好）

（7）孩子们喜欢温柔一点的老师，还是“凶”一点的老师？（目的是了解幼儿对不同风格的教师的态度）

（8）在实习时，有什么孩子的言行或者老师的言行给您留下了较深的印象？（目的是了解我所不知道的，实习生感兴趣的事件、人物）

再次感谢您肯花这么长的时间向我讲述这么多有趣的人和事。我把谈话内容整理出来后，会通过电子邮件发给您，到时还得再请您帮我核对。可能我还会想知道另外一些细节，希望您能再次接受我的采访。再次请您放心，我会对我们的谈话内容绝对保密。

附录三 观察记录单

观察日期：

观察地点：

带班教师：

天气情况：

时间	活动现场记录	反思

在活动中重点记录如下信息：

（1）幼儿自我主张、自我依赖、自我控制的行为。比如：根据自己的兴趣、想法选择、主动发起活动，自己能做的事情自己做、遇到困难不轻易求助别人、不会的愿意学，与别人的看法不同时敢于坚持自己的意见；抑制冲动、抵制诱惑、延迟满足，等等。

（2）教师的自主支持行为。比如：给幼儿选择的机会，鼓励幼儿自己完成任务，倾听幼儿的观点，给幼儿留足时间做事，积极回应幼儿的提问，用顺应性的评语表扬幼儿，幼儿遇到困难无法自己解决时给予提示，为幼儿创设多样的游戏环境，支持幼儿发展自己的爱好，等等。

（3）教师的自主抑制行为。比如：垄断时间，幼儿遇到困难时直接给出解决方法，经常批评幼儿，只要求幼儿做事、不给出理由，问幼儿封闭式的问题，不给幼儿自由游戏的机会，等等。

附录四 活动场地核检单

核检项目	是	否	备注
室内			
充足的室内空间			
桌椅等家具结实、稳当、无锐角			
玩具与材料的种类，包括建构、运动、角色、规则类			
有不同难度的玩具与材料			
区角种类，包括建筑、扮演、科学、音乐等			
不同区角不互相干扰			
游戏空间易于进入			
空间布置易于视觉监控			
图书，包括自然、社会、自我三类			
有与近期活动相关的书籍			
个性化的幼儿作品较多			
地面不滑、不易积水			
室外			
有多处游戏区			
游戏区没有在门口			
既有固定设备，又有便携式材料			
2 米以上的攀爬设备下设有一定厚度的铺垫物（攀岩墙、攀爬架）			
固定的器械牢固			
有部分埋在地面下的设备有防腐处理，并定期检查（爬杆、单杠）			
没有因温度过高、过低而太烫或太冷的设备（如金属滑梯、铁链秋千）			
设备部件完整、无缺损			
大型组合器械的上层有至少 1.5 米高的防护栏			

续 表

场地没有明显的缠绊物			
场地内没有碎屑、尖锐物			
没有能卡住头的豁口			
运动区没有悬挂的绳索、电缆			
设备间有足够的距离			
有多样的地形、地貌，如小土丘、小桥			
设备的大小适合幼儿身材尺寸			
操场有沙水区			
戏水区水位不超过 0.5 米			
操场有遮阳、避雨设施或建筑物			

附录五　试验性研究教师访谈大纲

受访者姓名：
工作单位：
访谈日期：
访谈地点：
开场介绍：

非常感谢您在紧张的工作之余接受我的采访。我想先用1分钟的时间给您介绍一下我在采访过程中要做的事情。我们的谈话内容将用录音笔全程记录，便于我在整理与您的谈话内容时，确保准确转录您提供的信息。逐字逐句转录的文本还希望您能过目，帮我检查一下是否如实、准确地记录了您所说的内容。不知您是否接受？我们的谈话内容只有我们两人知道，将来写成的研究报告中出现的所有人名、园名，我都会用字母代替，请您不要担心泄密问题。

虽然我已经通过电子邮件把要采访的主要问题发给了您，但在访谈过程中也许还要追问一些细节性的问题，这样能让我更准确地理解您所讲的内容，我们现在可以开始了吗？

您能向我说一点教学经历的信息吗？比如，自己所教的班级、教龄、有无在其他地方的工作经历等？

您能向我说一些参加培训、参加学术会议的情况吗？

主要问题清单：

（1）您认为自主是什么？是不是想做什么就做什么？

（2）幼儿有哪些自主行为表现？幼儿从入园到离园，有哪些他们想做但不被允许做的？幼儿自己的事情尽量自己做，不愿意依赖别人吗？不会的愿意学吗？会主动承担任务吗？遇到困难能够坚持而不轻易求助吗？能按自己的想法或兴趣主动发起活动吗？或在活动中主动出主意、想办法吗？男女孩有差异吗？大中小班的孩子有差异吗？

（3）您在哪些方面会让幼儿自己选择？保育员在其中的作用有哪些？

生活自理；个人兴趣；伙伴的选择（会把某两个或几个幼儿分隔开吗？您是怎么分组的？）；常规方面。

（4）您采用什么样的方法促进幼儿自主？（如教案设计中体现；课后对自主培养的反思；过程中征求幼儿的意见；接受幼儿的合理要求；即使他的意见与成人不同，也要认真倾听；帮助幼儿实现自己的想法；鼓励幼儿尝试有一定难度的任务，并注意调整难度，让他感受到经过努力后获得的成就感；幼儿自己的事情尽量放手让他自己做，即使做得不够好，也应鼓励并给予一定的指导）幼儿自主与否会给幼儿和老师带来什么影响？

（5）哪些因素对您的自主支持行为造成了阻碍？

领导的要求；家长的态度；其他教职工的态度；场地大小；时间长短；材料充足与否；班级人数与老师人数；天气、空气、遮阳防雨措施因素；安全担忧。

（6）您能否讲讲“听话”幼儿的故事？依赖性强的幼儿（等待执行老师要求，否则就什么也不做）的故事？

（7）是否有幼儿经常我行我素，不听老师的劝阻？您是怎么应对的？

（8）您能否讲讲“不听话”幼儿的故事？

（9）是否有幼儿经常坚持自己的观点，与别人的看法不同时，敢于坚持自己的意见？他们会说出坚持的理由吗？您是怎么应对的？您能否讲讲这类幼儿的故事？

（10）您会满足幼儿提出的哪些要求？您这样做出于何种考虑？

（11）您会拒绝幼儿提出的哪些要求？您这样做出于何种考虑？

（12）当您拒绝幼儿的要求后，幼儿有何反应？对此您有何感受？

（13）上课时，您会遇到什么样的纪律问题？您如何应对？

（14）您认为幼儿上课不遵守纪律的主要原因是？

（15）从幼儿入园到离园，您会给他们哪些自主选择的机会？

早上幼儿进入本班后，您有何活动安排？喝水、上厕所的时间幼儿是否可以自行选择？吃饭时有何程序？睡觉时有何程序？下午起床后幼儿有什么自主活动？家长在接幼儿前，您有何活动安排？当您让幼儿自由选择时，他们会怎么做？幼儿做选择的情况是否令您满意？

（16）有些特殊角色，您是如何分配的？

谁当礼仪员？谁当组长？谁当班长？谁当升旗手？

（17）幼儿间会有哪些方面的冲突？您是如何应对这些冲突的？您能否讲几个应对冲突的故事？

（18）在游戏方面，您会给幼儿多大的自主权？

玩什么主题？玩什么材料？怎么玩？在哪儿玩？和谁玩？玩多久？

（19）您在工作中把幼儿的安全问题放在什么位置？您采取哪些措施来保障幼儿的身体安全？幼儿园有哪些安全隐患？您如何看待幼儿的身体健康问题（如身心状况、动作发展、生活习惯与生活能力）？

（20）家长如何看待幼儿的安全问题？家长如何看待幼儿的身体健康问题？您能否讲几个故事？

（21）家长的哪些言行会影响老师们的教学？影响老师们对待幼儿的方式？

（22）幼儿园里是否有家长身份特殊的幼儿（如领导和教职工的孩子、家长有特殊情况的孩子）？老师们会如何对待这些幼儿？

（23）幼儿喜欢在室内还是室外活动？您觉得这是为什么？老师们是否会把户外活动作为“乖”“听话”的奖励？

（24）老师们在什么时间会让幼儿在室外活动？幼儿在室外做什么？在室外待多久？如果幼儿想继续在户外，老师们会怎么做？

（25）幼儿经常打闹吗？在室内还是室外？老师们如何对待幼儿的打闹行为？您能讲几个故事吗？

（26）幼儿的哪些言行让您改变了对幼儿的看法和对待幼儿的方式？您能讲几个故事吗？

（27）您在进入这个职业后，是否感觉到一些无奈？比如，改变不了幼儿的坏习惯？无法实现自己的教学设计等？

再次感谢您肯花这么长的时间向我讲述这么多有趣的人和事。我把谈话内容整理出来后，会通过电子邮件发给您，到时还得再请您帮我核对。可能我还会想知道另外一些细节，希望您能再次接受我的采访。再次请您放心，我会对我们的谈话内容绝对保密。

附录六 备忘录示例

2015 年 11 月 5 日

在读《质性访谈方法：聆听与提问的艺术》第 199 页时，作者说："扎根理论的分析不区分那些对研究题材而言相对更重要的主题、术语和相对边缘的主题、术语，因为题材以及主要命题会随着研究工作的进展而变化。"我突然想起，昨天晚饭后，我去学校散步，在老图书馆门口看到涵涵（化名，男，D 幼儿园中班）的奶奶。她说，涵涵在城里 LJY 幼儿园上过一年学，有一次她借口去园里上厕所，看看涵涵上课乖不乖。她悄悄地在教室外站了几分钟，听到老师对涵涵说"我不喜欢你"。她当时很生气，昨天说起这件事时似乎怒气仍未消，我也说，老师怎么能对孩子说这样的话呢。她也听其他家长说这位老师"不行"，她曾想过找其他家长跟园长说换老师。我问她后来怎么样，她说后来想算了。因为有些家长当着面一套，真正要找园长的时候，他们可能反而到老师那里"卖乖"——她担心被其他家长"出卖"，对她孙子不利。中班时，她就把涵涵转到了这个幼儿园。

家长会"组团"向园方施压，满足自己的诉求，可又担心"团员"会反水。后续访谈时，试着问一下其他人，看是否有这样的问题。

2015 年 12 月 2 日

（这天我翻看以前的备忘录时，看到了我与涵涵奶奶的谈话。）今天在转录访谈实习生的录音时，小 F（此处隐去了姓名）说，她实习的班上两个老师都很年轻，有些家长想让年长一点且富有经验的老师当孩子的带班老师，就组织了一些家长向园长请愿，园长没有答应家长的请求。有些家长就用"威胁"的语气说要转园，园长也没有退缩，委婉地说尊重家长的选择。公立幼儿园有底气，不缺生源。后来家长也只能不了了之。我问小 F，这些家长"组团"要求换老师，不怕他们的队友"出卖"他们？小 F 说，这些家长都是私下交往得比较好的，经常听他们说一起去哪儿哪儿玩了。

我和 D 园园长聊天时，她用"拉肚子事件"证明了"团员"的不可靠。由此可见，家长想通过"组团"来增强影响力，提高目标实现的可能性，也有可能会陷入"囚徒困境"。

附录七　教师活动反思样例

大班科学领域《沉与浮》教学反思

教师：ZKL

通过这次的校本公开课，总体感觉收获不小，对一些问题我有了更加深刻的认识与理解，下面是我对这节课的反思：

（1）从幼儿熟悉并喜欢的实物入手，有助于激发幼儿的兴趣，吸引幼儿的注意力。

（2）让幼儿自己动手做实验，有利于加深幼儿对沉与浮现象的初步认识，有助于提高幼儿的动手能力和观察能力，有助于将沉浮知识联系到现实生活中，加深幼儿对沉浮知识的初步感知。

（3）组织小朋友做实验时，秩序较乱。我们原来很少涉及科学教学，教学经验不够，在做实验之前没有把实验规则给幼儿讲解清楚，加上幼儿年龄小，课堂纪律观念不强，所以做实验时秩序较乱。

（4）在提问时比较仓促，由于时间限制，没有让幼儿多展示一些自己的实验结果，甚至有些幼儿想说但还没说出来，幼儿之间交流不够，没有让幼儿更深入地了解一些物体的沉浮状态及沉浮原因。

（5）教学内容设置偏多，幼儿难以合理、有效地理解。通过本次科学教学活动，本人有了一定的经验基础。今年将会继续努力，学习有关教学的一些方法，为以后的教学奠定基础。

2015 年 5 月

后 记

笔者“自主”写完了《教师形塑下的幼儿自主发展》，想借此展现一个具有矛盾二重性的混合时空——幼儿园中的日常生活。它既不像现象学家眼里那样，是一个有着永恒意义的快乐王国，也不似海德格尔和法兰克福学派眼里的异化世界。①

笔者没有上过幼儿园，因此曾把幼儿园想象成孩子们向往的“生活乐园”。记得第一次去幼儿园是18年前送姐姐的儿子（他上小班，大约是第二学期的中期）。当把他送到幼儿园大门口时，姐姐止步了。她担心把孩子送到教室后，他会哭着追出来。在幼儿园铁条大门关上的那一刹那，笔者看到了外甥无助的眼神，他似乎想哭却又不敢哭，想出来又不敢出来。我们赶紧转身离开，眼泪差一点流出来。那一刻才明白，幼儿园在孩子眼中其实并不那么“可爱”。后来，笔者还接触到了许多类似的事情。一天清晨，我在川师桂园门口看到一个小男孩边走边哭，他的母亲回头生气地说：“怎么送你上幼儿园就像（送你）去监狱一样！”笔者一位同事的孩子也经常被接回家，因为他不想待在幼儿园。

这些事情让笔者对入园的幼儿产生了怜悯之心。因为觉得他们很“造孽”（在四川方言中是“可怜”的意思），一进去可能就失去了自由。此外，新闻报道中的幼儿园负面事件让笔者对幼儿园教师形成了不好的印象。也许是在这些潜隐诱因的驱动下，笔者选择了此项研究。

进入研究现场后，通过观察与访谈获知了幼儿园教育的“杂务性”与“劳心性”特点。幼儿园教师要学习国家政策，要接受上级检查，要面对家长问责，要处理幼儿日常，着实不容易。另外，幼儿教师还面临着价值冲突与感情纠结——到底要把幼儿的“自主”与“安全”放在工作的什么位置？他们想保障教育过程的公平，可又忍不住偏爱“乖孩子”。

① 刘怀玉．现代性的平庸与神奇 [M]. 北京：中央编译出版社，2006: 32.

说实话，笔者也更喜欢“乖孩子”。当7岁的女儿“不听话”时，笔者也会觉得“烦心”。试想，一个幼儿园班级中有三四十个孩子，“烦心”事会成几何倍数增长。要“hold”住这群集“魔鬼”与“天使”于一身的孩子，教师们得具备何等“气度”与何种“气场”？纵使教师们有强调集体教学而牺牲幼儿游戏之时，纵使有强调严肃纪律而限制幼儿活泼本性之时，教师们的付出与艰辛也值得尊敬。

当幼儿园教师不容易，当大学教师也不容易。笔者是一个大学老师，对这种不易更有切身的体会。另外，笔者觉得在大学里当一名博士生导师更不容易。作为一名博士生，笔者不是一个“乖”学生，经常“自作主张”，不遵从吴定初老师的劝告；我经常不能很好地“自我控制”，抵制不了“拖延”的诱惑。吴老师也曾严厉地批评，但他给予笔者更多的是谆谆教诲、谅解宽容与默默支持。比如，笔者经常保持手机“静默”，吴老师也不轻易打破这种“静默”，给予笔者“自作主张”的充足时间，只是默默地支持。

默默支持笔者的还有许多老师。比如，四川师范大学的鄢超云老师、彭俊英老师、巴登尼玛老师、郑富兴老师、李松林老师、刘世民老师、张建琼老师、傅林老师、曹正善老师、张烨老师、范春林老师、卢德生老师、朱晟利老师、万英老师、李明燕老师、刘洋洋老师……他们都在为博士生的学习、生活与工作提供各种各样的支持。在此，笔者由衷地感谢他们。

要感谢的人还有同窗、好友与家人。笔者与黄培森、苏婕兰、毛道生、任虹燕、李继、胡晓珊、王亚军等这几位同级的博士生一起度过了愉快而充实的求学时光。慕彦瑾、刘雄、刘鸿昌、杨跃、田兴江等博士生也给予笔者许多帮助。雷云博士、田涛博士、邓友超博士、罗银科博士等也对笔者关照有加。近在宜宾的岳父、岳母、妻子，以及活泼、懂事的女儿，远在山西的父母与姐姐一家人。在“自我依赖”不足以解决问题的时候，是他们给予了依靠。

这项研究之所以能顺利开展，并有此研究报告，主要依靠了三所幼儿园的教师们、园长们给笔者的观察机会以及坦诚相告，这些幼儿园的四位实习生还给了我“还原现场”的珍贵信息。但依据保密约定，在此无法署名感谢，内心着实矛盾。

在论文完成之际，笔者内心也矛盾重重，不知道如何表达对幼儿园教师的态度。虽然无法达成与他们的视域融合，但如果有人对幼儿园老师的言行毫无根据地“指手划脚”“责备求全”，笔者希望他们看看这则笑话：

置身事外，谁都可以心平气和；身处其中，谁还可以从容淡定！

一天，丈夫下班回到家，看见妻子正在揍儿子，丈夫没理他们。他径直走到厨房，看见小矮桌上放着一锅煮好了的馄饨，于是盛了一碗吃。丈夫吃完，看见妻子还在揍儿子，于是看不过去了，就说："教育小孩不能老用暴力，要多讲道理嘛！"妻子气呼呼地说："好好的一锅馄饨，他居然撒了一泡尿进去，你说气人不气人？"丈夫听后勃然大怒，他说："老婆，你歇会儿，让我来！"

笑罢之后（也许有些人看后笑不出来），严肃的事情还得严肃对待——如何支持幼儿的自主？反思与行动仍在继续……